硬咨询

硬咨询要点与案例

余和军 汪会盛 饶子和 / 编著

科学出版社

北京

内 容 简 介

本书根据作者多年从事科技咨询评议和科技智库建设的经历，就如何提高决策咨询的科学价值进行了深入思考和系统总结。结合我国高质量发展对高水平科技咨询的要求，首次提出硬咨询的理念框架，倡导科学研究向服务决策转化、智库工作向硬咨询转型，并通过言简意赅的要点和丰富翔实的案例，提出了从咨询研究选题、咨询队伍组建、咨询调查研究、咨询报告写作、咨询成果传播等各环节的方法体系，最后提出人工智能、大数据等新兴技术带动下的咨询研究新范式以及从科普开始做好科技咨询的建议。

本书适合科技工作者、咨询行业与智库从业者，包括科技领域决策者、管理者、科研人员、政策研究人员、咨询从业人员、各类智库工作者以及广大学生阅读和参考。

图书在版编目（CIP）数据

硬咨询：要点与案例 / 余和军，汪会盛，饶子和编著. —北京：科学出版社，2023.10
ISBN 978-7-03-075606-0

Ⅰ. ①硬⋯ Ⅱ. ①余⋯ ②汪⋯ ③饶⋯ Ⅲ. ①科学技术-咨询服务 Ⅳ. ①C932.6

中国国家版本馆 CIP 数据核字（2023）第 091277 号

责任编辑：陈会迎 / 责任校对：贾伟娟
责任印制：赵 博 / 封面设计：有道设计

科学出版社 出版
北京东黄城根北街 16 号
邮政编码：100717
http://www.sciencep.com

涿州市般润文化传播有限公司印刷
科学出版社发行 各地新华书店经销

*

2023 年 10 月第 一 版 开本：720×1000 1/16
2024 年 8 月第二次印刷 印张：17 3/4
字数：280 000

定价：98.00 元
（如有印装质量问题，我社负责调换）

前　　言

智库是美国决策咨询体系的重要力量。很多人知道美国智库是因为兰德公司，但人们或许不知道，"兰德"（Rand）之名取自英文"research and development"，即"研究与开发"。成立至今，兰德公司不仅给政府、企业提供咨询建议，也提出了大量有影响力的科技解决方案，比如其试验性宇宙飞船设计为美国太空计划提供雏形，关于分组交换的设计为全球互联网奠定基础，近年来把博弈论、人工智能技术引入决策，开发智慧决策系统，等等，事实上成为以科技为底色的咨询公司。

在我国，决策咨询古已有之，如《文心雕龙》里记载"伊尹以论味隆殷，太公以辨钓兴周"。随着科学技术深度渗透到国民经济的方方面面，我国经济社会发展和民生改善比过去任何时候都更加需要科学技术解决方案。如果说建设现代化产业体系迫切需要硬科技领域的创新，那么形成现代化的治理体系和治理能力，更加需要以科技为核心的硬核咨询，从而以科学咨询支撑科学决策，以科学决策推进高质量发展。因此，落实好党的二十大提出的"强化科技战略咨询"[①]的要求，对广大科技工作者和智库机构来说，既是难得机遇，也是巨大挑战。

近年来，本书作者对国内外科技咨询和科技智库领域进行了深入研究，特别是围绕党和国家决策需求开展的咨询评议工作实践，为本书的成型奠定了基础。硬咨询之硬，一是以硬科技为内核，二是咨询质量要过硬，前者是理念，后者是方法论。基于上述思路，全书分为 14 章，第 1 章提出硬咨询的概念，

[①] 引自 2022 年 10 月 26 日《人民日报》第 1 版的文章：《高举中国特色社会主义伟大旗帜　为全面建设社会主义现代化国家而团结奋斗》。

第 2 章讲述硬咨询与智库转型的关系，第 3 章讲述硬咨询的价值观，第 4 章至第 11 章讲述硬咨询各环节的方法论，包括选题来源、团队组建、思维方法、分析论证、建议凝练、报告写作及时效等方面，第 12 章讲述咨询成果传播，第 13 章讲述新兴技术带动下的咨询研究新范式，第 14 章讲述从科普开始做好科技咨询的若干建议。

本书以"要点与案例"为书名关键词，主要从咨询与智库经世济用的功能出发，通过要点式与案例式的表述方式，并博引古今中外战略家、科学家、政策研究专家的观点，易于不同学科背景和专业领域的读者理解，因此从内容上和体例上都有别于公共政策和智库研究的一般理论性专著，更加注重实践性和可读性。

中国科学院学部是国家在科技方面的最高咨询机构，也是国家高端科技智库，长期以来组织广大院士专家向国家提出了诸如建立科学基金制度，实施 863 计划、973 计划，成立中国工程院等一系列影响深远的咨询建议。中国科学院学部咨询评议工作委员会承担着重要的科技智库建设任务。作为这个委员会的主任，我深深体会到质量是智库的生命线，咨询报告首在决策价值，而形成一个高质量、有影响的咨询报告需要从选题开始就进行好的项目设计和研究组织，既需要有宝贵的思想的珍珠，也离不开串珠为链的工作。

余和军同志曾作为中国科学院学部咨询评议工作委员会相关处室负责人，具有丰富的科技智库建设管理和研究经验。令我印象深刻的是，他带领团队组织支撑了由丁仲礼、张涛、高鸿钧等院士牵头、百余位院士专家参与的"中国碳中和框架路线图研究"重大咨询项目，在决策层和国内外取得了广泛影响；建立了"快速响应、快速组织、快速评审、快速上报"的应急咨询机制，并在河南暴雨致灾应急咨询、汤加火山喷发影响研判等多个重大突发事件中及时上报咨询报告并得到采纳，体现了咨询工作的精准发力和专业水平。我与该书的另一位作者汪会盛同志共事多年，他是中国科学技术大学科学哲学系的在读博士生，在科学普及与决策咨询等方面也具有较为丰富的经验，并在生物岛实验室、广州国家实验室建设发展，以及中国科学院生物物理研究所科学传播中做出了积极探索和贡献。

在咨询评议工作以及本书写作和出版过程中，许多院士专家提供了有力的支持和帮助，在此向他们表示衷心的感谢。感谢中国科学院常进副院长、高鸿钧院士，学部第七届咨询评议工作委员会副主任张希院士、王建宇院士，委员王光谦、邓小刚、申长雨、安立佳、李林、吴朝晖、何满潮、沈岩、张人禾、陈凯先、赵政国、郝芳、郝跃、龚新高、焦念志，以及其他多位院士的支持和帮助。感谢中国科学院学部工作局王笃金局长、石兵副局长、杨永峰副局长和各位同事同仁的关心。感谢中国工程院钟志华副院长、吴曼青副院长、王振海局长、马守磊处长的帮助。感谢广州国家实验室副主任徐涛院士、中国科学院生物物理研究所朱冰研究员、清华大学娄智勇教授、广州国家实验室成果转化部严小波、国家知识产权局医药生物部薛旸、中国科学院学部咨询研究支撑中心各位老师的帮助。感谢科学出版社经管分社马跃社长和编辑老师的付出。

由于作者水平有限，加之时间仓促，书中存在不足之处在所难免，欢迎读者朋友批评指正。

饶子和

中国科学院院士、中国科学院学部咨询评议工作委员会主任

2023 年 8 月 20 日于清华园

目　　录

第 1 章　从软科学到硬咨询 1
- 1.1　数羊的故事 3
- 1.2　"瓦萨"号的悲剧 3
- 1.3　关于决策 4
- 1.4　关于咨询 5
- 1.5　PPT 咨询 6
- 1.6　咨询如医道 8
- 1.7　硬咨询是什么？ 12
- 1.8　硬咨询近似 22

第 2 章　硬咨询与智库转型 27
- 2.1　从咨询到智库 29
- 2.2　智库的功能 30
- 2.3　智库面临的挑战 31
- 2.4　智库需要与时俱进 32
- 2.5　智库走向硬咨询 33
- 2.6　新时代急需硬咨询 44

第 3 章　价值驱动 55
- 3.1　全球化与国界 57
- 3.2　智库的立场 58
- 3.3　以国家利益为价值标准 59
- 3.4　国家利益的具化 60

3.5 负责任的咨询 ······ 61

第 4 章　需求牵引 ······ 65

4.1 选题决定成败 ······ 67
4.2 选题来源 ······ 67
4.3 问题导向 ······ 68
4.4 趋势研判 ······ 71
4.5 事件驱动 ······ 73
4.6 高关注度选题 ······ 74

第 5 章　众智荟萃 ······ 77

5.1 人才是第一资源 ······ 79
5.2 决策问题的综合性 ······ 79
5.3 理论与实践并重 ······ 80
5.4 学科交叉融合 ······ 81
5.5 战略战术兼备 ······ 81
5.6 利益无关 ······ 84
5.7 旋转门 ······ 84

第 6 章　科研思维 ······ 87

6.1 硬咨询的一般范式 ······ 89
6.2 批判性思维 ······ 92
6.3 调查研究 ······ 93
6.4 科学方法 ······ 101
6.5 严密论证 ······ 112

第 7 章　工程方法 ······ 123

7.1 工程的特征 ······ 125
7.2 工程思维 ······ 126
7.3 工程方法 ······ 127
7.4 霍尔方法论：工程思维的标准范式 ······ 128
7.5 切克兰德方法论：解决管理问题的标准化流程 ······ 128

7.6	大系统分解与协调方法	129
7.7	从定性到定量的系统集成方法	130
7.8	WSR 方法	131
7.9	航天"归零"方法	132

第 8 章　分析精辟　135

8.1	形势决定选择	137
8.2	透过现象看本质	137
8.3	天气与气候	139
8.4	天时地利人和	140
8.5	宏观经济分析	142
8.6	行业分析	145
8.7	典型分析工具	146

第 9 章　建议精准　151

9.1	咨询重头戏	153
9.2	决策者视角	154
9.3	敢说真话	155
9.4	以独到脱颖而出	156
9.5	理论联系实际	157
9.6	因时因地制宜	159
9.7	寻求次优	162
9.8	战役 VS 战争	162
9.9	少即是多	164
9.10	方案评估	165
9.11	试点策略	168

第 10 章　科学叙事　169

10.1	文以载道	171
10.2	咨询报告的文风	172
10.3	咨询报告的标题	173

10.4	咨询报告的结构	175
10.5	咨询报告的语言	179
10.6	可视化表达	181

第 11 章　时令有度　183

11.1	研究重要性取决于政策议程	185
11.2	前瞻：站在未来的山顶看现在	185
11.3	及时：抓住窗口期	187
11.4	动态调整	191

第 12 章　精益传播　193

12.1	智库"营销"	195
12.2	沟通力	196
12.3	说服力	198
12.4	传播力	201
12.5	影响力	202

第 13 章　新范式　205

13.1	科技牵引思想	207
13.2	大数据的特征	208
13.3	科研新范式	209
13.4	智能决策	210
13.5	数据驱动的政策集群	214
13.6	鲁棒决策法	216
13.7	决策剧场	217
13.8	从社交媒体"挖矿"	218
13.9	人类无可替代	219

第 14 章　从科普开始　223

14.1	科学引领公众	225
14.2	从科普开始	226
14.3	科学传播的模型与范式	227

  14.4 科学传播科学 ·· 229
  14.5 以故事为载体 ·· 231
  14.6 科普短视频 ·· 233

参考文献 ·· **237**

附录 ·· **239**
  附录 1 关于政策咨询研究工作的思考 ···························· 241
  附录 2 如何提高决策咨询能力和本领 ···························· 250
  附录 3 欧美国家科技相关政府部门、机构和国际组织网站 ········· 255
  附录 4 科技相关领域代表性智库及网址 ·························· 257

案例索引 ·· **265**

第 1 章
从软科学到硬咨询

政策和策略是党的生命。[①]

——毛泽东

[①] 参见 1991 年人民出版社出版的图书《毛泽东选集（第四卷）》。

1.1 数羊的故事

据说世界上有两件事最难,一是把自己的思想装进别人的脑袋里;二是把别人的钱装进自己的口袋里。"不幸"的是,作为决策者的参谋助手,智库和咨询顾问至少要做成第一件事。如何知难而上?先来看一则关于数羊的故事。

一个农民正在草地上放羊,忽然一个西装革履的年轻人走过来对他说:"老先生,我可以为您服务,我将告诉您这群羊有几只,作为酬劳您需要给我一只羊。"农民还未作答,年轻人就开始了工作,他用笔记本电脑无线上网,调用卫星遥感成像软件进行分析,十几分钟一顿操作后,年轻人走到农民面前说:"老先生,您的羊群共有 763 只羊。"说完,他抱起一只羊就要走。

随后,农民对他说:"如果我能说出你是干什么的,你能否把羊还给我?"

年轻人说:"行!"

农民说:"你是一名咨询顾问!"

年轻人很惊讶,便问农民是怎么知道的。

农民说:"有三个理由足以让我知道:第一,我没有请你,你自己就找上门来;第二,你告诉了我一个我早已知道的东西,还要向我收费;第三,一看就知道你不懂我们这一行,你抱的根本不是羊,而是一只牧羊犬。"

这个笑话在咨询业界广为流传,并有不同的公司版本。牧羊人需要数羊服务吗?咨询顾问虽然用上了高科技、黑科技,但对牧羊人来说又有什么价值?

牧羊人真正需要什么?什么样的服务能使牧羊人心甘情愿支付报酬?

1.2 "瓦萨"号的悲剧

第二个故事是瑞典"瓦萨"号战舰沉没的悲剧,涉及国家决策及实施。

"瓦萨"号战舰是由瑞典国王古斯塔夫二世·阿道夫于 1625 年建造的一艘战舰,1628 年 8 月 10 日下水首航,首秀 1300 米即沉入波罗的海。

原来，瓦萨王朝统治时期，瑞典是欧洲的强国之一。为了与劲敌丹麦、波兰对抗，称霸波罗的海，瑞典国王古斯塔夫二世·阿道夫要求建造一批新的战舰，并要求战舰航速要快、火力要强、装饰要华丽，这样才足以显示瓦萨王朝的威望、财富和战斗力。

其中，"瓦萨"号是在国王亲自监督下建造的当时最大的战舰。在建造期间，国王不断下令改变设计，比如，随意增加战舰长度，设置太多重炮却没有足够的压舱物，看到丹麦建成"双层"炮舰也要求如法炮制，此外还安放雕刻了700多尊精美神像，等等。

国王的旨意没人敢违抗，无论是经验丰富的主造船师亨里克·哈伯特还是其没有经验的继任者，没有任何一个人站出来告诉他决策命令的不可行性。于是，诸多隐患加上首航前没有经过严格测试，"瓦萨"号沉没了，300多年后被打捞出水，至今在博物馆中成为"出师未捷身先死"的符号，供人追忆与反思。

1.3 关于决策

决策即拿主意，决即决定或选择，策即计谋、主意、办法。

从管理学角度来看，决策是管理的核心内容，是管理者的主要职责。

从认知心理学角度来看，决策过程分为如下六个阶段。

（1）辨识问题。

（2）收集信息。

（3）提出可能的解决方案。

（4）评估备择方案。

（5）选择方案。

（6）付诸实践。

科学决策是相对于经验决策而言的，其主要特点如下。

（1）有科学的决策体制机制。决策系统中各子系统既相对独立，又能够密切联系、有机配合。

（2）遵循科学的决策程序。决策过程一般包括发现问题、确定目标、调查研究、拟订方案、分析评估、选优决断、试验反馈、修正追踪等步骤。

（3）重视"智囊团"在决策中的参谋和咨询作用。

（4）运用现代科技和科学的方法。

1.4　关于咨询

在我国古代，"咨"和"询"原是两个词，咨是商量，询是询问，后来逐渐形成一个复合词。古人的占卜、问天即为咨询的体现。

现代咨询通常指以专业知识、信息、经验等为资源，针对客户需求，提供解决方案或决策建议，作为决策者的顾问、参谋和外脑。

1886年，第一家管理咨询公司阿瑟·李特公司（Arthur D. Little）在美国成立，标志着管理咨询行业的诞生。根据有关统计，2018年全球咨询市场规模为2770亿美元，是专业服务行业中最大、最成熟的市场之一，其中北美地区（美国、加拿大）的产值占据一半以上。

总体上，现代咨询分为三个层面，即底层的信息咨询、中间层的管理咨询，以及顶层的战略咨询（图1.1）。咨询业务范围涉及组织或企业的方方面面，如财务咨询、运营咨询、营销咨询、投资顾问、人力咨询、IT（information technology，信息技术）咨询、科技咨询、评价评估等。

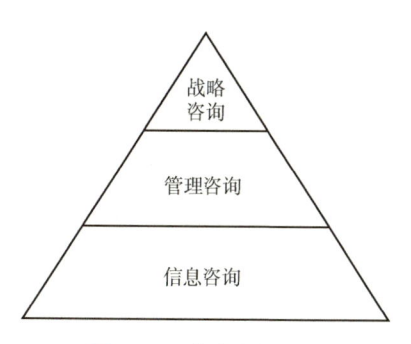

图1.1　现代咨询的分层

（1）信息咨询业是咨询产业的基础层。其主要包括市场信息调查、收集、整理和分析等业务，为企业决策提供准确、完善的辅助信息，如国内的零点市场调查公司。但严格来说，为决策者提供决策参考信息，更多类似于报纸等信息分发者，只能算"手脚"而不是"外脑"。

（2）管理咨询业是咨询产业的核心层。其主要包括投资咨询，从事投资的可行性分析、项目论证等，代表公司有摩根士丹利（Morgan Stanley）、高盛集团（Goldman Sachs）和美林（Merrill Lynch）等；人力资源咨询，主要围绕企业的人力资源管理，如薪资体系设计、人力资源开发培训等，代表公司有美世（Mercer）、怡安–翰威特（Aon-Hewitt）、韬睿惠悦（Towers Watson）、合益（Hay）等；运营咨询，主要帮助企业做组织构架、运营流程，代表公司如罗兰贝格（Roland Berger）等；管理信息化咨询以 IT 咨询为主，帮助企业对管理进行全方位系统改造，代表公司如埃森哲（Accenture）、IBM、凯捷（Capgemini）等；财务会计咨询，主要是为企业提供会计、审计、资产评估和税务等方面的咨询服务，如全球著名的"四大"会计师事务所（普华永道、德勤、毕马威、安永）等。

（3）战略咨询业是咨询产业中的最高层次。其主要包括为企业提供战略设计、竞争策略、业务分析与规划设计等服务，同时也面向政府提供政策咨询服务，代表公司有麦肯锡（McKinsey）、贝恩（Bain）、波士顿（BCG）等。战略概念最早来源于战争，即为达战争的目的，依据各种因素对战争全局和长远所要取得的目标、行动策略或步骤进行的系统筹划与谋略。战略问题是一个政党、一个国家和一个企业的根本性问题，战略上判断得准确，战略上谋划得科学，战略上赢得主动，事业发展就大有希望。任正非认为，华为面临三大风险：一是战略风险，二是运营风险，三是财务风险。抓住了战略机会，花多少钱都是胜利；抓不住战略机会，不花钱也是死亡。可见，无论是对于党和国家还是企业，战略问题都是第一位的，战略咨询是咨询业的"顶流"。

1.5　PPT 咨询

商业咨询以"四大"管理咨询公司（麦肯锡、波士顿、埃森哲、罗兰贝格）为代表，有一定的研究体系和分析方法论（如波士顿矩阵、麦肯锡 7S 模型、波特五力模型等），同时还有一个共同特点是 PPT 精美（网络上可以找到这类公司的大量 PPT 模板），以至于很多人觉得咨询就是给人出点子，然后用精美的 PPT 包装后，再去忽悠别人，正如几年前风行的 PPT 造车一样。

改革开放后，国内咨询业逐渐起步，市场规模和从业人员规模不断扩大，但由于市场不成熟、不完善，从业人员能力经验不足等原因，很多咨询机构的 PPT 虽好，但华而不实、没有干货、不解决问题成为普遍的通病，即咨询不管用、不够"硬"的问题十分突出。

中国科技咨询协会曾经公布了一份《中国管理咨询满意度调查报告》，结果显示：仅有 1%的中国企业表示管理咨询的效果非常好，49%的企业认为管理咨询效果一般；仅有 10%的企业认为其接受的咨询服务得到了大部分的执行，30%左右的客户认为其接受的咨询服务只有少部分得到了执行。也就是说，大多数客户对咨询的效果是不认同的。

这个调查结果呼应了本章开头的案例。用图 1.2 进一步形象表示，即咨询的外在形式十分漂亮，但咨询的内涵与价值令人遗憾。

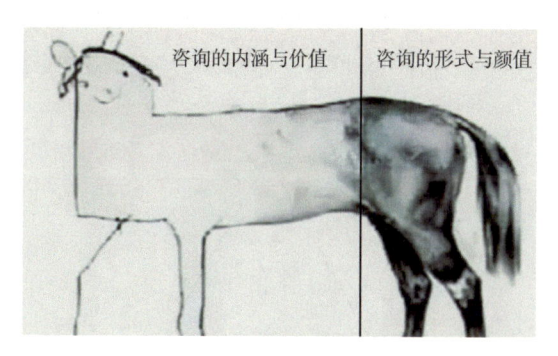

图 1.2　PPT 咨询

显然，牧羊人真正需要的是资深的养羊专家，告诉他多快好省的养羊办法，甚至可以帮他医治病羊。类似例子在咨询实践中是真实存在的，比如有的专家在咨询报告中告诉决策者"我国富煤少油缺气，石油储备仅 45 天"——这个事实，国家有关部门决策者作为"牧羊人"，是否比咨询专家们更清楚，需要专家们告知吗？

管理学家亨利·明茨伯格对那些踌躇满志的咨询顾问有一个很有趣的比喻：他们（指咨询顾问）是一群候鸟，匆匆忙忙地在一个小岛上巡视一番，快速下结论，然后就飞走了；他们写出的咨询报告看上去很美，或者擅长制作精美的PPT，但是并不能帮助公司解决实际问题，由于他们对行业和公司并没有足够的了解，因此只会谈一些大而空、放之四海而皆准的所谓战略。

黑石集团创始人苏世民更是一针见血地指出：金融圈到处都是充满魅力的人，他们的演示材料做得漂亮，嘴皮子也非常利索，思路和语速快到让人跟不上，你必须叫停这样的表演。2022年底，京东集团创始人刘强东更是在内部高管会议上大发雷霆：拿PPT和假大空词汇忽悠自己的人就是骗子。

案例1：不可能三角

某能源咨询报告写道：平衡安全、绿色与经济性三大目标相互掣肘，构成了能源体系发展的"不可能三角"（图1.3）。三大目标之间如何权衡、协同，成了能源战略的重要问题。随着经济产业转型、能源科技发展，以及绿色低碳需求的快速变革，能源产业链的高度延展、不同链条深度耦合，产业链竞争日趋激烈。从产业链的视角看，"不可能三角"衍生出更多维度的内涵，三者之间的矛盾更趋凸显，新时期能源产业链的发展面临着全新的要求和挑战。

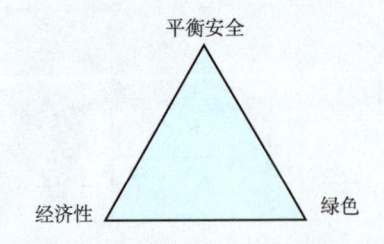

图1.3 能源体系发展的"不可能三角"

问题：能源的平衡安全、绿色与经济性之间的内在逻辑是什么，为何三者不可兼得？未来低成本的绿色能源也不可能兼顾这三个目标吗？是否可以用更加浅显易懂的语言对相关内容进行表述？

1.6 咨询如医道

"PPT咨询"是种形象的说法，其本质是服务于决策咨询的软科学不够硬的问题。

所谓软科学，指的是立足实践、面向决策，为决策提供依据的学问。"软科学"一词最早源于英国作者戈德史密斯、马凯出版的《科学的科学：技术时代的社会》(*The Science of Science：Society in the Technological Age*) 一书，日本是最早使用"软科学"名称的国家，我国 20 世纪 80 年代开始使用"软科学"的名称，并在 1986 年 7 月由国务院副总理万里主持举办了首届全国软科学研究工作座谈会。

但是，如何让软科学变"硬"呢？

在回答这个问题之前，可以用类比思维看看医学领域的情况。

从产业角度，咨询顾问又被称为"企业医生"，致力于为企业解决管理和决策问题，如 20 世纪 30 年代，麦肯锡就已经把企业形象塑造成一个精英荟萃的"企业医生"。医生针对病患（企业或机构）症状（现象），基于医学知识（理论），通过中医望闻问切（访谈）或西医仪器检查（报表）或中西医结合，分析病情找出病因（评估诊断），并据此对症下药或提出治疗建议（解决方案）。

战略思想家富勒在《战争指导》(*The Conduct of War*) 一书中说，战争指导，像医道一样，是一种艺术。因为医师的目的是预防（prevent）、治疗（cure）或缓和（alleviate）人体的疾病，而政治家和军人的目的亦为预防、治疗或缓和危害国际秩序的战争。

因此，关于企业治理和战略战术的研究，与医生的工作具有相似的逻辑。

1.6.1 走向循证医学

1992 年，加拿大皇家科学院院士、麦克马斯特大学医学中心临床流行病学和生物统计学系教授戈登·亨利·盖亚特（Gordon Henry Guyatt）首次提出"循证医学"一词，循证医学的创始人被认为是英国的内科医生和流行病学家科克伦（L. Cochrane）。

循证医学（evidence-based medicine，EBM），意为"遵循证据的医学"，又称实证医学或证据医学，核心思想是医疗决策应以客观研究结果为依据，按照各种类型临床研究证据制定临床指南，以此开展基于统一标准的规范化临床实践活动，将治疗最优化。

传统医学以个人经验为主，医生以自己的实践经验、高年资医师的指导、教科书和医学期刊上零散的研究为依据来治疗患者，而循证医学则是在医疗决策中将临床证据、个人经验与患者的实际状况和意愿三者相结合。

循证医学的出发点是针对全球疾病谱的改变，科学判断多因性疾病，提高综合性治疗疗效，它整合了临床流行病学、统计学、信息学、经济学、药学、预防医学等学科的前沿技术与方法，在解决各类复杂问题综合干预的证据生产、转化实践和绩效评估中形成的一个公认快速处理海量信息的方法学，可为各行业处理类似问题提供方法学依据循证，其目的仍然是解决临床问题或实践问题。

证据是循证医学的基石，遵循证据是循证医学的本质所在。实证医学将不同类型的临床证据进行分类和评价等，要求证据提供者参与收集与评价文献、提供最佳证据，而证据应用者要正确、客观、结合实际地应用证据。

从循证医学的视角，治疗研究依据质量和可靠程度大体可分为以下五级（可靠性依次降低），应尽量使用高级别的证据。

一级：按照特定病种的特定疗法，收集所有质量可靠的随机对照试验（randomized controlled trial, RCT）后所做的系统评价或 Meta 分析（荟萃分析）。

二级：单个的样本量足够的 RCT 结果。

三级：设有对照组但未用随机方法分组的研究。

四级：无对照的系列病例观察。

五级：专家意见。

1.6.2 走向精准医学

循证医学通过大量患者在统计上显著受益给出治疗方案。然而，统计上的受益并不意味着每一位患者均能从同一治疗方案中受益。因此，医学的发展又走向了精准医学阶段。

精准医学（precision medicine）是依据患者内在生物学信息以及临床症状和体征，为患者量身定制治疗方案，来实现人类疾病的精准治疗和有效预警。

2011 年，美国国家研究理事会（National Research Council, NRC）发布了由著名基因组学家梅纳·奥尔森（Maynard V. Olson）等起草的智库报告《走向精准医学》（Toward precision medicine），提出了通过遗传关联研究和与临床医学紧密接轨，来实现人类疾病精准治疗和有效预警，产生了广泛影响。

2015年1月20日，美国总统奥巴马在国情咨文演讲中提出了"精准医学计划"，呼吁增加医学研究经费，推动个体化基因组学研究，依据个人基因信息为癌症及其他疾病患者制订个体医疗方案，1月30日奥巴马正式推出"精确医学计划"。

精准医学提出的背景是，现代医学突飞猛进，各种先进科技手段与传统医学方法整合应用和集成创新，使临床上疾病防治和健康促进水平得到显著改善。比如，循证医学的建立，使临床决策可以基于最新、最优的临床研究证据；人类基因组草图的完成使得利用个体独特的基因序列信息去指导治疗和预防疾病的决策成为可能，从而为精确医学范式奠定了基础；健康大数据的应用进一步提升了医疗决策的科学性……这些为人类应对多因素导致的异质性复杂疾病提供了可能。

精准医学作为一种新的医疗范式，整合了循证医学、基因组医学、数字医学等诸多先进医学元素，旨在利用人类基因组及相关技术对疾病分子生物学的研究数据，整合个体或全部患者临床电子医疗病例，改变传统经验医学中依赖直觉和经验的不确定性、盲目性和不可控性，显著提升疾病预测、防控、诊断和治疗等医疗实践过程的确定性、预见性和可控性。

精准医学同时是一种新的方法论，强调根据每位患者的个体差异来调整疾病的预防和治疗方法，因此不同于原有的"一刀切"治疗方法。但是，精准医学并不是专门为某个患者开发特殊药物或治疗设备，而是根据患者对某种疾病的感染性不同、对某种治疗手段的反应不同等，将不同的患者个体进行分类，区别选择和改变治疗方法。

1.6.3 走向价值医疗

价值医疗（value in healthcare，value-based medicine/health-care）最早由美国哈佛大学商学院管理学迈克尔·波特（Michael Porter）教授在2006年提出，指的是如何在一定成本下获得最佳的治疗效果，即实现高性价比医疗。

循证医学和精准医学都是技术概念，而价值医疗属于技术经济的范畴，内容包括成本控制、治疗效果和患者需求等三方面，核心是医疗质量。

相比于以医疗机构为中心的传统医疗服务模式，价值医疗强调以患者为中心，以价值为导向，有如下三个基本原则。

（1）为患者创造价值。

（2）综合医疗状况和医疗全流程的医疗实践。

（3）测量医疗效果和费用。

在波特教授等的研究基础上，世界经济论坛等机构开展了相关模式的研究和项目试点，并总结出推动价值医疗落地的相关工具和驱动要素，如下所示。

（1）医疗服务机构：围绕医疗价值，重新定义医疗服务机构的定位和组织。

（2）支付体系：支付体系应从传统的按服务项目付费转向关注医疗价值的付费模式构架。

（3）医学信息学：针对选定的疾病领域和患者人群，建立临床疗效和健康结果的相关标准，以及相应的信息系统，实现系统的数据收集、共享和分析。

（4）对标分析、研究和相关工具：在以上数据收集和分析的基础上，针对临床疗效和最佳实践等开展对标分析，推动临床实践和医护模式持续改进；探索新的数据来源和创新的临床试验方法；开发临床决策支持系统；等等。

由上可见，在科技大潮等因素带动下，21世纪的医学呈现的三大重要趋势是走向循证医学、精准医学和价值医疗，这也为决策咨询的发展提升提供了借鉴。

1.7　硬咨询是什么？

当前，国家或组织决策过程呈现明显的技术化、复杂化和国际化等特征。

所谓技术化，一方面是历史学家黄仁宇所说的"数目字管理"，通过管理的指标化、数据化和数字化，提升管理效率并促进公平正义（至少在形式上），另一方面是"中国农村改革之父"杜润生所说的，"防止领导者个人的偏好引起政策的偏离"。

复杂化是指几乎所有的国家重要决策，都不是出自单个部门的政令，而是由跨部门的领导小组或机制做出，而且往往牵一发而动全身，问题和利益关系盘根错节。如我国新冠疫情防控虽然是公共卫生事件，但牵扯社会面广泛，因此由国务院联防联控机制进行工作协调，重大举措由党中央进行顶层设计部署。

美国宾夕法尼亚大学詹姆斯·麦克甘（James G. McGann）教授认为，国际化是指全球化时代，因为没有一个问题是真正的国内问题，即使是局限在一个国家或区域的特定问题也会产生一些国际影响，而国际化加剧了信息的不对称性，加大了决策难度。

因此，面对决策环境和需求的变化，决策咨询也需要更加注重证据、精准和价值，实现从软科学走向硬咨询，这是行业发展的趋势和经济社会发展的必然要求。

1.7.1 从软科学到硬咨询

传统的管理咨询、战略咨询等的从业者多为商科等人文社会科学背景，比如我国台湾省著名的战略学家钮先钟就认为现代化的战略研究是"社会科学大分类中之一类"。

随着经济社会系统日趋复杂，社会实践问题需要大量运用数学、自然科学、工程技术等思想方法和工具手段等才能得到解决。因此，科学技术在决策过程中扮演着越来越重要的角色。这种变化的根源在于科学技术对国家和社会各领域的全面深入渗透。

例如，美国总统有包括官办、民办机构以及私人科学顾问等在内的一整套建制来支撑其科学决策；日本各级政府都建立了各自的科技咨询机构，各部门也建立了由多方面成员组成、促进科学决策的"审议会"；自2011年起，英国所有部门均设立了首席科学顾问；在我国，近年来绝大多数国家部委都设立了专门的科技司（委、办、局），或者成立了包括多领域科技专家的咨询委员会。

法国战略学家安德烈·博福尔（Andre Beaufre）指出，现代战略也像整个人类文明一样，被进步神速的科技抱着跑，所以我们的思想习惯必须与时俱进。

在思想的改变和认知的提高中，互联网思维一度风靡全国。然而大潮退去之后，大家发现，这种商业模式的创新很难解决真正的"卡脖子"问题，经济社会发展需要进一步切换到硬科技的轨道。

当前，在美国对我国进行科技脱钩、科技封锁的大背景下，我国经济社会发展和民生改善比过去任何时候都更加需要科学技术解决方案，都更加需要增强创新这个第一动力。

案例2：中南海需要怎样的科学叙事？

《瞭望》杂志1981年第9期发表了一篇文章《决策者和智囊们——科学家们给中央领导同志讲课旁听记》，作者周长年以旁观者的视角，记载了两位中国科学院院士给万里、方毅、宋任穷等党和国家领导人讲课的故事，以下是节选：

> 从去年七月底开始，中央领导同志请科学家们到中南海讲科学，这一天已是第五讲了。听课的是国家的决策者们，讲课的是国家的智囊者们。
>
> 这一次讲的题目是《现代科学技术与农业现代化》。主讲人是著名遗传育种学家徐冠仁和著名植物生态学家侯学煜。中国科学院和中国农业科学院的石山、王克海、杨挺秀为助讲人。
>
> "现代农业的特点，是向农业投入较多的物质和能量，并加入科学技术这个生产力，逐步把以经验为基础的传统农业，改造成为以科学为基础的现代农业。目前，我国正面临着这种转变。"
>
> 首先登上讲台的徐冠仁，用这短短一两句话，点明了我国农业面临的新形势。在我们这个以农业为主的国家中，如何迎接这个转变，促进这个转变，是全党全民面临的严重课题。
>
> 要把传统农业改造成为现代农业，首先要弄清楚什么是现代农业，也就是什么是农业现代化？
>
> 长期以来，人们对农业现代化有各种各样的理解。有人认为，农业现代化就是四个"化"——机械化、水利化、化学化、电气化。这个概念曾经被社会各界普遍接受，并且作为国家有关领导部门衡量我国农业现代化水平的主要标志。前几年，又有人提出：所谓农业现代化，就是"用现代工业装备和现代科学技术武装农

业，用现代经济科学方法管理农业生产，大幅度提高劳动生产率、土地利用率和土地生产率"。后来，还有人把农业现代化概括为三个"化"，即："机械化"、"科学化"、"社会化"。

但是，在准备和讨论这次讲稿的过程中，有的人认为，前四个"化"即农业现代化的观点不科学，因为它没有抓住事物的本质。这四个"化"只能是实现农业现代化的技术手段，而不能作为农业现代化的内容和目的，因为现代化农业是一个"自然环境—生物—人类社会"互相交织在一起的复杂系统，用四个"化"来概括和代替农业现代化，极不妥当。还有的认为，单纯提什么"化"，把整体概念割裂开来，容易发生片面，甚至造成决策上的失误。比如过去有人认为"机械化就是农业现代化"，不顾一切地单纯追求"机械化"，结果我国农机事业虽然有了发展，但经济效果却并不显著，相反还带来了一些问题。又如单纯追求"水利化"使北方一些自流灌区发生了次生盐碱化，很多井灌区出现了大面积的地面下降的"漏斗"区，不少水库变成了"泥库"，使大量投资付诸东流。……

讲稿根据多数人的正确意见，给农业现代化确定了这样一个崭新的概念，即：农业现代化的本质，是把农、林、牧、副、渔各业的生产和管理逐步建立在科学的基础上，以相对少的能量和物质，取得尽可能高的产量，以获得最好的经济效果。这可以高度概括成一句话，即：农业现代化就是农业的高度科学化。这个新概念的提出，反映了我国对于农业现代化的认识，已经有了质的飞跃。这次讲课使人们呼吸到了科学界里吹来的这股清新之风。

中国要实现农业现代化，必须借鉴外国的成功经验。但是，向中央领导同志介绍哪些外国经验呢？科学家们有的主张多介绍一些如遗传工程、生物固氮等新兴科学。但是，在讨论讲稿时大家否定了这一意见。他们认为：中国迫切需要借鉴的，首先应该是在我国现实条件下行之有效的科学成果和措施，而不是目前尚不现实、还要经过大量研究才能变为生产力的东西。因此，讲稿有选择地举出了一些国外科学技术推动农业发展的实例。

……

徐冠仁讲完之后，侯学煜登上了讲台。他首先分析了我国的地理位置和气候特点、地形特点、土壤特点、生物和土地等自然资源，概括出这样一个概念：我国农业资源绝对数大，但按人口平均又相对不足。接着，又分析了我国实现农业现代化的社会、经济条件。他说，我国农业人口占总人口的百分之八十三点八，劳动力资源十分丰富，这个国情决定着中国式农业现代化的特点。我国文化历史悠久，有大量的作物、林木、畜禽、家鱼等优良品种，还在复杂的生态环境中创立了多种多样的耕作制度和栽培技术，为实现中国式的农业现代化提供了宝贵财富。他认为，我国实现农业现代化有两大困难：一是国家穷，底子薄，工业基础差；二是农业科学落后，科技人员缺乏，农民文化水平低。

侯学煜从我国国情出发，着重讲了实现我国农业现代化的几个战略性问题，例如，要树立"大粮食"和"大农业"观点，农、林、牧、副、渔全面发展。在中国搞"大粮食"和"大农业"，可以扬长避短，发挥劳动力多、耕地少而山地和丘陵相对地多的优势，充分利用各种资源条件，以及避免过去由于单纯强调种粮食，而挤掉多种经营、传统副业、盲目开荒等造成的恶性循环。又如，要实行集约经营。因为我国可垦荒地面积很小，靠扩大耕地面积增加粮食的潜力不大，只有提高占全国耕地面积三分之一的低产田的单产，才是增产粮食的最好出路。就拿占全国耕地面积三分之一的一般农田来说，增产潜力也是很大的。所谓集约经营，也就是在农业生产中加入科学技术这个生产力，用现代科学技术武装农业；多途径地加入适量的能量和物质，发挥中国劳动力丰富的优势，发扬精耕细作的传统。这是可以使我国农业在现有基础上取得更大成效的。

讲课持续了近三个小时。两位科学家立足国内，纵观世界，详细地论述了我国实现农业现代化要做的事情。这些事情归纳起来，就是：

——必须制定各种发展农业生产的政策和法律，以保证农业现代化建设顺利进行；

——提高人民的科学文化水平。现代农业，需要大批有一定科学文化水平的劳动者。因为科学技术的推广，决定于劳动者的"吸收能力"和建立完整的科学技术体系。现在全国有百分之四十的人是文盲，农技人员数量太少，即使科技成果再多，也无法推广到农业生产第一线去，怎么能变成直接的生产力呢？

——科学走在生产前面。农业现代化就是农业的科学化。我国农业科技落后，轻视农业科技和农技人员的思想还比较严重。必须用现代科学技术武装农业；

——保持生态平衡。森林、草原、农田、山地、河湖、村寨等是一个互相联系而又互相制约的完整的生态系统。破坏其中部分生态系统，就会失去生态平衡，使人们受到一系列的惩罚。千万不能再干黄土搬家、围湖造田、毁林开荒，使得水土流失、灾害频繁，粮食反而减产的傻事了；

——开发利用和节约能源。我国农村能源（包括生产能源和生活能源）尤其紧缺，而现代农业，要求投入更多的能源。解决能源问题是农业现代化建设的关键问题之一；

——现代化农业是一个复杂的整体，不仅涉及农、林、牧、副、渔、水等各个方面，而且涉及工业、商业、交通、科学教育等各方面，必须各方通力协作；

——讲究经济效益，是实现农业现代化的"推进器"。农业生产必然受经济规律的支配，行政管理的办法必须改革；

——技术推广工作，直接关系到把科学技术转化为现实生产力。凡是农业发达的国家，都很重视这一环节。目前我国技术推广工作的渠道不太畅通，不少科技成果实际上是束之高阁，应该设立专门机构负责领导技术推广工作。

这堂课,虽然主讲者只有两人,但他们所讲的内容,却是集中了近年来我国科技、经济、教育、理论等界探索我国农业现代化建设的收获。这是我国智囊人物们研究成果的结晶。这堂课的讲稿,是去年七、八月间写出初稿,经过十几个部门、一百多位专家和学者反复讨论,进行五次大改,在国务院各部委领导人中试讲后才定稿的。

1.7.2 硬咨询的理念

所谓硬咨询,是指基于科学、技术、工程、数学(STEM)思维方法,以价值为导向、由证据驱动的决策咨询,是一套以科技思想为核心,从科学选题到成果集成创新的理念和方法论。

此处,STEM 是广义的科学技术,而科学既包括自然科学,也包括人文社会科学,既包括基础科学,也包括应用科学,是一套知识、方法及其建制的组合,在方法论上强调客观、逻辑、系统分析。

硬咨询是高度技术化倾向的决策咨询。科学技术,包括科学知识、科学精神、科学思想、科学方法在决策咨询中占决定性地位,是软科学跃升为硬咨询的关键(图 1.4)。

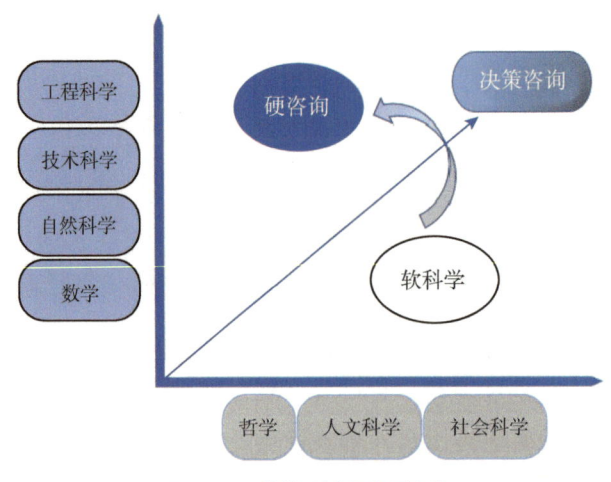

图 1.4 从软科学到硬咨询

1.7.3 STEM 框架

科学（science，S）：是认识和揭示自然、社会、思维等的构成、本质及其运行规律的知识体系，如科学原理、理论、规律等。科学活动的主要特征是探索、发现。

技术（technology，T）：是人类为实现社会需要而创造的手段总和，现代技术往往是综合运用科学原理、科学方法并通过巧妙的构思，开发出来的工艺、方法、工具、装备等工具性手段。技术活动的主要特征是发明、创造。

工程（engineering，E）：是科学、技术、经验等的集成运用，旨在建立起大规模、专业性、持续化的生产系统或社会服务系统。工程活动的主要特征是集成、构建。

数学（math，M）：是研究数和形的学科，分为纯粹数学和应用数学，后者也称为数学的技术，即对非数学领域提出的问题给出答案。马克思说，一种科学只有在成功地运用数学时，才达到了真正完善的地步。数学的主要特征是高度抽象性、逻辑严密性、广泛应用性（图 1.5）。

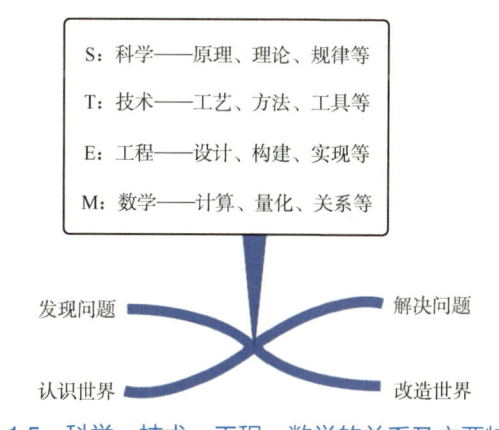

图 1.5 科学、技术、工程、数学的关系及主要特征

总体上，数学为所研究的问题提供形式化手段、模型化工具和科学化语言，但科学界对于数学是否属于自然科学尚有争论，并意识到科学不等于技术。科学是技术的源头，技术是科学的应用；技术是工程的支撑，工程是技术的集成。

按照美国 2013 年颁布的新一代 STEM 教育标准，科学与工程实践（science

and engineering practices）描述了科学家在研究自然界，以及工程师在设计和构建系统时所做的工作，其内容包含八个方面，分别如下。

（1）提出问题和定义问题。

（2）开发和使用模型。

（3）计划和实施调查。

（4）分析和解释数据。

（5）运用和使用数学计算思维。

（6）构建和设计解决方案。

（7）用证据阐明自己的观点。

（8）获得、评价和交流信息。

以上与硬咨询研究和解决问题的思路基本是一致的。因此，基于STEM的思维方法，有利于在发现问题、认识世界的基础上，更好地解决问题和改造世界。

1.7.4 硬咨询的特征

科学技术是第一生产力，硬咨询的中心任务是发现和研判新的生产力，谋划和提出适应形势要求的生产关系。

1. 硬咨询是科学的转化

硬咨询以科学研究为基础和起点，是科学研究到科学决策的转化，即在科学研究和科学决策之间架设的桥梁（图1.6）。

图 1.6 硬咨询是科学研究到科学决策的转化

例如，转基因技术从实验室走向社会以后，有关部门需要出台相关的监管政策，首先要明确何为转基因及其内涵外延，将转基因的性质特点和国内外政策信息提供给决策者参考，为形成科学合理的监管政策提供科学证据。这就需要包括科学家在内的多方参与，通过科学知识、科学思想、科学方法、科学精神的转化，为科学决策提供有力支撑。

因此，在科学研究到科学决策的转化过程中，"科学"是其中的"内核"和"守恒量"，这决定了硬咨询需要科学家的参与，为决策咨询注入其中的专业性和科学性。

2. 硬咨询是理性主义

凯尔尼等认为，证据是"信息支持的论据或断言"。证据驱动型政策制定即循证决策，其"蓝本"是循证医学，主张证据是政策制定的关键因素，强调依据证据，而不是凭借经验或灵感做出决策。

英国是最早运用循证决策的国家。早在1999年，布莱尔政府在公布的《政府现代化白皮书》中就写道，"政策的制定应该具有前瞻性，并且是基于已有的证据，而不是为了应对短期的外界压力"。2016年，美国国会通过《循证决策委员会法案》。2017年，美国循证决策委员会的一份报告指出，"美国人民希望政府能够有效地、负责任地解决这个国家面临的问题。政策制定者必须掌握良好的信息，以此作为他们关于提高政府计划和政策的可行性和有效性的决策的依据"，报告主张未来有效地创建严格的证据，作为政府运作的常规部分，并用于构建有效的公共政策。2018年12月，美国国会通过了《循证政策制定法案》，正式将循证决策上升到立法层面。

国外学者还研究了证据驱动型政策制定的主要判据：基于系统的、以实验或观察为依据的证据，基于令人信服的论证，可能的益处应该被评估和陈述，明确证据与现存或被提议的政策的关联性，设想政策带来后果的可能性，实施的可行性及成本等。

循证决策所依据的证据是广义的，包括专业知识、发表的论文、既有的研究、利益相关者的协商、已有的政策评估、网络信息、政策选择的成本、经济和统计模型的结果等。曾经担任欧盟委员会主席首席科学顾问的安妮·格洛弗（Anne Glover）说，"顾问不制定政策，也不具有政治性。你所做的就是找到最好的证据"。

硬咨询为决策提供高质量的证据和有效政策选项，使决策者基于高质量的证据改进政策设置，因此是一种理性主义。从德国学者马克斯·韦伯的理性二分法来看，硬咨询既强调工具理性（instrumental rationality），如手段、条件、形式、程序等，也注重价值理性（value rationality），如目的、理想、内容、实质等。

3. 硬咨询是集成创新

经济合作与发展组织（Organization for Economic Co-operation and Development，OECD）报告认为，科学的建议本身就是一个学术研究领域，产生新的理论和概念。决策的需要和管理的内涵决定了硬咨询具有综合性、实践性、知识性和创新性等特征。

创新分为原始创新、引进消化吸收再创新和集成创新三种，硬咨询属于集成创新，即通过组织过程将好的资源、工具和解决问题的方法进行应用。

有学者研究指出，集成创新思想所要解决的中心问题不是技术供给本身，而是日益丰富、复杂的技术资源与实际应用之间的脱节。集成创新的逻辑起点是把握技术的需求环节，使技术匹配产品需求。如果说科研是把金钱变为知识，创新就是它的逆过程，即把知识变为金钱，这一过程是价值的产生。

把知识转变为金钱需要通过行动，即知行合一。例如，转基因是"知"，转基因监管政策是"行"；半导体技术是"知"，半导体技术路线图是"行"。硬咨询是格物致知基础上的经世济用，是授人以渔的行动指南，科技创新赋能决策和行动，使国家生产力和经济社会价值产生乘数效应，也就是剑桥大学贝内特公共政策研究所提出的，"思想从根本上驱动生产力"。

如果说"信息是不确定性的减少"（克劳德·艾尔伍德·香农），那么硬咨询就是决策科学性的增加，增加的部分就是硬咨询的价值。因此，硬咨询以需求为出发点，以价值为落脚点，价值是衡量硬咨询的基本依据。

1.8 硬咨询近似

成功的硬咨询主要由三方面的要素构成，一是政治家的敏锐，二是科学家

的严谨，三是工程师的交付。用一个近似公式来表示就是

$$硬咨询 \approx 政治家的敏锐 + 科学家的严谨 + 工程师的交付$$

政治家的敏锐，即大局观，具有较高的政策理论水平，包括把握主要矛盾和矛盾主要方面，以及见微知著的能力等。

科学家的严谨，即真理观，以追求真理的科学精神，研究经济社会现象和问题，并通过严谨、客观的理论和实证分析提出科学合理的建议。

工程师的交付，即价值观，以工程意识和方法，提出可用性强、可靠性高、能落地的完整性成果，解决问题、创造价值。

1.8.1 政治家的敏锐

案例 3：领导人的见微知著

1992 年初，邓小平同志具有重大现实意义和深远历史意义的南方谈话发表，顿时在中国大地掀起了新时期改革开放和发展的浪潮。但是，有些地方未能全面、正确把握小平同志南方谈话精神，出现盲目追求工业产值和 GDP 增长的现象。

1992 年 4 月 4 日，江泽民在出访日本前夕给中央政治局常委等同志写信，信中着重谈了如何贯彻邓小平关于快速发展的意见。信中指出："要善于把干部和群众高涨的劲头和积极性引导好、保护好、发挥好。""必须进一步健全宏观调控体系，提高宏观管理效能。""要在深化改革上狠下功夫，避免只在扩大投资规模上做文章，以防出现新的重复建设和产品积压。"江泽民提请国务院和有关部委，对经济发展中出现的问题加以研究，提出初步方案。从 1992 年 4 月开始，党中央、国务院做了大量调研，并采取了一些调整措施。

1992 年，针对经济形势不断趋热的情况，江泽民在十四大报告中指出："要坚持从实际出发，注意量力而行，搞好综合平衡，不要一讲加快发展，就一哄而起，走到过去那种忽视效益，片面追求产值，争相攀比，盲目上

新项目，一味扩大基建规模的老路上去。"[①]12月18日，江泽民在全国计划会议上指出："一定要正视好形势下出现的一些必须解决的问题，扎扎实实地进行工作，防止发生经济过热现象，保证国民经济又好又快地向前发展，力争搞几年上一个新台阶，不断增强我国的经济实力和综合国力，这样才是真正积极地、正确地贯彻执行党的十四大和小平同志重要谈话的精神。"[②]

虽然党中央、国务院很早就开始提醒各部门、各地区注意经济发展中出现的问题，并采取了一定的措施，但是一些部门和地区对邓小平南方谈话和党的十四大精神存在片面认识，没有全面理解党中央关于"抓住机遇，加快发展，争取三五年再上一个新台阶"的精神实质，仍然在盲目扩大投资，争相攀比速度，不断升温的经济形势没能得到很好的控制。于是，1993年6月，党中央、国务院不得不实施以治理经济过热为主要内容的宏观调控，下发《关于当前经济情况和加强宏观调控的意见》，提出了严格控制货币发行，稳定金融形势等16条加强和改善宏观调控的措施。

1.8.2 科学家的严谨

案例 4：IPCC 报告"冰川门"事件

根据 2010 年 1 月 28 日《第一财经日报》报道，联合国政府间气候变化专门委员会（Intergovernmental Panel on Climate Change，IPCC）2007 年发布的报告指出，喜马拉雅冰川将于 2035 年，甚至更早前消失的可能性非常高。但这一备受全球关注的预测被证实存在严重失实。

经过逐层梳理信源，人们发现，IPCC 评估报告中有关喜马拉雅冰川问题的观点，竟来自 10 年前《新科学家》(*New Scientist*) 杂志上一篇不严谨的报道，且经过三轮评审漏洞仍然未被发现和指正。

---

① 参见《求实》1992 年 11 期的文章：《加快改革开放和现代化建设步伐夺取有中国特色社会主义事业的更大胜利——在中国共产党第十四次全国代表大会上的报告》。

② 《全国计划会议在京举行 江泽民李鹏就当前经济形势和明年经济工作发表重要意见》，https://epaper.gmw.cn/gmrb/html/1992-12/20/nw.D110000gmrb_19921220_0-01.htm，1992 年 12 月 20 日。

在这条跨越 10 年的"摘抄链"中，从记者皮埃斯起，各方对喜马拉雅冰川消融速度的表述和数据，在摘引时都进行了微妙的修改或添加：皮埃斯虚构了"2035"的数据，世界自然基金会（World Wildlife Fund，WWF）在摘录这篇报道时，把皮埃斯报道中的原话"喜马拉雅东部和中部的冰川将会融化"修改成了"喜马拉雅冰川将会融化"；而在 IPCC 的报告中，这句话进一步演变为"如果地球以当前的速度继续变暖，喜马拉雅的冰川将会融化"，且 IPCC 进一步点明，"这样的冰川消融，主要归因于人为排放温室气体所导致的全球变暖"，从而把全球变暖和自然灾害直接联系起来。

在 IPCC 本该极为严肃的报告中，只是基于广泛的文献综述，缺乏独立深入调查，且未对信源加以核实，甚至还对援引的信源内容做了改动，质量评审程序形同虚设。这被全球变暖怀疑论者抓住了把柄，"支持全球变暖的科学家们，涉嫌操纵数据，选择科学流程，以此来支持其碳排放导致全球气候变暖加剧的结论"。

事件发生后，IPCC 等机构已在网站上发表公开道歉声明，但还是对 IPCC 声誉和全球减排行动造成了严重的负面影响。

1.8.3 工程师的交付

案例 5：不能作为解决方案的就不是结论

日本管理学家大前研一举过一个例子：日本和服业的市场一年比一年小，近 20 年来每一户人家的妇女和服支出费更是比之前减少了一半之多，今后随着日本家庭少生孩子的趋势增强，许多人便预测和服的市场将会越来越小。但是，虽然可以认为和服行业总体是衰退行业，并不能向客户提出诸如"和服业已经衰退了，要提升营业额是非常困难的"的结论和建议，因为这不但不能替客户解决问题，也浪费了自己的时间和精力，因为不能作为解决方案的就不是结论。

大前研一认为，不能匆忙下结论，而要对数据作进一步的分析。比如，或许可以挖掘出"和服整体的销售额虽然滑落了，但是单价不高的夏季浴衣销售量并没有减少"，而且"浴衣的主要客户群是年轻女性"，或从其他的分析里看出"年轻人其实对和服很感兴趣"等线索。由此可以提出不同的假设，如"和服业的确是衰退行业，但是仍有以年轻人为主力的潜在需求"。接着，要继续为这个假设收集并分析资料，从而得到"与其努力设计新的高级和服，不如着手开发适合年轻人品位的新款和服"，或者"把和服当作新事业，为和服在新的领域求得再生"等结论。这些结论和最初的假设完全不同。

案例6：华为也是一家硬咨询公司？

《下一个倒下的会不会是华为》一书介绍：

> 公司长远的战略方针，是要通过不断地提高产品和服务质量、提高交付能力，来提高公司的市场竞争力。
>
> ……
>
> 华为是全球最大的通信工程总承包商、总集成商，"TK"（交钥匙）工程这一市场运作模式是华为战胜竞争对手的一大利器。
>
> 何谓"TK"工程？即客户只负责投资和频率资源获取，华为负责从网络规划、地形勘察、站点获取、管道铺设、设备运输、联网调试一直到全网开通等一揽子工程，直到最终客户验收通过为止。

资料来源：田涛，吴春波. 2017. 下一个倒下的会不会是华为. 北京：中信出版社.

第 2 章
硬咨询与智库转型

不在科技的前线（*front lines*），就在科技的边线（*side lines*）。

——詹姆斯·麦克甘（美国宾夕法尼亚大学教授）

2.1 从咨询到智库

咨询可以是个人行为，如古代的谋士或幕僚。随着知识和信息的爆炸增长、技术复杂性增加并快速变化，必须以建制化、有组织的顾问团队来辅助决策，帮助决策者应对日益复杂的形势和不断变化的挑战，现代智库由此应运而生。因此，智库登上历史舞台是知识专门化和社会分工细化的结果，正如科研从早期的个人志趣走向组织化、建制化而诞生现代科研机构一样。

智库，英文词汇为"think tank"，最早出现在二战时期，由美军讨论战略和作战计划的保密室演变而来。根据美国宾夕法尼亚大学《全球智库报告》（Global go to think tank index report）的定义，智库是研究、分析和参与公共政策制定的组织，针对国内和国际问题进行政策导向的研究分析并提出建议，服务决策者进行政策制定。

联合国开发计划署（United Nations Development Programme，UNDP）认为，智库是知识与权力之间的桥梁。日本学者铃木崇弘认为，智库是连接知识（学术、理想等）与治理（政治、政策、现实等）的机构。从上述角度看，智库的角色类似于科技成果转移转化机构。但综合来看，智库上接国家/组织/企业(客户)，下连社会/公众/媒体，横向则连接其他学术或智库机构（图 2.1），是居于中心位置的枢纽平台，被认为是继立法、行政、司法、媒体之后的"第五权力"。

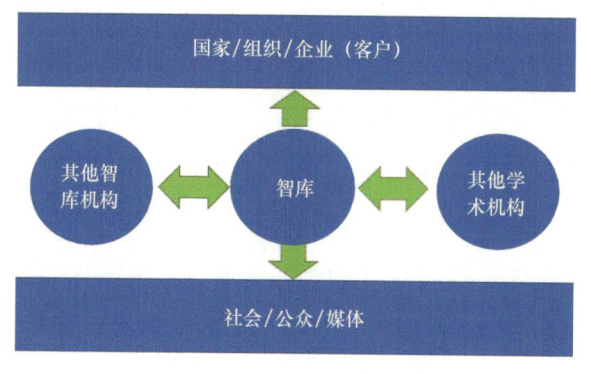

图 2.1 智库与各类机构的关系

从智库"出身"来说，主要有如下几种：一是依托政府的组织，如国务院发展研究中心；二是民间成立的组织，如各种咨询公司；三是依托大学或研究机构的组织，如中国科学院科技战略咨询研究院、北京大学国家发展研究院等；四是依托媒体的组织，如新华社；五是依托基金会、行业协会、学会的组织等。

2.2 智库的功能

智库以经济社会实践问题为研究对象，从事的既是基于学术的专业性研究，也是具有政策指向性的应用研究，旨在将学术造诣转变为现实社会的行动方案，其研究始终以在现实政治或政策中的运用为目标，以解决现实问题为目的。

国务院发展研究中心原主任李伟认为，现代智库主要有如下四大作用。

一是资政辅政。以思想库和参谋助手的角色，为决策者提供政策思路和建议方案以影响决策，并对有关行动方案和实施效果做出论证、评估，为政策实施向社会做出必要的说明和引导。

二是启迪民智。通过深入广泛的调研和听取社会各界的意见，以专家学者的角色撰写文章、出版论著、发表评论、开展研讨，向社会公众进行政策传播和普及。

三是平衡分歧。在利益群体和诉求多元化的环境下，智库借助其客观、公正的立场提出政策观点，为不同群体的利益诉求提供交流平台。

四是聚贤荐才。西方国家的智库充分发挥人才"旋转门"作用。政府经常在智库的研究人员中选拔高级官员，而离任的政府高级官员中也有相当一部分人进入智库开展政策研究工作，继续发挥专长和影响力。官员在政府和智库之间的角色转换，进一步密切了政府与智库的联系，强化了智库对政府决策的影响力。

在以上几方面作用中，最核心、最基本的是"出思想"，为政治决策者、政府治理者、机构管理者等提供战略与政策建议等决策咨询服务，为社会大众观察世界和社会经济发展提供前瞻洞见和思想引领，因此智库也被称为"思想库"。梁启超认为，"凡一国之进步，必以学术思想为之母，而风俗政治皆其子孙也"。

案例 7：咨询报告引导观念转变

2015 年，张启发院士等院士专家向国家提出《关于推进"资源节约型、环境友好型"农业生产体系建设的建议》，认为"几十年来以产量增长为导向的农业发展模式面临着日益严峻的资源危机、环境危机和农产品保障能力弱化的风险，遭遇到前所未有的资源环境供给能力弱化的挑战和科技支撑能力提升缓慢的掣肘"，为此向国家提出"构建和完善与'两型农业'发展相匹配的政策与制度体系""制定与'两型农业'发展要求相适应的作物品种评价与审定制度""加强以'两型农业'发展为导向的技术研发""建立健全'两型农业'发展的技术推广体系"等咨询建议。

2.3 智库面临的挑战

美国是咨询业的鼻祖和庞大智库体系的繁盛之地，而中国作为崛起中的大国和新兴市场，近年来智库数量也越来越多。根据美国宾夕法尼亚大学《全球智库报告》，2008~2020 年中美两国智库数量如图 2.2 所示。

图 2.2 中美两国智库数量变化

可以看出，2008 年以前中国智库数量不到 100 家，此后数量增长并稳定在 400~500 家量级，2020 年数量暴增至 1413 家，同年美国智库数量由此前的 1800 余家增加到 2200 余家。作为对比，2020 年我国普通高等学校数量约 2700 所，其中本科院校约 1200 所；而美国有 4300 所大学，如果分校算作独立学校，则有 5300 所。

智库数量的增加意味着思想市场的扩大，同时也意味着竞争的加剧。《全球智库报告》的主编詹姆斯·麦克甘教授认为，"新技术增加了全球信息流的数量和速度，使得管理和操纵大量数据成为可能，这些数据会扰乱商业、政治和公共政策。信息洪流使得处理所有不同的想法、选项和替代方案变得困难，从而催生了一个拥挤且竞争激烈的全球思想和政策建议市场，这给智库带来了新的战略和运营挑战"，这些挑战主要包括竞争的挑战、资源的挑战以及技术的挑战等。

在上述挑战带来的压力下，国外很多智库难以为继。詹姆斯·麦克甘进一步分析了智库失败的原因，主要如下。

（1）未能理解和应对非传统竞争来源。

（2）未能采用新技术及创新的营销和传播策略。

（3）越来越不利于智库、专家和政策建议的政治和监管环境。

（4）公共和私人捐助者对政策研究资助的减少。

（5）公共和私人捐助者倾向于投资短期、特定项目而不是投资于想法和机构。

（6）机构能力不足，无法适应变化。

（7）来自游说组织、营利性咨询公司、律师事务所和 24×7 电子媒体的竞争加剧。

因此，智库面临的竞争压力并不亚于其所服务的决策者，智库必须展示出不可替代的价值。

2.4 智库需要与时俱进

推动智库转型的无形之手，表面看是市场，而实质是技术和信息。詹姆斯·麦克甘认为，方兴未艾的第四次工业革命带来了五大趋势。

（1）技术变革速度急剧增加。

（2）网络和社交媒体、人工智能（artificial intelligence，AI）、大数据的破坏性和变革性力量。

（3）信息和政策流动速度加快。

（4）全球信息海啸。

（5）信息相互依存和信息战兴起。

在这样的背景下，智库必须"更聪明、更敏捷、更创新、更精通技术，才能在现在的全球思想和政策建议市场中生存"。

关于智库的与时俱进，潘教峰等认为，智库研究需要实现六个转变：一是从经验式向科学化转变，二是从零散式向系统性转变，三是从随机式向规范性转变，四是从偏学术型向学术实践型转变，五是从静态向稳态转变，六是从学科单一向融合贯通转变。孙昌璞等认为，我国智库研究要走上科学化的道路，需要以科学导向引导智库研究从"软科学"提升为"硬科学"——智库科学，满足科学的基本属性——可证伪性。

国际上，以色列在科技政策领域排名第一的塞缪尔·尼曼研究所（Samuel Neaman Institute，SNI）是一个独立的国家政策研究机构，强调其愿景是通过科学研究和基于事实的数据分析，促进以色列做出明智的国家政策决策。

2.5 智库走向硬咨询

2.5.1 百年未有之大变局

张志强等认为，百年未有之大变局的内涵包括如下几方面。

（1）世界格局之变（结构之变）：从"一超多强"到"东升西降"，世界经济中心向亚太地区转移，世界的权力中心出现转移和分散化趋势，百年来西方国家主导国际政治经济的情况正在发生根本性改变。

（2）国际秩序之变（规则之变）：二战后建立的国际规则体系（联合国、WTO等国际组织等）开始摇摇欲坠，新的规则建构又困难重重。

（3）科学技术之变（生产力之变）：新一轮科技与产业变革不断蓄势，以绿色化、智能化、可持续为特征的新一轮科技变革和产业革命正在不断催生各种颠覆性科技创新，科技与产业变革正在重塑全球经济和产业格局，但新技术的突破性发展和社会化应用，也对全球治理体系提出了严峻挑战。

（4）发展范式之变（生产方式之变）：人类社会必须从高消耗、高污染的传统工业化生产范式，向绿色低碳、人与自然和谐共生的可持续发展范式转变。

（5）社会形态之变（文明形态之变）：人类的社会形态从农业社会到工业社会再到知识社会，不断向更高阶段发展，智能社会或智慧社会的发展形态日益鲜明。

（6）社会发展阶段之变（社会主导阶段之变）：人类社会需要一种更包容的社会经济模式，未来资本主义的"社会主义化"调适改革或将成为资本主义国家的大趋势。

2.5.2 不确定性时代

在世界百年未有之大变局下，世界面临前所未有的不确定性，主要表现及原因如下。

（1）系统的非线性。非线性是指系统中不同量之间的变化不成比例，系统演化方向具有多种可能性和不可预料性，典型如蝴蝶效应（混沌效应）。也包括系统状态在很短的时间内从一种形态跳变到另一种性质截然不同的形态，使人们事先很难预料，导致世界的复杂性。

（2）信息的灰色性。信息论之父香农认为信息是不确定性的减少，但信息缺乏、信息不完全和信息爆炸都会造成信息迷雾，从而影响人的判断，这导致世界的模糊性。

（3）事件的随机性。随机性是指统计上以一定频率出现的非确定性现象，具有可重复性、多样性、概率性等特征。如天气的变化、探测器的虚假告警、武器系统的故障、武器操作的失误等都有可能发生，但是否发生、什么时候发生是不确定的，导致了世界的动荡（波动性）。

（4）技术的不可测性。科技在引领经济社会发展中起到越来越重要的作用，但绝大部分科学突破和技术创新不可规划或难以预见，特别是具有革命性意义的颠覆性技术，导致世界的不确定性。

因此，当今时代不再是一成不变的农耕时代，有人总结认为当今时代是所谓的乌卡时代（VUCA），V 即波动性（volatility），U 即不确定性（uncertainty），C 即复杂性（complexity），A 即模糊性（ambiguity）。

2.5.3 科学技术是关键变量

霍金说，在过去的 100 年中，世界经历了前所未有的变化，其原因不在于政治，也不在于经济，而在于科学技术——直接源于先进的基础研究的科学技术。

从科技发展规律看，科技发展突破带动经济社会从量变走向质变，各种战略、理论、方法、工具、模式随之转变，因此，历史上发生的五次科技革命（两次科学革命推动三次技术革命，技术革命又带来了产业革命），导致了世界中心的转移，同时伴随着大国的兴衰和国际竞争格局的大调整。

从文明的冲突看，科技文明是人类社会的高阶文明，而高阶文明对低阶文明可形成降维打击，有关国家挑起的贸易战、经济战、科技战、金融战、信息战、粮食战、生物战、能源战、网络战等形形色色的挑衅和陷阱中，科技都是关键因素。正如美国空军原总参谋长、兰德公司奠基人柯蒂斯·李梅所说，和平时期，政府仍需要独立的民间科学机构的支持，面对国防安全的种种威胁，科技才是应对之道，而非外交。

因此，当前阶段科技创新既是发展问题，更是生存问题。科学技术成为国家竞争力的核心和大国博弈的焦点。特别在第四次工业革命浪潮下，人工智能等技术快速进步，这是前三次工业革命无法比拟的。政策制定者需要跟上科技进步的步伐，了解第四次工业革命的机遇与挑战，并制定具有高可靠性的政策。相应地，智库要加强对现代科技进步和第四次工业革命带来的重大变化的分析，帮助决策者和公众了解这些技术对经济、法律、伦理以及生活方式产生的影响。

与此同时，从当代决策过程来看，决策流程主要包括技术环节（如收集资料、调查研究、研究方案等）和程序环节（如国外辩论投票、国内民主集中、审议方案等）。决策部门所需的外包服务，主要是其中的技术环节，且问题越复杂、技术性越强、越要啃骨头，越需要外脑、外力协助。

因此，在不确定的世界中，决策者需要摸着石头过河，且面临着改善官僚表现和决策质量的压力，智库只有提高掌握新理念和新技术的速度、能力与准确性，才能成为决策者可以依靠的过河的"石头"和"桥梁"，在帮助决策者改善治理中体现自身价值。

2.5.4 美国的国家决策体系

国家政治制度决定决策咨询制度的基本运行逻辑。

根据多姆霍夫（G. W. Domhoff）《谁统治美国：权力政治和社会变迁》（*Who Rules America? Power, Politics, and Social Change*）一书介绍，在美国的政策形成过程中，智库或基金会的证据报告以及特别小组的报告具有重要作用，而为这一切提供资助的是公司共同体/上层阶级，如图 2.3 所示。其

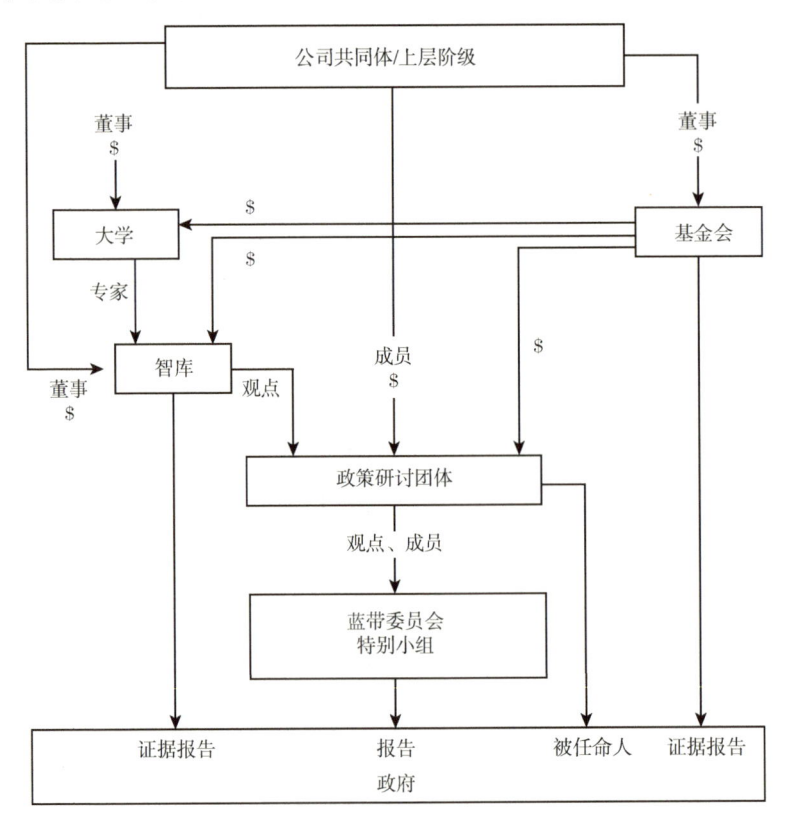

图 2.3 美国的政策形成过程
$代表财务支持
资料来源：多姆霍夫（2009）

中，蓝带委员会也叫蓝丝带委员会（Blue Ribbon Committee），其职能是针对一些棘手、复杂或敏感事件，成立一个特定人选组成的委员会，该委员会通常包括公认的专家或退休的政治家，这些专家或政治家以其专业知识和客观性而闻名，成员通常也会因其公众角色而被选中。

图 2.3 中的"政府"是广义的，包括白宫、国会等决策和立法单元。美国国际战略研究中心前负责人阿莫斯·乔丹（Amos A. Jordan）披露了不同单元在美国决策圈层中的位置。如图 2.4 所示，总统及其亲密顾问处于决策核心地位，次层为总统府即白宫，外层分别是行政部门、国会，而公众意见处于最外围，这大致说明了决策影响力与离总统的距离成反比。

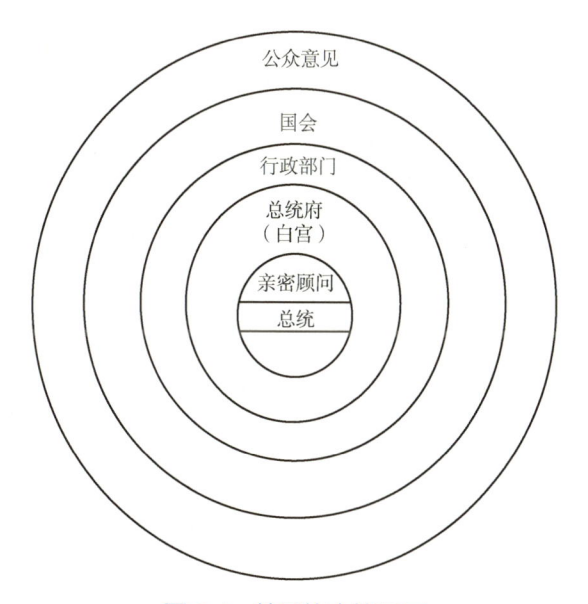

图 2.4 美国的决策圈层
资料来源：Jordan 等（1981）

美国总统在科技方面的顾问即总统科学顾问，这一职位 1957 年由美国总统艾森豪威尔首次设立。作为总统在科技方面的私人助理，其人选由总统决定，通常是总统信任的德高望重的科学家。总统科学顾问的职责主要有三个方面：一是参与美国科技预算的制定，二是担任总统科技发言人的角色，三是向总统提供科学建议。

除总统科学顾问外，还有白宫科技政策办公室（Office of Science and Technology Policy，OSTP）、国家科学技术委员会（National Science and Technology Council，NSTC）、总统科技顾问委员会（President's Council of Advisors on Science and Technology，PCAST）等咨询机构服务总统和白宫科技政策制定（图2.5）。由于总统科学顾问通常还兼任OSTP主任、PCAST主席和NSTC共同主席，因此总统科学顾问又被称为驾驭"三驾马车"（OSTP、NSTC和PCAST）的"车夫"。

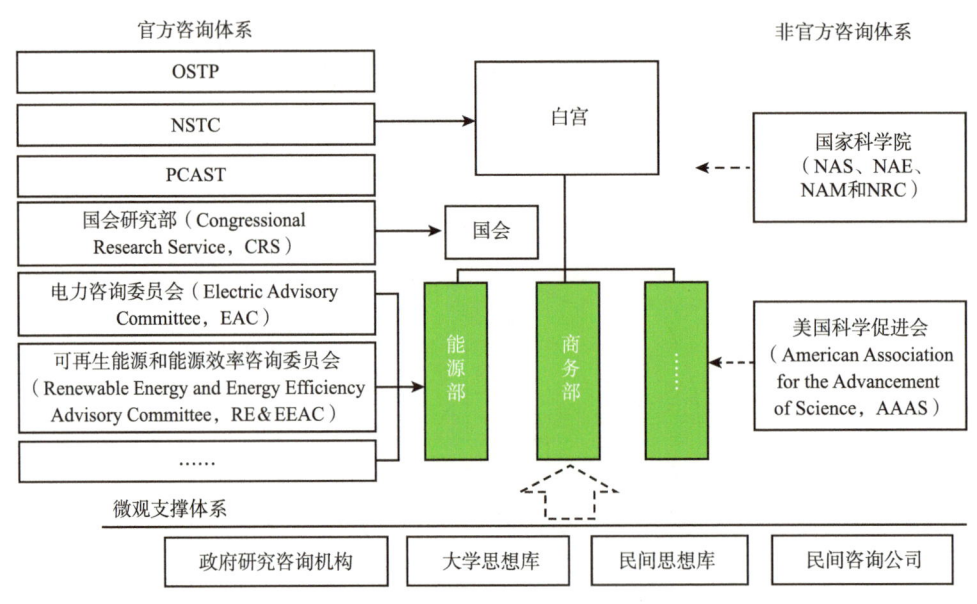

图 2.5　美国国家决策咨询系统
资料来源：中国科学院科技战略咨询研究院樊春良研究员报告

同时，美国的半官方和民间咨询体系在服务白宫、国会和行政部门的政策制定中也发挥着重要作用。

如美国国家科学院（National Academy of Science, Engineering, and Medicine，NASEM）由科学院（National Academy of Sciences，NAS）（1863年）、工程院（National Academy of Engineering，NAE）（1964年）和医学院（National Academy of Medicine，NAM）（1970年，前身是医学研究所IOM）组成，其主要职能是为国家科技事务提供独立、客观的咨询建议。

美国国家研究理事会（National Research Council，NRC）（1916 年）是 NASEM 的运营与项目管理机构，设行为、社会科学及教育分部，地球及生命科学分部，工程及物理科学分部，医学研究所，政策及全球事务分部，交通研究组，海湾研究计划 7 个分部。

NRC 每年组织包括三院院士在内的 6000 多名专家，组建专家委员会进行数百个咨询项目研究。

案例 8：美国 PCAST 报告《如何确保美国在半导体领域长期领导地位》

2017 年 1 月初，美国 PCAST 发表了一份题为《如何确保美国在半导体领域长期领导地位》的战略咨询报告，这份报告是写给奥巴马总统的，但指引继任的特朗普总统挑起了芯片战，促使美国出台了一系列对华芯片产业技术打压政策。

该报告分析了美国半导体产业现状，包括挑战和机会，认为美国半导体上一次面对威胁是在 20 世纪 80 年代，当前中国的芯片业已经对美国的市场企业和国家安全造成了威胁。为了保持美国半导体的领先地位，美国需要制定一个先进的策略。该报告建议美国的政策制定者遵循以下六大方针。

（1）为了获得胜利，必须跑得更快。

（2）聚焦在先进的半导体技术研发。

（3）打造自身优势，而不是对中国如影随形。

（4）预估中国对美国策略的回应。

（5）不要条件反射地反对中国的进步。

（6）执行贸易和投资规定。

总统先生：

本报告是由项目组内的相关行业领袖、杰出研究员和前政府官员拟定的，PCAST 已经审核并通过。报告主要谈及半导体产业在创新、竞争和安全方面面临的挑战和机会。

半导体是现代生活的重要组成部分，半导体领域的进展已经将基于其打造的设备和服务提升到一个新的阶段。与此同时，还开拓了很多新的业务模式和产业，为美国相关从业人员与消费者带来了巨大收益，对促进全球经济的发展也产生了重大影响。我们也要看到，尖端的半导体技术对于美国的国防系统和军事实力来说，也是重要的保证。无处不在的半导体使我们还同时面临了网络安全方面的风险。

但现在，美国半导体的创新、竞争及其完整性正在面临重大挑战。由于材料、设备和技术本身的限制，市场的快速变化，半导体创新的步伐已经放缓。加上现在中国正在打造半导体产业链，他们使用政府主导的数千亿美元基金在全球疯狂并购，将对美国产生重要的威胁，我们会在文中详细提及。

该报告的核心是：只有通过尖端科技的持续创新，才能减缓中国半导体带来的威胁并能促进美国经济的发展。因此，本报告精心制定并推荐了三个重点策略保持美国半导体的领先：①抑制中国半导体产业的所谓创新；②改善美国本土半导体企业的业务环境；③推动半导体接下来几十年的创新转移。

为使该战略实施并取得效果，需要政府、产业界和学术界通力合作。

（签名）J. P. Holdren，E. S. Lander

该信件落款签名者有两位。霍尔德伦（J. P. Holdren）是时任美国总统奥巴马的科学顾问、OSTP 主任，他也是美国历史上任期最长的总统科学顾问。兰德（E. S. Lander）是人类基因组计划和 CRISPR 基因编辑技术的关键人物，2021 年成为拜登总统的科学顾问，但仅仅一年后就因为职场霸凌事件辞职。

2.5.5　英国的案例

英美的科技决策咨询制度有很多相似之处。

1964 年，英国正式设立政府首席科学顾问，2011 年这一制度设计拓展到所有政府部门。政府首席科学顾问的角色，经历了从主要面向军事议题的科技咨询到经济发展议题，再向综合政策咨询的转变。像美国一样，政府首席科学顾问还同时是科学技术委员会、首席科技顾问委员会和政府科学办公室的共同主席，充当着"车夫"的角色。

科学技术委员会：英国的最高科技决策咨询机构，负责协调推进国家科技战略，为首相提供科学咨询和建议等，成员来自学术界、企业界等多个领域。

首席科技顾问委员会：协商科学议题的跨部门平台，由政府首席科学顾问和各部门科学顾问构成。

政府科学办公室：英国政府正式机构，负责支持并推动公共领域科学研究、科技成果转化和国际科技交流，同时也通过证据科学和科技知识来服务政府决策。

> **案例 9：戴森公司创始人的咨询报告**
>
> 以下是戴森公司创始人詹姆斯·戴森在《发明：詹姆斯·戴森创造之旅》的自述：
>
> 2010 年，工党政府被保守党和自由民主党联合执政所取代。新任教育大臣迈克尔·戈夫（Michael Gove）表示，他想重办巴斯学院。在这之前，我（詹姆斯·戴森）应新任首相戴维·卡梅伦的邀请撰写了一份报告，题目是"机智的英国：让英国成为欧洲领先的高科技出口国"，探讨了英国如何重新唤醒其"天生的发明才华和创造力"。
>
> 我在这份报告中完整地提出了自己的观点，以及英国一些主

要的实业家、科学家、工程师和学者的观点。正如首相希望听到的那样，英国可以成为欧洲领先的新技术生产国，在工业、科学和技术领域创造更多的就业机会和财富。当时英国正处于经济衰退的深渊，政府显然过度依赖金融了。然而我们应当看到，截至2010年，英国已经培养出116名诺贝尔奖得主，仅次于美国，美国当时的诺贝尔奖得主为320人。而在2010年，美国人口是英国的5倍。

政府面临的最大挑战是如何营造一种科学、技术和工程备受尊重的文化。归根结底，这需要教育。我们需要像10年来一直在做的那样，在继续教育和高等教育中培养对科学、技术、工程和数学（英国课程中的STEM科目）有兴趣的年轻、有创造力的学生。

我曾表达过，如果能找到理想的学生人选，我可以一夜之间再雇用3000名工程师。但他们并不存在。在调查中，学生们纷纷表示，他们想成为时装模特、网红博主、名人或仅仅是富人。但如果科学课程具有激情和创造性，学生们很可能会乐于在工程、科学和研究型公司工作。

除此之外，政府还需要将我们在世界知名大学的知识商业化，鼓励"蓝天"研究的实际应用，以创造世界一流的产品。我写到，必须有新的方式为高科技公司等提供投资资金，并为研发提供新的、坚定的支持。有了政府的长期愿景、关注和支持，英国才能凭借创新天赋推动自己走出衰退。2008年全球经济大幅下滑，但我会说，我们有非常非常聪明的头脑，还很执着，这实在太好了。

戴维·卡梅伦和财政大臣乔治·奥斯本随后将报告中的财政建议写入法律，核心是对研发支出的高额税收予以减免，减免额最高可达支出金额的220%。这样做的目的是让政府不必挑选那些众所周知的"金玉其外，败絮其中"的人，而是帮助那些真正投资于企业发展的人。在纳税年度结束时，把钱花在研究上的科技企业家，即使他们可能还没有纳税，也能 100%收回他们花在研究上的钱。投资科技初创企业的人也获得了税收减免。初创企业不可避免地存在风险，制定这些措施是为了鼓励投资者支持初创企业，同时也为创业者提供所需资金。我很高兴地跟大家说，从 2010 年税收优惠政策出台到 2018 年，英国企业的研发支出翻了一番。

············

2010 年，戴维·卡梅伦邀请我加入首相商业咨询小组，我做了 5 年。我们每 3 个月在唐宁街 10 号会面，讨论企业面临的问题。当然，我代表了工程、技术和制造业，不断强调社会需要更多工程师以及技术对创造出口的重要性。我也是私营企业的唯一代表，而私营企业在政界总是被忽视。在政界，上市公司和游说团体英国工业联合会拥有强大的话语权。

资料来源：戴森.2022. 发明：詹姆斯·戴森创造之旅. 毛大庆，译. 北京：中国纺织出版社有限公司.

上述案例中，詹姆斯·戴森即风靡世界的戴森公司创始人，他是艺术设计专业出身，却是杰出的工程师和发明家。从他的自述回顾中，可以对其咨询报告《智慧的英国：让英国成为欧洲领先的高科技出口国》进行如下解构分析。

目标与愿景：英国可以成为欧洲领先的新技术生产国，在工业、科学和技术领域创造更多的就业机会和财富。

现状与问题：①英国正处于经济衰退的深渊，政府过度依赖金融。②企业无法聘用到高素质的毕业生。③学生们想成为时装模特、网红博主、名人或仅仅是富人。④科学课程使学生缺乏激情和创造性。

优势与挑战。①优势：截至 2010 年，英国已经培养出 116 名诺贝尔奖得主，仅次于美国；英国人聪明、执着。②挑战：政府面临的最大挑战是如何营造一种科学、技术和工程备受尊重的文化。归根结底，这需要教育。

政策建议：①以新的方式为高科技公司等提供投资资金，并为研发提供新的、坚定的支持。②将世界知名大学的知识商业化，鼓励"蓝天"研究的实际应用，以创造世界一流的产品。

咨询效果：①首相戴维·卡梅伦和财政大臣乔治·奥斯本随后将报告中的财政建议写入法律，核心是对研发支出的高额税收予以减免，减免额最高可达支出金额的220%。②从2010年税收优惠政策出台到2018年，英国企业的研发支出翻了一番。

2.6 新时代急需硬咨询

2013年11月，中共十八届三中全会提出"国家治理体系和治理能力现代化"[①]的重大命题。2019年10月，十九届四中全会明确提出"坚持和完善中国特色社会主义制度、推进国家治理体系和治理能力现代化的总体目标是，到我们党成立一百年时，在各方面制度更加成熟更加定型上取得明显成效；到二〇三五年，各方面制度更加完善，基本实现国家治理体系和治理能力现代化；到新中国成立一百年时，全面实现国家治理体系和治理能力现代化，使中国特色社会主义制度更加巩固、优越性充分展现"[②]。

有学者将这个表述简称为"国家治理现代化"，认为是继"工业、农业、国防和科学技术四个现代化"之后的第五个现代化。而实现这个现代化，需要智库等"第五产业"的发力（有学者认为，农业、工业、服务业分别为第一、第二、第三产业，信息服务业、智慧产业分别为第四、第五产业）。

2014年10月，中央全面深化改革领导小组第六次会议审议了《关于加强中国特色新型智库建设的意见》。该意见强调，中国特色新型智库是以战略问题和公共政策为主要研究对象、以服务党和政府科学民主依法决策为

[①] 参见《人民日报》2013年11月16日第1版文章：《中共中央关于全面深化改革若干重大问题的决定》。

[②] 参见《人民日报》2019年11月6日第1版文章：《中共中央关于坚持和完善中国特色社会主义制度　推进国家治理体系和治理能力现代化若干重大问题的决定》。

宗旨的非营利性研究咨询机构。要从推动科学决策、民主决策，推进国家治理体系和治理能力现代化、增强国家软实力的战略高度，把中国特色新型智库建设作为一项重大而紧迫的任务切实抓好。重点建设一批具有较大影响和国际影响力的高端智库，重视专业化智库建设。

从学理上看，复旦大学兰小欢在《置身事内：中国政府与经济发展》一书中认为，经济发展的核心是提高生产率。对处于技术前沿的发达国家来说，提高生产率的关键是不断探索和创新，其相对完善的市场经济是一套分散化的决策体系，其中的竞争和价格机制有利于不断"试错"和筛选胜者。但对发展中国家来说，提高生产率的关键不是探索未知和创新，而是学习已知的技术和管理模式，将更多资源尽快组织和投入到学习过程中，以提高学习效率。这种组织学习模式与探索创新模式所需要的资源配置方式并不一样。后进国家虽然有模仿和学习先进国家技术的后发优势，但其组织学习模式不可能一直持续下去。当技术和生产率提高到一定水平之后，旧有的模式若不能成功转型为探索创新模式，就可能会阻碍经济进一步发展，后发优势可能变成后发劣势。因此，随着我国逐步走过追赶期，科技创新走进无人区，政策制定方面越来越无先例可依，发展的不确定性与安全风险明显增加，越来越呼唤符合我国国情的、过硬的政策研究和资政建议。

在区域层面，在中国这样一个大国内部，各地发展方式和路径不尽相同。若单独计算经济体量，广东、浙江、江苏、山东、河南都是世界前20的经济体，都相当于一个中等欧洲国家的规模，例如广东超过俄罗斯，湖北相当于阿根廷（2021年）。如果这些欧洲国家的经济发展故事可以写很多本书和很多篇论文，我国各省独特的发展路径当然也值得单独研究和记录。同时，招商引资、招才引智是推动地方经济社会发展的重要工作，但是在产业发展早期，究竟在哪个城市形成产业集群，却有很多偶然因素。因此，服务地方政府因地制宜制定政策的决策咨询也是大有可为。

在产业企业层面，任正非曾说，未来二三十年，人类社会将演变成一个智能社会，其深度和广度我们还想象不到，越是前途不确定，越需要创造，这也给千百万家企业提供了千载难逢的机会。华为正在本行业逐步攻入无人区，处在无人领航、无既定规则、无人跟随的困境,已前进在迷航中。华为过去走的是自下往上攻的路线,除了质优价低没有别的办法。美国从来是从上往下攻,Google 和 Facebook 都是站在战略高度创新,从上往下。为此,华为每年拿出总销售收入的 2%~3%用于企业变革,以保持战略基本正确,组织充满活力。

如果从华为投入比例简单推算,2021 年我国经济规模已经达到 114 万亿元人民币,规模以上工业企业实现营业收入 128 万亿元,假如普遍转型升级到从上往下攻的战略创新阶段,同样以每年 2%的比例用于规划战略、技术预见、猎寻和支持好的想法和求新求变的观点,那么企业创新咨询的市场规模理论上可达到万亿元量级。

普鲁士军事理论家和军事历史学家、西方"兵圣"克劳塞维茨认为,当人们进入黑暗屋子,眼睛的瞳孔会自然放大,希望接收到尽可能多的哪怕微弱的光线,以辨认出房间里的各种东西。灯塔的作用是发光领航,智库则是通过思想领航,这正是智库在不确定的世界中作为新型科研组织或市场主体存在的逻辑。

案例 10:"张北的风点亮北京的灯"背后的故事

2022 年 1 月 17 日,外交部例行记者会上,外交部新闻发言人赵立坚介绍了"绿色奥运"理念,谈到北京冬奥会三大赛区 26 个场馆将历史性地首次实现 100%绿色电能供应,"我们建立了张北可再生能源示范项目,把张北的风转化为清洁电力,并入冀北电网,再输向北京、延庆、张家口三个赛区。这些电力不仅点亮一座座奥运场馆,也点亮北京的万家灯火。这个故事叫,'张北的风点亮北京的灯'"。

"张北的风点亮北京的灯"这个故事的后面还有故事。2014 年 10 月,中国科学院路甬祥等院士专家经过深入调研,向国家提出《关于建立张家口可再生能源应用综合创新示范特区的建议》,咨询报告全文如下。

关于建立张家口可再生能源应用综合创新示范特区的建议
路甬祥等院士专家

在党中央、国务院决策部署和相关部门大力推动下,"十二五"期间,我国可再生能源技术创新和应用发展取得举世瞩目的业绩。为进一步消除发展技术、政策和投资瓶颈，把推动可再生能源发展与促进经济发展转型和改善首都环境结合起来，特提出在张家口建设可再生能源应用综合创新示范特区。建设此特区的总体目标为：到2030年，张家口市的风力、太阳和生物质等可再生能源发电总装机容量达到3000万千瓦（即30吉瓦），太阳能集热器1000万平方米，年总发电达到524亿千瓦时，相当2013年北京市全市用电量的55%；张家口区内市政和建筑用能全部来自可再生能源，预计每年可减少二氧化碳排放4990万吨，减少北京上风向的$PM_{2.5}$~PM_{10}排放约4000吨，向首都提供清洁的电力，为我国可再生能源应用发展提供示范和经验。

一、总体情况和相关背景

我国风电安装量已居世界第一。截至2013年年底，我国风电已并网7700万千瓦，2014年上半年公开招标的装机容量超过1100万千瓦，规模同比增长27%以上，规划确定国内光伏新增装机1400万千瓦。2014年1月，国家能源局又出台了鼓励分布式光伏的政策。这将进一步有力推进我国清洁、可再生能源应用发展，为我国能源结构调整优化和生态环境的源头治理做出贡献。

然而，由于受国内外市场需求、体制政策、技术应用和商业服务模式的影响与制约，近年来我国可再生能源产业发展和市场销售增速已趋放缓，需要探索创新发展方式。为进一步有力推动可再生能源产业和应用发展，建议在张家口市建立大型可再生能源产业（发电、供热）应用示范基地——"可再生能源应用综合创新示范特区"，实现示范区自主依靠可再生能源供给，并向北京提供清洁低碳电力，大幅减少京津冀北部工业和采暖的燃煤污染；探索可再生能源市场发展、金融投资和政府政策相互配合的关系，可再生能源应用发展与经济转型发展、改善民生和保护修复环境的相互促进的规律。在张家口示范取得经验的基础上，今后可推广到其他有条件地区，带动促进我国能源结构调整、能源体制与管理改革、雾霾治理和生态环境改善修复，带动促进能源新兴产业健康发展，力争 2050 年可再生能源电力达到全国总用电量的 50%以上，为我国实现能源自主自立、安全清洁、可持续发展做贡献。

二、张家口建立可再生能源应用综合创新示范特区的优势

张家口市地处河北省西北部，北倚内蒙古草原，南北长 289.2 千米，东西宽 216.2 千米，总面积 3.68 万平方千米，属于温带大陆性季风气候。其气候特点是：四季分明，年降雨量 300 毫米，冬季寒冷漫长；坝上地区风能、太阳辐照资源丰富。坝下河谷盆地分布在张家口市中部地区，桑干河和洋河径流形成了坝下河谷盆地，海拔在 500~800 米。

1. 可再生能源资源优势

张家口市风能资源丰富，域内可开发风能资源储量达 2000 万千瓦以上；太阳能资源属于太阳能辐射Ⅱ类区域，年太阳总辐射 1500~1700 千瓦时/米^2，可开发量 2000 万千瓦以上；生物质资源每年产量约 200 万吨。

2. 已建立可再生能源工程示范和测试基地并初具产业规模

张家口已具备可再生能源应用、产业、工程技术和人才基础。2009 年国家电网在张北建立了"国家风光储输试验中心"和全国首个风电研究检测试验基地。国家能源风电研究检测中心具备风电仿真研究、风电预测和风电调度控制的研究和试验能力，以及国际标准的风电机组认证和风电并网检测能力。华能集团、大唐集团、华电集团、国电集团、国华能源、中广核集团等 30 多家大企业在张家口已建成风电场 75 个。据张家口市发改委能源处提供的数据，截至 2013 年年底，全市风电装机容量达到 600 万

千瓦（即6吉瓦），并网561万千瓦（即5.61吉瓦），成为名副其实的全国风电第一市；太阳能光伏发电4万千瓦，全部并网；秸秆生物质发电并网也达到了2.5万千瓦。张家口市还建立了一批风电和光伏制造企业，初步形成了风电机组总装、风机叶片和塔筒制造等风电配套产业。已建3家风机总装厂，年产能135万千瓦；2家风机叶片制造厂，年产能400套；4家风机塔筒制造厂，年生产能力1200套。

3. 区位优势

张家口与北京接壤，即使最北端的张北县距离北京市中心直线距离也小于200公里。张家口的清洁电力可便捷地输入京津电网，这对"京津冀一体化"绿色发展战略起重要支撑作用。由于距离贴近，北京的技术和人才优势又可以方便地为张家口的产业升级提供支撑，张家口也可为可再生能源新技术及其规模应用提供产业转化、工程试验和现场测试的工程技术平台和综合应用基地。

4. 可从源头有效减少首都圈大气污染

北京能耗的四大部分是市政、建筑、交通运输及工业。通过电力替代，特别是清洁电力替代化石燃料是解决北京能源环境问题的根本途径。张家口市可再生能源电力的近距离外供是北京最好的清洁能源替代来源，北京大力推行的新能源汽车将是可再生能源电力的重要消纳方式。张家口市位于北京冬季上风口，其采暖能耗是北京大气污染的重要源头。张家口地区乃至京津冀北部地区大规模利用太阳能、风能的清洁化采暖技术将为北京雾霾源头治理和生态环境保护修复做出重大贡献。

5. 为冬季奥运会提供清洁能源

在习近平总书记的亲自推动下，北京-张家口正在申办2022年冬季奥运会。办奥运需要优质的大气环境。通过可再生能源利用与科学用能相结合为奥运提供清洁能源，保证冬奥会蓝天、白雪、洁净的大气环境是2022年冬奥会顺利举行的重要保障之一。奥运比赛对能源的安全可靠、清洁低碳、健康持续的高标准要求也为可再生能源示范区的建设和发展提供了新的挑战和机遇。冬奥会也为我国可再生能源技术及其应用的展示和推广提供了十分难得的国际化平台。

6. 具有巨大的示范效应

张家口市中心距离北京220千米，京张高铁在近期即将开工。北京1小时经济圈的交通区位优势使其具有巨大的示范展示优势。国内外机构和人员，尤其是政产学研、媒体金融各界人士可以方便抵达可再生能源示范特区，亲身体察人类的奇迹和未来能源世界。这将对普及、推动可再生能源应用发展起到巨大的作用，张家口可再生能源特区的经验将快速传播和推广。

原来贫穷落后的小渔村深圳30年来在改革开放政策的支撑下取得了飞速的发展，2013年全市生产总值（GDP）为14 500.23亿元，人均生产总值折合22 198美元。我们相信，毗邻京津的张家口市在新的能源政策扶持下，在自身可再生能源资源和区位优势的驱动下，可望成为能源经济示范区。不仅将为我国清洁、可再生能源应用发展发挥示范带动作用，也将为我国广大西部省区的资源能源可持续利用和经济发展提供新鲜经验和新的启示。

三、建设的基本思路和设想

1. 创建大型可再生能源发电基地

2030年在张家口市建立总装机容量3000万千瓦的可再生能源电力，年总发电量达到534亿千瓦时，包括风力发电1800万千瓦（已安装550万千瓦），光伏发电700万千瓦（已安装4万千瓦），太阳能热发电500万千瓦，生物质能发电10万千瓦。考虑到电力张家口地区部分就地消纳，在冬季有 800 万千瓦的电力可以外送至北京，其他季节外送的电力可以达到 1600 万千瓦。这些电力通过交直流的方式送入京津和华北电网。在北京、天津地区按照常规能力接纳该电力用于建筑和市政外，还建立一批以电动交通工具为主要载体的充放电及其他我国自主研发的新型储能储电设备。为减少农村燃煤排放和脱贫，拟建设光伏农业大棚 11 万亩，安装光伏 670 万千瓦，化解市郊农村 27 万贫困人口脱贫问题。

2. 张家口地区市政供电和采暖全部采用可再生能源

在张家口实现以集中式和分布式可再生能源 100%供能的体系为市政和建筑采暖热力需求供能，大电网和移动式热源作为安全保障性能源。目前张家口全市建筑采暖热力需求约 141 亿千瓦时。考虑到碳排的争议，不采取生物质直接采暖。以被动式太阳能建筑和 1000 万平方米太阳能集热器组成的主动式太阳能供暖系统为主，用 800 万千瓦的可再生能源电力，包括太阳能热发电／热力联供，以及风电和光伏驱动热泵（空气源和浅层土壤）的形式，做太阳能的备份能源以解决冬季采暖，彻底消除冬季取暖燃煤带来的污染问题，在改善民生的同时，改善张家口—北京区域内大气环境。

3. 建设零碳奥运专区

张家口市崇礼县是 2022 年冬季奥运会雪上项目赛场地。目前县城常住人口约 2 万，按照崇礼县的规划，2022 年崇礼县城的常住人口为 7 万。县城的市政、建筑、交通等全部采用可再生能源设施供能，用大电网作备用保障，建立全年零碳用能专区。与风电结合，建立以太阳能为主的大型跨季节储热集中供热站，建立农业光伏大棚，解决 1 万户农民采暖和脱贫问题。及至全年外送可再生能源折合减碳量大于使用外网电力折合排碳量。

2022 年奥运期间运动员、教练员及官员每天约 3000 人，观众（包括记者等）约1万人。比赛所涉及的赛事场馆、酒店、市政设施、交通运输等热、电供应全部来自可再生能源，达到零碳。该供能系统不与外网连接，可采用分布式、集中式和移动式供能模式保障能源供应。奥运场所建筑100%为被动太阳能采暖建筑，将建筑采暖用能指标降低到9瓦/米^{2}以内，达到国际先进水平。

全县城的能源采集和流动用信息技术与能源技术结合，将负荷、电源、热源、电网、热网、交通网络和储能等要素相融合，建立"智慧能源网"，保障县城和奥运场馆的零碳高效供能。

4. 建立可再生能源金融试验区

参考深圳特区和浦东自由贸易区的政策，设立可再生能源金融试验区。建立可再生能源利用国际碳交易中心、国际可再生能源知识产权交易基地、国际可再生能源基金，建设国际可再生能源自由贸易区、国际可再生能源装备大宗物资物流港、国际可再生能源贸易结算中心。建立可再生能源企业市场股份挂牌机制和直接融资机制。大力发展可再生能源总部经济，鼓励开展可再生能源设备设施融资租赁、可再生能源产品期货保税交割等业务。实施区内风电太阳能发电设施公共检测维修业务，尝试设立可再生能源电力服务公司。制定并实施有利于扶持培育可再生能源产业发展的财政、税收、金融政策。试点国家主权银行、投资银行、商业银行，为可再生发展提供优惠贷款的政策，带动民间公募私募融资，发展可再生能源投资保险业务。建立由中央政府指导下的由国家试点政策、地区优惠政策和金融保险业支持的可再生能源技术中试基地，致力于改变我国可再生能源技术产业化转化能力弱，技术产品转换缺乏资金和政策支持的局面。改变可再生能源生产地区与东部发达地区相比经济社会发展水平滞后的局面。

5. 试行基于互联网、大数据的可再生能源电力交易模式

可再生能源电力和热力与常规能源相比价格目前虽还不占

优势，但其安装和使用方便灵活，排放和运行费用近零，对于分布式电源来说，用户同时也是提供电力的微小电厂，将激活能源应用领域的改革创新动力与活力。目前我国的电力体制改革的基本思路是"放开两头""管住中间"。发电侧早已放开，当前备受市场关注的是售电服务侧如何放开。我国集中型电站的电力交易基本是基于国家发展和改革委员会的政策，分布式电力以国家电网公司的《关于分布式电源并网服务管理规则的通知》（国家电网营销〔2014〕174号）为依据，都已与目前互联网灵活实时交易的商品经济发展模式不相适应。可将再生能源生产、使用、交易与信息网络、大数据技术相融合，必将提供给用户更加诚信互利、公平多样的商机，孕育产生更具创意、充满活力的能源供应和服务方式。德国基于互联网、大数据交易的供电服务公司已超过千家，通过打破垄断，依靠市场公平竞争机制，显著提高了能源利用效率、服务质量，降低了能源消费成本，惠泽千家万户，有利于经济社会可持续发展和生态环境。

6. 建立可再生能源科技产业创新城

主要功能为可再生能源科技创新工程化转换、体制管理创新。在国家电网张北风光储输示范基地的基础上，选择环境优良区域，建立可再生能源科技产业创新城。在城中建设高品质的配套生活设施（教育、医疗、健身、购物），提供科技研发、工程中试、试验测试基地，建立一批中式研究需要的大型研究设施和相关政策及金融支撑。首先吸引京津地区的研究机构和大学的技术转换和转移单位落户，然后扩展到全国和全球。由于旅游和冬季奥运会的推动，崇礼已经进入基础设施建设和经济社会生态环境建设的快车道，一批针对旅游人口和奥运的生活设施已经建成及正在建设，具有较好的基础。可再生能源科技产业创新城的建设可结合奥运筹备建设工程协同推进。

我们认为，在张家口建设可再生能源应用综合创新示范特区，通过建立符合人类社会未来发展方向的可持续发展能源系统的示范区，实践探索解决可再生能源应用发展中的深层次问题，在创新实践中认知规律、创新技术、拓展应用、发展产业、改革体制和管理，探索未来能源的应用发展模式，将会为我国可再生能源技术和应用、产业和市场创造大量商机和就业，为张家口市和京、津、冀带来蓝天，同时也将会给我国新能源产业的持续健康发展，加速能源结构调整，建设自主自立、绿色低碳、安全智慧的可持续能源体系注入新的动力和美好的前景。

《关于建立张家口可再生能源应用综合创新示范特区的建议》咨询报告上报国家后，2015年7月，河北省张家口可再生能源示范区成立，该示范区是由国务院批复同意设立的全国首个，也是唯一一个国家级可再生能源示范区，这就是7年后"张北的风点亮北京的灯"的绿色故事的前传。

第 3 章
价 值 驱 动

当现实国家的行动和态度扑朔迷离时,我们思考国家的理想;当现实的国家动荡不安时,我们思考理想的国家。

——矢内原忠雄(日本学者)

3.1 全球化与国界

2016 年 3 月的博鳌亚洲论坛上，清华大学国家金融研究院联席院长李剑阁讲了两个案例：

"一个是中国商业银行想到美国成立分支机构，很长时间得不到批准，这时候中国向美国开放了花旗、大通，但（中国）工商银行进不去，原因是什么？影响美国的安全。我们当时跟美国交涉，在美国搞几十平（方）米的营业部就会影响美国这个国家的安全吗？实际上是很难进去的。

第二个例子，我们国家 2008 年以前在欧洲有一个很好的收购，欧洲、美国都认为（自己）是自由的市场，但收购以后 2008 年这家银行破产了，被政府强行分拆了。公告当中讲，它只赔偿欧洲居民，中国这家企业在里面含有 5%的股份，根本得不到赔偿。最近有一个比较好的消息，这个企业经过 8 年的诉讼，获得了一点点进展，能够获得一定的赔偿，但远远不能得到全额的赔偿。"

李剑阁因此认为，"如果国际环境达不到令人满意的程度，我认为我们在讨论无国界企业，好像还有点儿理想化"。

经济学者胡耀苏也研究了无国界企业的问题。2009 年，他在《加利福尼亚管理评论》上发表了一篇论文，通过考察跨国公司的所有权和控制权、外交保护、税收流向、高管国籍、员工分布等方面，得到的结论是：虽然越来越多的企业成为跨国公司，企业的国界似乎日趋模糊，然而，抛开这种表面的无国界化，几乎每家跨国公司仍然深植于某一母国。

随着全球化遭遇逆流，近年来出现一些不利于科研合作的新情况。比如，2018 年华为被美国列入"实体清单"后，全球最大专业学术组织国际电气与电子工程师协会（Institute of Electrical and Electronics Engineers，IEEE）禁止华为员工作为其旗下期刊的编辑和审稿人，并禁止华为员工参加闭门会议；

2022 年乌克兰危机爆发后，全球最大的科学与知识产权服务提供商科睿唯安宣布停止在俄罗斯的所有商业服务。

3.2 智库的立场

智库作为一个平台和机构，有别于所谓的独立知识分子。因为政策与政治价值观有关，不做价值观的选择就无法制定政策，而价值观涉及立场，因此无论主观选择如何，客观上智库都有立场属性。

美国几乎所有的智库，尽管很多在其设立宗旨中都声明自己是超党派或者平衡中立的，但每个组织的政治倾向都是比较明确的。如传统基金会和美国企业研究所是保守的，有很浓的共和党色彩；美国国际教育研究所对外关系委员会、卡内基国际和平研究院以及城市研究所则接近民主党派系。有报道指出，"过去25年里，亲以（以色列）力量主导了美国企业研究所、布鲁金斯学会、安全政策中心、外交政策研究会、传统基金会、哈德逊研究所、外交政策分析学会、国家安全事务犹太学会等美国智库"。美国智库的立场派别见表3.1。

表 3.1 美国智库的立场派别

派别	代表智库
进步（左派）	美国进步中心、司法政策研究所、世界观察研究所
中左	卡内基国际和平研究院、布鲁金斯学会、城市研究所
中间	美国外交关系协会、国家经济研究局、国际经济研究所
中右	美国战略与国际问题研究中心、兰德公司、华盛顿近东政策研究所
自由派	卡托研究所、理性基金会
保守派	传统基金会、美国企业研究所、胡佛研究所

那么，讲科学与讲政治矛盾吗？

美国著名经济学家熊彼特指出，必须强调科学成就本身并不要求我们剥离自己的价值判断或拒斥为某种特定利益进行辩护的使命。一方面是研究事实或开发研究工具,另一方面是从某种道德或文化的立场进行评价,这两者在逻辑上不是一回事,也不一定是相互冲突的。同样的道理,某种利益的辩护者也能从事诚实的分析性工作,为他所忠实的利益去证实某一点的动机本身未必会证明与其分析性工作一致或冲突的任何事情。

3.3 以国家利益为价值标准

马克斯·韦伯曾经指出,一个德国经济理论家所使用的价值标准,只能是德国的标准。经济政策必须服务的最终决定性利益乃是民族和权力的利益。钮先钟认为,战争是国之大事,"国家至上"是战略领域的共识和基本假定。西方著名的国际关系和国际政治经济学学者罗伯特·吉尔平认为,"国家在国内和国际经济事务中,仍是首要的行为者"。

科学家是硬咨询的主体。按照有关表述,科学家精神包括:胸怀祖国、服务人民的爱国精神;勇攀高峰、敢为人先的创新精神;追求真理、严谨治学的求实精神;淡泊名利、潜心研究的奉献精神;集智攻关、团结协作的协同精神;甘为人梯、奖掖后学的育人精神。

$$科学家精神=爱国+创新+求实+奉献+协同+育人$$
$$=爱国情怀+科学精神$$

即爱国精神是第一位的,这与我国古代知识分子的"家国情怀"一脉相承。正如《全球智库报告》所说,"国家的巨大存在已深深植根于中国和许多其他亚洲国家的政治文化中"。

因此,国家利益是智库最大的立场,也是最大的政治和基本底线。反过来,立场不过硬,智库就不可信,缺乏国家立场,"战略"和"战略忽悠"往往只有一线之隔。

> **案例 11:"休克疗法"让俄罗斯经济休克**
>
> 20 世纪 90 年代初苏联解体后,俄罗斯政府在一批欧美派理论经济学家鼓动下,进行了大刀阔斧的"休克疗法",包括价格自由化、国有资产私有化、财政稳定化等。由于在改革上急于求成、忽视国情等原因,"休克疗法"给俄罗斯带来了恶性通货膨胀、国有资产被大规模侵吞等极其严重的后果。1991 年至 1995 年,俄罗斯 GDP 下降了 42%,工业产值下降了 46%,农业产值下降了 32%,投资更是下降了惊人的 61%。

3.4 国家利益的具化

吴敬琏认为,智库研究的价值驱动,首要是必须确保政策研究与措施有利于国家发展及政局稳定。

例如,股市熔断机制最早起源于美国,也叫自动停盘机制,是指当股指波幅达到规定的熔断点时,交易所为控制风险采取的暂停交易措施。2016 年 1 月 1 日,中国证券监督管理委员会正式引入实施熔断机制,随后不久发生多次熔断,新政不仅未达预期效果,反而因"磁吸效应"加剧了市场恐慌,由此熔断机制出台一周即被叫停。

按照钮先钟的观点,国家利益就其内容而言,主要可以分为安全、经济、政治、思想四类。其中,政治指的是国家在全球或区域的领导地位,包括话语权、影响力等;思想主要指价值观,包括宗教、文化、意识形态等。就其重要性而言,国家利益可以分为生存、主要、重要、边缘四级。

> **案例 12:古巴导弹危机对苏美两国国家利益的影响分析**
>
> 古巴导弹危机是美苏冷战时期最严重正面对抗事件,事情起因是 1959 年美国在意大利和土耳其部署了中程弹道导弹,作为回应,苏联 1962 年在古巴部署中程导弹。事情引起美国政府激烈反应,1962 年 10 月 22 日晚上 7 点,肯尼迪向全世界发表广播讲话,通告了苏联在古巴部署核导弹的

事实，宣布武装封锁古巴，要求苏联在联合国的监督下撤走已经部署在古巴的进攻性武器。与此同时，美国地面、空中和两栖作战部队开始集中，美国在世界各地的军队进入戒备状态，载有核弹头的美国轰炸机进入古巴周围的上空。美国强硬的态度着实让赫鲁晓夫吃惊，在算计过得失之后，事情以苏联部署在古巴的42枚导弹全部撤走而结束。

钮先钟认为，这次事件对美国的国家利益，确切地说是安全和经济利益造成了主要影响（表3.2），而对苏联的影响则要小得多，这正是美国反应强烈而苏联最后息事宁人的重要原因。

表3.2　1962年古巴导弹危机对苏美国家利益的影响分析

	生存	主要	重要	边缘
安全		美		苏
政治			美	苏
经济		美	苏	
思想			美、苏	

资料来源：摘自钮先钟的《战略研究》

3.5　负责任的咨询

负责任的咨询是硬咨询的价值导向。詹姆斯·麦克甘认为，现在很多问题是人人都在负责，但是没有人负责。

负责任的咨询，指的是弘扬科学家精神，以实事求是的态度、从建设性的角度，坚持不唯书、不唯上、只唯实，敢于直面问题、敢于说真话讲实事，为国家建真言、献妙策，并对咨询报告和政策建议的陈述和观点负责。

科学家不仅是科学共同体的一员，也是社会的一员。科学的社会功能和科学家的社会角色决定了科学家要承担相应的社会责任，包括提供准确、可靠、可重复的研究，遵守科研伦理和价值规范，反对学术不端行为，以及参与有关使用科学解决公众关切社会问题的讨论等方面。

负责任的咨询要求批判性与建设性统一。批判性意味着要以批判性的思维，从矛盾冲突的角度寻找和分析问题，不回避真问题、不能报喜不报忧；建设性要求站在事情参与者而非冷眼旁观者的角度，所提的政策建议要有利于问题的解决，推动国家和社会向好向善。

负责任的咨询还要求独立研究和独立判断。兰德公司认为，智库之"独立"，主要指的是研究独立，而非经济上的独立，即智库的经费来源，不应妨碍其研究和结论的独立性。美国国家科学院强调，其共识报告的研究过程严格保护项目专家委员会工作的完整性和独立性，在任务明确后，项目专家委员会与研究资助者保持平等关系，以保持他们的独立性。特别是，经费资助者将没有机会查看材料草稿或以其他方式影响报告的内容，如果外部团体或个人试图以不当手段影响研究，国家科学院将为项目专家委员会成员提供支持。

案例 13：中咨公司的故事

中国国际工程咨询有限公司（简称中咨公司），是国内规模最大、实力最强的综合性咨询公司，也是国务院国有资产监督管理委员会管理的中央企业，是国家实行"先评估，后决策"制度，贯彻投资建设领域决策民主化、科学化而成立的综合性工程咨询机构。

根据有关报道，自 1982 年成立以来，中咨公司完成了一系列行业和地区发展规划的编制与咨询评估任务，开展了许多宏观专题研究，承担的重大咨询项目包括西气东输、西电东送、青藏铁路、京沪高铁、南水北调、国家大剧院、国家粮食储备库等。到 2022 年，在中咨公司累计完成的 6 万多个项目中，70%都有"瘦身"，累计核减资金超过 3 万亿元，典型案例包括，摘掉鸟巢造价昂贵的"盖子"，给琼州海峡跨海工程"亮黄牌"，京沪高铁技术路线论证评估，等等。

例如，中国石化镇海炼化百万吨乙烯工程是国家重点建设项目，总投资约 200 亿元。2003 年和 2006 年，中咨公司受国家计划委员会、国家发展和改革委员会委托，对该项目规划进行咨询论证。2003 年上报的项目建议书，拟定的乙烯生产规模是 80 万吨/年，中咨公司团队在分析评估之后认为，这个规模偏小，建议调增到 100 万吨/年且项目的技术装备宜以自主建设为主。

由于这两条建议与企业和地方的初衷不一致，评估工作一度陷入僵局。中咨公司并未"退缩"，而是顶住各方压力，通过深入调研关键核心设备制造企业，并多次召开专题研讨会，重点在关键技术装备的国产化创新以及充分利用宝贵的石油资源实现炼化一体化两个方面充分论证，帮助企业逐步扭转观念并树立信心。最终，在进行项目建议书的批复和项目申请报告的核准时，均全面采纳了中咨公司的评估意见。

中咨公司的咨询建议促使该项目首次实现国产化，从而填补了国内空白，并在诸多方面实现了创新和突破，创下当时国内行业之最，成就了这一乙烯标杆工程。

案例 14：关于疯牛病的咨询

20 世纪 80~90 年代英国出现牛海绵状脑病（又称疯牛病）疫情。英国疯牛病顾问委员会索思伍德工作组（Southwood Working Party）的咨询研究给出了错误的评估结论，即"牛海绵状脑病不太可能对人类健康产生影响"，因此没有建议政府禁止将患病牛组织作为人类食物售卖。这一结论到 1996 年一直作为英国政府相关决策的基础，最终导致疯牛病疫情波及整个欧洲地区，引起了全球恐慌，带来了恶劣的社会影响。

第4章
需求牵引

问题越困难，解决方案越少，你的建议就越有价值。为人人避之不及的问题提供解决方案，才是竞争最小，机会最大的领域。

——苏世民（黑石集团创始人）

4.1 选题决定成败

爱因斯坦在自传中说，当年他在瑞士联邦工学院读书时，数学、物理是同一系，二者不分，他可能学数学，也可能学物理，但数学都是搞小问题，物理则是大问题，而他要研究大问题——爱因斯坦解决了大问题，而大问题也成就了爱因斯坦。

找准真问题是开展咨询研究的第一步。彼得·德鲁克在《人、思想与社会》一书中提到，最危险的事情并非给出错误的答案，而是提出错误的问题。如果在最上游的"问题设定"阶段出错，那么即使之后尽力解决问题、执行解决方案，也得不到应有的成果，只会浪费时间和精力。

在硬咨询近似中，右边第一项为"政治家的敏感"，该要求在选题环节指的是敏锐发现关键问题的能力。这是智库的基本能力和核心竞争力。正如营销专家叶茂中所说，消费者没有义务去了解自己的需求，他们只想要更舒适、更安全、更健康、更美丽、更快乐、更富有……而企业必须洞察其背后的真实需求。

兰德公司把"挑战关键问题"作为公司获得声誉的努力方向。该公司对苏联第一颗卫星发射时间、古巴导弹危机、越战撤军、中美建交、德国统一等国际重大事件的成功预判，奠定了其在美国军方决策中的地位，进而赢得了世界著名智库的声誉。

因此，在决策咨询中，能不能准确发现和凝练其中的关键问题，决定了硬咨询能否"赢在起跑线上"。而且，大问题决定大影响，正如智库研究大国关系要比研究小国关系更受关注，咨询选题要面向大江大河，而不是小溪池塘。

4.2 选题来源

硬咨询需要经世济用，因此选题只能有一个来源——需求端或客户端，而不能是从文献中来、到文献中去的伪需求或伪问题。

在把握决策需求方面，时间管理中有个四象限法则，建议人们把时间用于重要，或者重要且紧急的事情上。参考这个分类方法，我们提出硬咨询选题的四象限法则，如图4.1所示。把各类问题按照轻重缓急分为四个象限，硬咨询要做重大和重要选题，即聚焦图中坐标系的Ⅰ、Ⅱ象限，这些工作能为智库带来重大且持久的影响。

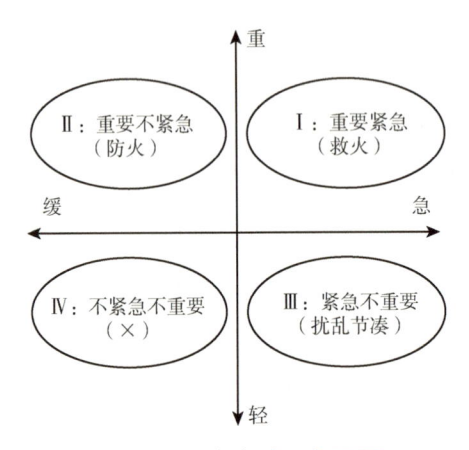

图 4.1　硬咨询选题象限图

用创业者的话语体系来说，就是要做对于客户而言是"刚需、痛点"的事。

具体来说，硬咨询的选题要以问题导向为经（"一体"），以趋势研判和事件驱动为纬（"两翼"）。

4.3　问题导向

问题是时代的声音。科学哲学家波普尔认为，科学发展的过程就是不断提出问题和解决问题的过程。对科学如此，对国家和经济社会也是如此。

从数学范畴，吴文俊院士说，我们古代数学的精髓就是从问题出发的精神，和西方的从公理出发完全不一样。为了从问题出发，解决各式各样的问题，就带动了理论和方法的发展。

从哲学范畴，问题就是无法理顺、控制、驾驭事态产生和发展变化，认知主体在问题面前被边缘化的境地。相应地，产生了"问题学"的研究领域，该领域自 1987 年由苏联学者提出以来，被认为是 150 年以来西方的第三次哲学潮流。

"问题学"是关于问题的研究，如什么样的问题是问题，什么样的问题不是问题。因此，"问题学"的核心价值在于指导认知主体去找到核心问题，核心问题是根，只有找到根，整个认知活动才能正确且顺利地开展下去，因此核心问题才是有价值的好问题。

在找到核心问题的过程中，应将主次、利益以及关系三方面作为比较、判断和选择问题的原则，将各种问题进行分类和排列组合。在主次方面，即按照轻重缓急，辨别出主要问题和次要问题；在利益方面，人类是趋利避害的动物，有些问题在有些群体中被重视或被关注，有些问题却不被关注；在关系方面，要辨识出问题之间的关系，抓住牛鼻子，从而做到打通堵点的一通百通效应。

在咨询研究确定选题过程中，曾任职兰德公司的战略学家赫尔曼·卡恩提醒人们思考关于问题的问题，如下所示。

（1）问题是什么？

（2）我们是否需要注意？

（3）我们如何获知答案？

（4）我们是否相信答案？

其中，第（2）点很关键，因为很多问题不是你的分析和建议有多好，而首先是你的问题怎样才能引起决策者的关注。

赫尔曼·卡恩进一步说，如果你不知道某种问题的存在，当然也就自然不会对它感兴趣，一个人认为不重要的问题，就不会往上汇报，但如果一个人或少数人有一条妙计，而又能上达天听，则虽有 90%的人反对，也还是照样可能被采用。

毛泽东同志说："问题就是事物的矛盾。……哪里有没有解决的矛盾，哪里就有问题。"（中国中共文献研究会，2009）因此，从问题导向出发，就要善于发现经济社会发展中的矛盾冲突，于是咨询选题转化为"发现冲突，就是发现需求",例如国家战略、国家目标与现实情况的"冲突",国内外发展差距的"冲突",不同地区、不同行业的"冲突",等等。

案例 15：徐匡迪的回忆

2002年，我开始担任工程院院长，正是中国的城镇化快速推进的时候，也是矛盾非常尖锐的时候，农民进城打工，改善了生活，但是没有市民身份，享受不了城市社会保障（医疗、失业等保障），另外还面临分居两地、留守家庭、留守儿童等问题，社会矛盾非常大。另一方面，城镇化也有误区，因为照搬了20世纪80年代末、90年代初，珠三角的模式，即政府卖地、外商出资建厂，进城务工农民作为工人。这些多为劳动密集型工厂在国外通常人力成本很高，但当时中国农民工的要求仅为100—150美元/月，相当于国外两三天的工资。农民工当时住集体宿舍式简易房，吃食堂，一年回一次老家，这种候鸟式的迁徙，被称之为"半城镇化"。不过农民工的生产方式变化了，从农业劳动变成工业劳动，也开始有市民的生活方式，比如工作之余可以看电影、下馆子等等，唯独没有市民的待遇。这也牵扯到一些社会问题，比如没有户口，当地政府就不能有效地管理农民工，工厂白天管生产，下班后却没有相应的部门来管理，"黄、赌、毒"在农民工聚居地较为泛滥，例如当时东莞的犯罪率就较高。

关于城市规模当时也有误区。很多地方都提出要建立国际大都市，这不合理，城市在当时当地的科技条件下，应该有其适合的规模。因为超过一定的客观条件后，城市的生活质量反而会下降，比如现在很多大城市面临的交通拥堵、通勤时间长等。

针对上述情况，工程院部署了"城镇化问题"的咨询项目。这正是瞄准国家亟待解决的问题而展开的院士咨询项目。

项目首先进行调查研究。当时调研了东部的珠三角、长三角，中部的武汉、长江流域城市群，以及西部的西安、兰州。调研结果认为，中国城市的整个布局，受到自然地理环境的影响，有一个"瑷珲-腾冲线"，即从黑龙江的瑷珲，一直到云南的腾冲，这条线的东南面在自然条件方面比较适合人居。但是从国家整体利益而言，还需要民族地区均衡发展，需要在西部的边疆地区，有一定的城市，以保障我国的国家安全。因而项目提出了"几个组团，几个中心"的做法。即"大中小城市结合发展，控制特大城市，要建设城市群"的发展思路，这些主张得到了时任国家领导人的认可。

这些成功，正是针对国家迫切需要解决的问题，集中了全国顶级专家展开研究而达成的。

资料来源：徐匡迪. 2016. 徐匡迪院士访谈. 中国智库的历史、现状与未来展望. 中国科学院院刊，（8）：901-908.

4.4 趋势研判

趋势研判即通过深入研究科学技术和经济社会发展演变逻辑，从事物或问题的内部矛盾运动出发，研判规律趋势，提出前瞻建议，从而让决策者提前采取对策，以应对和控制未来事态发展。

对于国家高端科技智库来说，要从科学技术影响和作用的角度研究事关全局的重大问题，从科技规律出发前瞻思考科技发展走势，开展科学评估，进行预测预判，提出咨询建议，在国家宏观决策中发挥建设性作用。

例如，1999年，杨叔子、熊有伦等院士专家深入分析了现代制造技术发展的趋势，提出《重视制造科学的研究》的院士建议，建议国家"把握发展趋势，确保国家目标""统一制定规划，实行重点突破"，把制造业从产业、技术上升到科学层面。

2002年，陈可冀、秦伯益等院士专家综合大量数据和资料，分析了人口老龄化对我国经济发展、社会保障、老年人生活质量的影响，指出人口老龄化将成为我国经济和社会发展中一个全局性和战略性的问题，应当引起重视，尽早采取对策，向国家提出《我国人口老龄化的若干问题和建议》。

关于科技趋势研判最著名的是英特尔创始人之一戈登·摩尔（Gordon Moore）1965年提出的"摩尔定律"，即集成电路上的晶体管数量每隔18个月增加一倍,而价格降低一半,摩尔定律指导了过去半个世纪集成电路和芯片产业技术的发展。

近年来关于科技研判较为知名并得到认可的是"技术成熟度曲线"。

案例 16:技术成熟度曲线

成立于 1979 年的美国高德纳公司(Gartner)是全球著名的 IT 研究与顾问咨询公司。该公司表示,其围绕决定商业进程的发展趋势与技术,为客户提供客观、公正的论证报告及市场调研报告,协助客户进行市场分析、技术选择、项目论证、投资决策,为决策者在投资风险和管理、营销策略、发展方向等重大问题上提供咨询建议,帮助决策者做出正确抉择。

高德纳公司提出的技术成熟度曲线得到了业界广泛认可。技术成熟度曲线指的是新技术的成熟程度与其在媒体上曝光度的变化曲线,据此可以把新技术的发展趋势分成五个阶段(图 4.2)。

(1)新科技诞生的促动期(technology trigger)。

(2)过高期望的峰值(peak of inflated expectations)。

(3)泡沫化的低谷期(trough of disillusionment)。

(4)稳步爬升的光明期(slope of enlightenment)。

(5)实质生产的高峰期(plateau of productivity)。

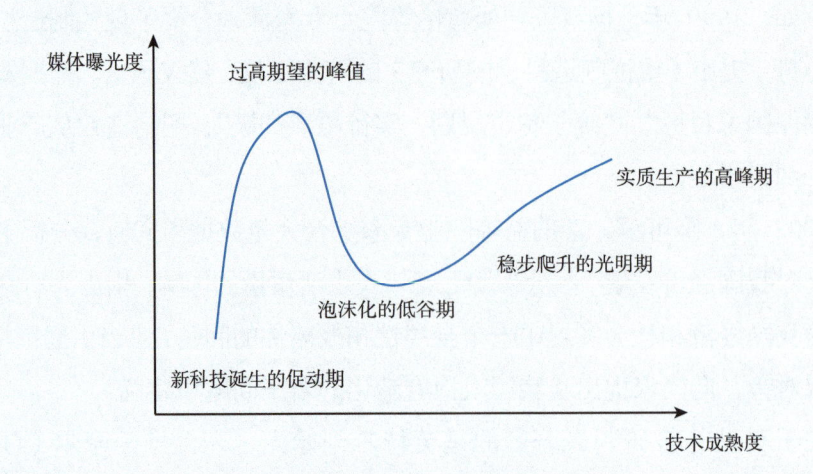

图 4.2 高德纳技术成熟度曲线

4.5 事件驱动

事件驱动是指当国内外发生重大政治、经济、军事、安全等事件时，由于事件的复杂性和结局的不确定性，决策者迫切需要了解事态或做出回应，从而急需决策支撑。此时，智库基于对事件的跟踪研究、信息掌控和分析优势，以针对性强的政策快报来回应决策需求。比如，前面提到美国1957年首次设立总统科学顾问，其事件诱因就是苏联率先成功发射人造地球卫星，引起了美国朝野的惊呼和反思。

在金融投资领域，事件往往也是投资信号或者标志，事件驱动策略已成为全球对冲基金最为成熟的主流策略之一。大事件发生时，对成熟的投资者往往意味着机会。同样地，智库也要随时关注重大突发事件并快速反应，这是体现智库能力价值的重要机会，使自身的应急响应能力成为政府应急管理能力的组成部分。

金融领域有"黑天鹅""灰犀牛"等说法。"黑天鹅"是指不可预测的小概率、高风险事件。"灰犀牛"是指可预测的、大概率且影响巨大的危机。相对于"黑天鹅"而言，"灰犀牛"在出现之前可能有很多征兆，最终这些征兆聚集到一定程度才会爆发。提醒国家防范各种"黑天鹅""灰犀牛"事件也是智库的重要责任。

案例17：我国863计划的由来

1980年，美国一家名为高边疆（High Frontier）的智库提出了一项国防战略，建议超越相互核威慑而建立战略导弹防御系统。他的报告引起了即将上任的里根总统的共鸣和采纳。

1983年美国里根政府推出战略防御计划，即"星球大战计划"，目的是以军备发展带动高新技术和国民经济全面振兴，抢占21世纪战略制高点。随后，法国及西欧的"尤里卡计划"，苏联、东欧等的"科技进步综合纲要"，日本的"振兴科技政策大纲"等高科技发展计划相继出台，引发世界对战略高技术的极大重视。

1986年初,"中国光学之父"王大珩、核物理学家王淦昌、无线电电子学家陈芳允、航天技术及自动控制专家杨嘉墀等四位中国科学院院士（学部委员）给国家提出建议："我们四位科学院学部委员关注到美国'战略防御倡议',即星球大战计划,对世界各国引起的反应和采取的对策,认为我国也应采取适当的对策",这份王大珩执笔起草的《关于跟踪世界战略性高技术发展的建议》即我国863计划的由来。

4.6 高关注度选题

从研究更受关注、产生更大影响的角度,智库选题要重点关注以下领域。

（1）战略目标与现实差距较大的问题。国家战略目标往往是顶层设计确定的,但实现路径、现在情况却可能存在矛盾冲突,因此"发现冲突,就是发现需求"。

（2）各方意见分歧较大的问题。美联储前副主席、普林斯顿大学经济学家艾伦·布林德（Alan Blinder）曾提出"经济政策的墨菲定律"：在经济学家理解最透、共识最大的问题上,他们对政策的影响力最小；在经济学家理解最浅、分歧最大的问题上,他们对政策的影响力最大,因此硬咨询要选择各方分歧最大的选题进行深入研究并提出真知灼见。

（3）不确定性较大的问题。帮助决策者进行不确定性管理,以把握机遇、规避风险,不确定性越大,智库工作空间越大。

（4）群体事件问题。群体事件问题包括社会经济群体事件和网络舆情等,属于群众关心关切或反应强烈的突出问题。

从另一个维度,国家决策层可能高度关注的选题包括：原创问题、国际问题（涉外问题）、安全问题、弱势群体问题等。

4.6.1 原创问题

原创问题有两类,第一类是"从0到1",即前人未注意的问题,第二类是"老树新芽",即老问题的新发现。

"从 0 到 1"的问题容易获得关注,因为发现并定义没有人意识到的新问题,是决策咨询的"上游地带",第一个找到"宝藏"的,将起到引领作用。

"老树新芽"的问题容易获得关注,这是因为,熟悉和陌生之间,容易引发"冲突",正如苹果竖着切看到果核,横着切看到"星星",如果说"从 0 到 1"的问题带给决策者"问号","老树新芽"的问题则可能带给决策者"惊叹号"。

美国科学促进会前首席执行官、美国参议员和物理学家拉什·霍尔特曾说,在政治家可能不认为是科学的问题上提供科学视角是最大的需求所在。

比如,中国科学院地理科学与资源研究所从科研实证角度研究食物浪费问题,不仅发表了多篇学术论文,在国家立法和监管层面也取得了很好的效果。

4.6.2 涉外问题

涉外问题在国家层面主要是外交、外贸等问题,在区域和组织层面主要是对外交流合作问题。

战略源自发生战争的主体之间从斗勇到斗智的需要。国家之间的关系如果管控不好就会滑向战争。即使在和平与发展成为时代主题的背景下,国家之间各个领域的竞合,包括涉及国家利益的谈判、形形色色的新型或"灰色战争"、全球性问题与挑战(如公共卫生、气候变化等)等也是博弈合作的焦点。因此,外交无小事,涉外问题容易得到国家层面高度重视(如外交部在国务院组成部门序列中排名第一)。

此外,涉外问题往往存在大量的信息不对称,决策者一般愿意为相关情报信息"买单",在此基础上也更需要战略指引。

4.6.3 安全问题

从人性角度,安全是人类最底层的基本需求。

从管理角度,安全第一,安全问题"一票否决"。对安全战略的研究是智库的一大领地，比如 2020 年兰德公司的客户来源中，大约 3/4 都涉及安全相关领域，包括美国国防部办公室、美国卫生与公众服务部、美国空军、美国国家安全局、美国陆军等。

从国家角度，战争与防务是最传统的安全问题。《孙子兵法》中说，"兵者，国之大事，死生之地，存亡之道，不可不察也"。西方"兵圣"克劳塞维茨认为，战争是充满不确定性的领域，人类的任何其他活动都没有像战争那样给偶然性提供如此广阔的空间，没有一种活动像战争这样从各个方面与偶然性经常接触。偶然性增加了各种情况的不确定性，并时刻影响事件的进程。战争需要准确而迅速的判断来辨明真相，采取正确的行动。因此，战争是你死我活的斗争，存在极高的风险和不确定性，战争指导和参谋助手是战争的"刚需"。

党的十九届五中全会提出坚持总体国家安全观，统筹传统安全和非传统安全，要求把安全发展贯穿国家发展各领域和全过程[①]。我国总体国家安全观包括 16 个方面：政治安全、国土安全、军事安全、经济安全、文化安全、社会安全、科技安全、网络安全、生态安全、资源安全、核安全、海外利益安全、生物安全、太空安全、极地安全、深海安全。其中，既包括传统安全，也包括大量非传统安全，比如，人人都可能受到恐怖袭击、气候变化或其他灾难性事件的影响。

4.6.4 弱势群体问题

关注老幼、残障、病患、女性、青年、农民工等弱势群体既是人性同理心的体现，也是一种国家需求和价值驱动，有利于维护社会公平正义和国家长治久安。

换位思考，当你作为领导人拿到一份关于农村留守老人普遍生活困难的报告，无论是恻隐之心还是解决问题需要，想必都需要在政策安排上有所动作和表示。比如，几年前中国科学院学部一份关于农村留守儿童心理健康问题的咨询报告就得到了领导同志批示。

[①] 《中共中央关于制定国民经济和社会发展第十四个五年规划和二〇三五年远景目标的建议》，https://www.gov.cn/zhengce/2020-11/03/content_5556991.htm，2020 年 11 月 3 日。

第5章
众智荟萃

不确定性的事情,要由精兵组织来应对。

——任正非(华为公司创始人)

5.1 人才是第一资源

硬咨询作为专业性很强的工作，人才特别是一流人才至关重要。

1986年7月，万里发表《决策民主化和科学化是政治体制改革的一个重要课题》并明确指出，正确的决策"要依靠一大批各行各业的专家，依靠各种专门的决策研究班子，依靠那些知识和信息以及实践反馈信息的综合体"。

从智库角度，智库的基本产出是思想，出思想的核心是人，因此智库影响力的实质在于聚集一支优秀的智库人才队伍，正如优秀的教授队伍之于大学的重要性。

比如，中国科学院、中国工程院之所以被国家定位为国家在科技方面最高的咨询机构，就是因为两院拥有1000多位院士，而院士是国家在科技方面最高学术荣誉称号。

在美国，二战以来外交政策领域最有影响力的智库是CFR（Council on Foreign Relations，美国外交关系协会），德国《明镜》杂志曾将CFR描述为"美国和西方世界最具影响力的私人机构"和"资本主义的中央政治局"，《华盛顿邮报》高级编辑和调查员理查德·哈伍德称该协会及其成员为"最接近美国统治机构的东西"，原因是CFR各类高级人才会集。

5.2 决策问题的综合性

决策者需要面对的问题是实践问题，这些问题往往是综合性的，因此智库研究需要自然科学、工程技术、人文社会科学等多学科、多领域综合交叉（图 5.1），通过包容性的专家组合来识别和利用全方位的相关证据类型、来源和专业知识。

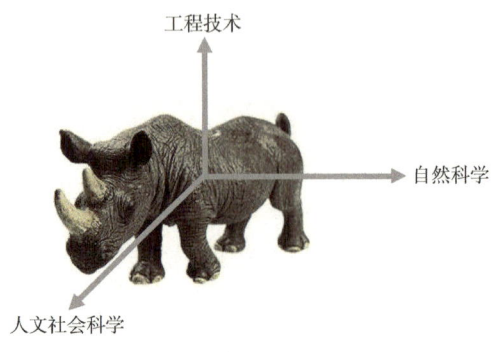

图 5.1　研究社会实践问题需要不同视角

决策问题的综合性是对同一个经济社会问题，从不同的学科领域、不同视角出发看到不同的视图景象，这些视图类似物理上的"三视图"，只有综合起来才能更接近问题的真实全貌，从而有助于形成对问题的全面和准确认知。在此基础上，决策者综合考虑科技，以及非科技因素做出决策。

5.3　理论与实践并重

国务院发展研究中心原主任李伟认为，政策咨询研究不是孤立的，要与学术理论研究、经济社会实践研究紧密结合起来，三者之间的关系应是有机的统一体，互相支撑，而不是互相排斥（图 5.2）。

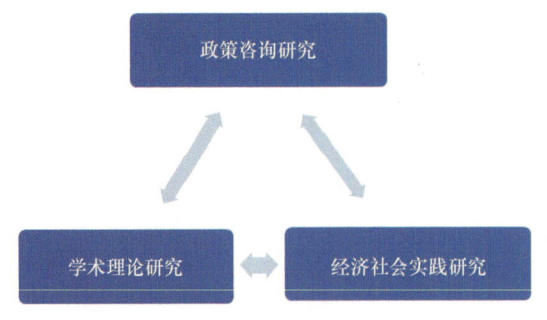

图 5.2　政策研究的"三角关系"

相应地，智库人才也需要理论人才和实践人才兼备。

中国工程院徐匡迪院士指出，智库之中的"智者"应由两方面的人才组成。

（1）知识较为丰富的人，即有咨询问题方面专门知识的学者。例如大学教授，他们写过这方面的专著，收集过很多资料。

（2）实践较为丰富的人，即做过咨询问题方面工作实践的人员。例如美国驻外大使、国会议员，他们中的大部分在退休后到智库机构工作，因为有这方面的经验。

两部分人结合起来就容易产生比较符合实际情况的决策建议。所以智库并不是知识学得越多，就一定能做好，而是将理论与实践相结合。

而华为公司认为，实践人才的经验更加难能可贵，"华为选择咨询顾问的重要标准是有过成功的经验，没有企业经验的顾问，最多是个师爷，师爷是学来的知识"（田涛和吴春波，2017）。

5.4 学科交叉融合

科学是分科之学，但决策问题的综合性决定了智库需要会集不同学科领域的专家，通过学科之间的交流碰撞，以全面准确分析研判问题，并提出周全的咨询建议，这与公共政策往往需要全面通盘考虑是相通的。

例如：美国加利福尼亚大学圣芭芭拉分校的空间综合社会科学研究中心和英国伦敦大学学院的高级空间分析中心，集聚了 GIS（geographic information system，地理信息系统）、地理学、经济学、物理学、计算机科学等多学科的专家，集中研究社会经济系统在时空演变中的客观规律以及相应的政策与规划手段。

中国科学院学部作为国家在科学技术方面最高咨询机构，拥有 6 个学部 800 余位不同学科领域的院士，以及 100 多位外籍院士，有利于发挥多学科综合优势，完成日趋复杂的科学技术问题研究。

5.5 战略战术兼备

战略能力即宏观视野和大局观，战术能力即精深的专业知识。战略为战术指明方向，战术为战略提供支撑。

战略科学家是科学帅才，是国家战略人才力量中的"关键少数"。特别是全球进入大科学时代，科学研究的复杂性、系统性、协同性显著增强，战略科学家的重要性日益凸显。战略科学家往往是具有深厚的科学素养、长期奋战在科研第一线，视野开阔，前瞻性判断力、跨学科理解能力、大兵团作战组织领导能力强的科学家。

战略科学家的特点决定了他们是出深刻、硬核思想的核心。例如，"院士为核心，专家为骨干"是中国科学院、中国工程院战略咨询研究的基本组织模式。重大项目牵头院士作为战略科学家，具有深远的战略眼光及强大的战略思维能力，能够敏锐把握国家需要、宏观环境、发展大势，这对于项目研究任务的统筹、研究目标的确定，聚焦关键问题、重大问题能够发挥不可替代的核心作用。通过战略科学家团结带领在相关领域具有多年积累的多学科综合交叉团队，发挥集体智慧是两院优秀咨询项目的重要保证。

多样化的战术人才也同样重要，以形成智库人才梯队和体系。比如，兰德公司在世界各地拥有近2000名员工，其中有硕士、博士学位的比例超过90%，每年开展各类研究项目900余项，工作语言近80种，从而不仅在美国，也在世界各地输出了思想成果和影响。而且，随着智库的主动或者被动转型，越来越多的智库是包含学术机构、咨询公司、营销公司和媒体等多角色构成的混合型组织，智库工作人员必须由多种人才组成，包括学者、记者、营销人员等。

案例 18：爱因斯坦建言罗斯福研制核武器

根据《爱因斯坦传》的记载，1905年，爱因斯坦从其狭义相对论中推导出能量守恒定律。随后，核裂变的规律和威力被科学家发现。

美国哥伦比亚大学的两位物理学家，一位是从柏林大学逃离的匈牙利人利奥·西拉德，另一位是从意大利来的恩里克·费米，非常担心核武器落入法西斯的手中用于侵略战争。他们相信，美国军事当局应该已经知道科学家们对此的担忧。此外，西拉德也意识到，除非政府官员高度重视核武器问题，否则他们不会在意科学家们的忧虑。

西拉德在柏林跟爱因斯坦就很熟悉，他觉得以爱因斯坦享誉全球的物理学家身份和声誉可以说服当局认识到这一问题的严重性。因此，西拉德开始与来自匈牙利的物理学家，也是普林斯顿大学的教授尤金·维格纳联系。几位科学家在1939年7月与爱因斯坦进行了一次商议。

当时，普通的工程师、老百姓和军人都认为，相对论只是一种很学术的、不切实际的理论而已，不会应用到工业上。至于说核物理，更是没听说过。因此，要说服政府对原子能的实际应用及其发展投入资金，是极其困难的。在这些科学家们看来，如果有人愿意支持核工业发展，那么，罗斯福总统有可能是其中一位。罗斯福从一开始就清楚纳粹的侵略政策，也充分认识到这对美国未来安全的巨大威胁。罗斯福与大多数政客不一样的是，他相信大学老师。

针对这种情况，西拉德和费米向爱因斯坦建议，由他直接向罗斯福总统反映这个问题。我们知道，爱因斯坦不喜欢参与公共的事务，他非常不愿意卷入军事事务，也不愿意鼓励发展这种最具破坏性的武器。另外，他相信纳粹不久后也能掌握这种技术，并用它来征服世界。作为最为知名的科学家之一，爱因斯坦很清楚自己的职责是什么。

1939年8月2日，爱因斯坦给罗斯福总统写信，信中是这样开始的：

"费米和西拉德两位物理学家将他们最近的研究结果告诉了我，他们期望元素铀在不久的将来可以用作一种新型的、重要的能源……这么一个小小的核炸弹，如果在某个港口爆炸……很可能将整个港口连同其周围很大范围内的地方都化为废墟……"

爱因斯坦同时还提醒罗斯福总统，美国的核武器研究速度要超过德国才行，如果落后于德国，美国将处于水深火热之中。爱因斯坦建议成立一个机构，组织有核研究背景的科学家对铀元素的实际应用问题进行研究。这就是著名的"曼哈顿计划"，该计划十分成功，民众也开始关心核武器研究的进展。

不久，美国向日本广岛和长崎投下了两枚原子弹。数天之后，日本宣布无条件投降。至此，第二次世界大战宣告结束。这一系列事件证明了美国在科学领域处于领先地位。

5.6 利益无关

分权制衡是古今中外的重要政治原则。公共政策往往涉及多主体利益，需要来自不同单位、不同领域的专家在决策过程中碰撞而实现利益制衡。

哈佛大学教授希拉·贾萨诺夫（Sheila Jasanoff）认为，从政治功能看，科技决策咨询程序可以搭建一个政治行动者和不同的支持者斗争与协商的平台，让他们通过协商、妥协，消除公共政策的分歧。这也是前面所说的智库"平衡分歧"的作用。

因此，公共政策的研究需要来自不同部门、不同领域的专家充分发表意见，以消除观点偏颇或利益偏见，实现中立制衡，确保研究的公信力。在咨询项目专家组中，咨询专家仅代表个人，而非代表其工作单位或利益集团。

比如，美国国家科学院要求，项目专家委员会成员必须列出其所有任职、咨询和财务关系，填写"背景信息和隐私利益冲突披露表"（Background information and confidential conflict of interest disclosure）并做出承诺，工作人员要对这些信息进行审查。项目专家委员会由美国国家科学院院长任命，如果任命后发现利益冲突，有关成员可能被要求辞职。特殊情况下，如果确定利益冲突不可避免且已公示，只有这样专家才可以继续参与相关工作。此外，当出现偏见问题时，将增加项目专家委员会成员以达到适当的平衡。

5.7 旋转门

"旋转门"是一种特殊的人才交流通道。通过"旋转门"机制，思想者与行动者、学者与官员实现身份转换，从而在一定程度上沟通学界与政界、知识与权力，实现两者的紧密互动。由于"旋转门"，智库也被称为"等待中的政府"。

"旋转门"机制的好处在于，一方面，智库人才进入政府任职，从政策研究者转变为政策制定者，增强了智库对国家政策的影响力；另一方面，智库大量吸纳政府离任官员，成为高级人才的蓄水池和引力场，提升了智库政策研究的质量。但与此同时，美式"旋转门"政商不分、利益输送也是这一机制的"软肋"。

例如：基辛格曾经是哈佛大学研究国际政治的教授，后来在尼克松政府担任国务卿，卸任国务卿后又创办了以他名字命名的研究所，为有关企业提供咨询服务；曾任克林顿政府财政部部长的劳伦斯·萨默斯担任哈佛大学第27任校长；前副总统艾伯特·戈尔在美国多所大学中出任访问教授；曾在多届共和党政府中担任要职的莱斯利·伦科夫斯基在印第安纳大学重拾教鞭；曾任小布什政府环境保护署副署长的吉姆·巴恩斯回到了印第安纳大学教授环境法课程；另据环球网报道，美国拜登政府官员曾在西部执行战略咨询公司（WestExec）任职，包括国务卿布林肯、国家情报总监海恩斯、中央情报局副局长科恩、国防部助理部长拉特纳等。

近年来，中国"旋转门"现象有所增多，以退休官员创立或加入智库为主。

例如，成立于2009年3月的中国国际经济交流中心，主要业务是开展并组织研究重大国际国内经济问题，广泛开展国际交流与合作，为政府部门提供智力支持，为企业和社会各界提供经济交流平台，中心理事长由国务院前副总理曾培炎先生出任，业务范围包括战略问题研究、经济问题研究、经济交流合作、政策咨询服务等。

成立于2010年5月的国家创新与发展战略研究会（简称国创会），由中国著名理论家、战略家郑必坚发起创立并担任会长，著名科学家路甬祥担任荣誉顾问。国创会会聚了一批知名政治家、外交家、军事家、经济学家、社会活动家和两院院士等出任高级顾问和学术委员会成员，其核心使命是开展国内国际重大战略问题研究，为国家宏观决策及政府政策制定提供智力支持和咨询服务。自成立以来，国创会开展了一系列有关中国国际战略、大国关系、国家创新与发展战略、网络战略、社会治理及执政理念等重大课题研究，向国家提出了多项政策建议，部分建言被中央和政府相关部门采纳。

第 6 章
科 研 思 维

科学证据是一切决策的起点。

——拉什·霍尔特（美国科学促进会前首席执行官）

6.1 硬咨询的一般范式

曾国藩认为，为学之术有四：曰义理，曰考据，曰辞章，曰经济。硬咨询的理念框架与之相似，"义理"即事理，"考据"即证据，"辞章"即文笔，"经济"即务实管用。

《自然》杂志曾发表文章认为，高质量的研究是"如何影响政策"的八个关键技巧之首。

硬咨询与科学研究是同一种逻辑思考，都是从认识世界到改造世界，以及从世界观到方法论，注重证据、数据、逻辑和可证伪性。比如，科研和咨询的过程对比如下。

科研：信息（文献情报）+理论（科学理论）+实验（科学实验）→科学论文。

咨询：信息（数据事实）+理论（学术理论）+实践（调研考察）→咨询报告。

在上述思维下，典型的硬咨询研究过程为：把要研究的经济社会问题作为一次社会实验，首先进行研究设计形成研究方案，然后把问题目标按一定维度进行分解[可参考 MECE 原则，即"相互独立、完全穷尽"（mutually exclusive collectively exhaustive）]，接着通过理论（文献数据、前人研究等）和实践（访谈研讨、实地考察等）研究，找出每个子问题的特征指标或参数，并根据各指标参数对目标的影响程度进行综合分析，结合现实条件形成对策建议，最后根据对策建议制订行动计划（图6.1 和图6.2）。

研究设计 → 问题定义 → 问题分解 → 问题综合 → 拟定建议 → 行动计划

图 6.1 典型的咨询研究过程

硬咨询：要点与案例

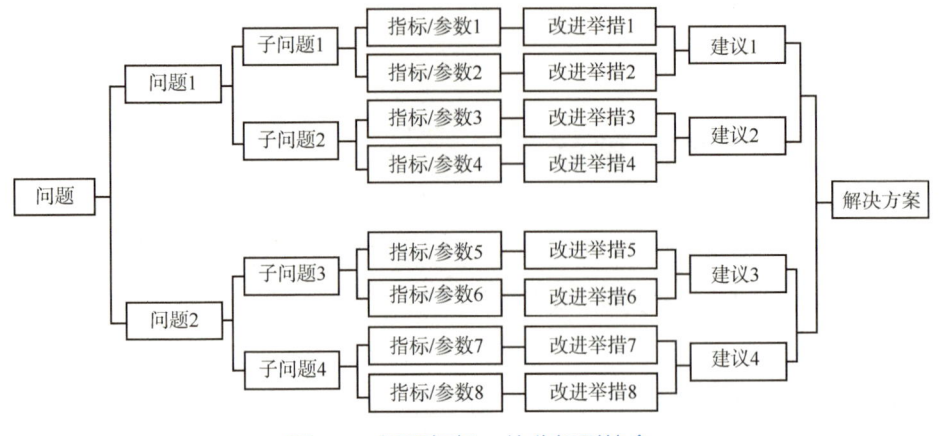

图 6.2　问题框架：从分解到综合

例如，关于如何建设能源强国的咨询研究，可以把能源强国的内涵分解为能源安全自主可控、能源结构清洁低碳、能源科技创新引领、能源产业现代高效、能源治理全球主导等不同方面（子问题）。每个子问题采用针对性的指标体系进行描述，如描述能源安全的指标可以是主要能源品种对外依存度、能源储备水平、能源"卡脖子"关键技术及装备对外依存度、战略性能源矿产资源自给水平、能源基础设施综合水平等，进而根据调研得到的数据分析不同指标反映的问题情况，最后经过梳理、归纳、凝练，可以从管理、技术、产业等方面形成针对性政策建议（图 6.3）。

图 6.3　关于如何建设能源强国的咨询研究分解

- 90 -

案例 19：新西兰近海的日本渔船事件

据《朝日新闻》1974 年 6 月 21 日的报道，日本近海由于滥捕而使乌贼数量急剧减少，但是世界上以这种古怪动物为佳肴的民族并不多，所以可以肯定在别处还有许多丰富的乌贼资源。新西兰邻近海域可以捕到大量乌贼，于是引起日本渔船大举进发。据统计，在 1972 年只有 7 艘渔船去作试探性捕捞，到 1973 年就增加到 73 艘，而在 1974 年竟有 159 艘船蜂拥到 8000 公里之外的新西兰海域去捕捞乌贼。于是仅仅三年时间，就出现捕获量不足的后果。日本渔船的这种性急行动使新西兰无法再保持沉默，于是通过报刊和外交途径向日本表示抱怨和不满。

问题定义：

（1）这是日本公民不经政府或国内管理机关许可而擅自进行国际性活动，引起外交摩擦的典型外交问题。

（2）这也是日本政府对只图眼前利益、缺乏长远观念的渔民的自发行动缺乏引导的典型内政问题。

问题分析：

（1）确定政策目标：缓和两国矛盾，实现渔业资源可持续发展。

（2）分阶段解决问题。

数据测算：第一阶段（确定必要性）——充分了解日本乌贼渔业的定性定量情况，计算必要渔获量。

文献调研：第二阶段（评价潜力）——了解世界的乌贼生态分布及潜在资源量，明确全世界的渔获量限额及渔获量的地理分布。

科学规划：第三阶段（方案选择）——研究选择渔获规划，确定捕捞者、捕捞区域及捕捞数量，以达到最佳效果。

方案实施：第四阶段（制订和实施行动计划）——制定与渔民和渔业公司进行协商的日程以及向世界各国交涉取得谅解的计划，确定负责人加以实施。

6.2 批判性思维

批判性思维（critical thinking）是科技创新的重要思维，也是硬咨询的思维方式。其中，critical 源于希腊文 kriticos 和 kriterion，kriticos 意即"辨明或判断的能力"，kriterion 即标准，因此从语源上说，该词表示"基于标准的有辨识能力的判断"。

批判性思维作为一个技能的概念可追溯到学者杜威的"反省性思维"（reflective thinking），即"能动、持续和细致地思考任何信念或被假定的知识形式，洞悉支持它的理由以及它所进一步指向的结论"。

但是，批判性思维不是批评性思维，而是理性认知问题和解决问题的思辨思维，是一种思维方式和思考的技术。《中庸》里说，"博学之，审问之，慎思之，明辨之，笃行之"，用现代语言说就是要有批判性思维。

学者于光远说，研究任何科学问题，必须注意的有两条：一条是用以指导自己研究的理论和方法是否正确，"不使用自己未批判过的语言"，另一条是对有关的实际情况是否有了正确的了解，防止人云亦云。

根据彼得·范西昂所著的《批判性思维：它是什么，为何重要》，批判性思维主要包括阐释、分析、推理、评价、解释和自我调节。

（1）阐释，即通过文本、语境、材料及情感等各种线索来确定某件事的含义和它传达的信息。

（2）分析，即通过考察问题的构成要素及其结合方式来确定问题是什么。

（3）推理，即从不同选项中得出结论，判断这些结论究竟是确定的、很可能的，还是有可能的。

（4）评价，即评估断言及其来源的可信度，也包括对推理、解释和论证强度的评估。

（5）解释，即公正地提出关于相信什么或做什么决定的基础技能，包括给出理由、描述证据、说明为什么使用一种特定的方式或方法、如何选择和使用一套成功的标准，还包括定义核心概念、表述具体语境中造成影响的因素。

（6）自我调节，即评估自己的想法，并在适当的时候纠正自己的想法。

6.3 调查研究

唐纳德·坎贝尔（Donald Campbell）说，一个社会的政策选择是由高质量的研究证据决定的。调查研究是决策前取证的过程，重要性不言而喻，我国多位领导人对此亦有强调，在此不再赘述。

对于智库来说，无调查，不建议；没有调查，就没有决策建议权。同时，要特别注意调查研究的客观性和长期性。

调查研究的第一原则是客观，即避免根据个人想象捕捉事物、选择信息并解释和判断事物（大前研一）。毛泽东在《改造我们的学习》中强调："我们要从国内外、省内外、县内外、区内外的实际情况出发，从其中引出其固有的而不是臆造的规律性，即找出周围事变的内部联系，作为我们行动的向导。"[①]而要这样做，就必须不凭主观想象，不凭一时的热情，不凭死的书本，而凭客观的指导，从这些材料中引出正确的结论。这种结论，不是甲乙丙丁的现象罗列，也不是夸夸其谈的滥调文章，而是科学的结论。

调查研究还要注意长期性与脉冲式相结合。所谓长期性，指的是调查要"长期化、系统化"，从而能洞悉问题的历史演变，将来为任何一种演变的结局找到理论和事实的依据。所谓脉冲式，指的是在长期调查和研究积累的基础上，针对特定问题或个案进行针对性的深入调研。正如杜润生曾经说，我们的调查研究要拉长线，不是只拉短线。有些材料是马上就要用的，有些材料是为以后使用准备的。

案例 20：毛泽东谈调查的技术

毛泽东在写于 1930 年的名篇《反对本本主义》中，详细介绍了调查的技术要点和步骤。

（1）要开调查会作讨论式的调查

只有这样才能近于正确，才能抽出结论。那种不开调查会，

---

① 引自人民出版社 1991 年出版的《毛泽东选集（第三卷）》中的文章《改造我们的学习》。

不作讨论式的调查，只凭一个人讲他的经验的方法，是容易犯错误的。那种只随便问一下子，不提出中心问题在会议席上经过辩论的方法，是不能抽出近于正确的结论的。

（2）调查会到些什么人？

要是能深切明了社会经济情况的人。以年龄说，老年人最好，因为他们有丰富的经验，不但懂得现状，而且明白因果。有斗争经验的青年人也要，因为他们有进步的思想，有锐利的观察。以职业说，工人也要，农民也要，商人也要，知识分子也要，有时兵士也要，流氓也要。自然，调查某个问题时，和那个问题无关的人不必在座，如调查商业时，工农学各业不必在座。

（3）开调查会人多好还是人少好？

看调查人的指挥能力。那种善于指挥的，可以多到十几个人或者二十几个人。人多有人多的好处，就是在做统计时（如征询贫农占农民总数的百分之几），在做结论时（如征询土地分配平均分好还是差别分好），能得到比较正确的回答。自然人多也有人多的坏处，指挥能力欠缺的人会无法使会场得到安静。究竟人多人少，要依调查人的情况决定。但是至少需要三人，不然会囿于见闻，不符合真实情况。

（4）要定调查纲目

纲目要事先准备，调查人按照纲目发问，会众口说。不明了的，有疑义的，提起辩论。所谓"调查纲目"，要有大纲，还要有细目，如"商业"是个大纲，"布匹"，"粮食"，"杂货"，"药材"都是细目，布匹下再分"洋布"，"土布"，"绸缎"各项细目。

（5）要亲身出马

凡担负指导工作的人，从乡政府主席到全国中央政府主席，从大队长到总司令，从支部书记到总书记，一定都要亲身从事社会经济的实际调查，不能单靠书面报告，因为二者是两回事。

> （6）要深入
>
> 初次从事调查工作的人，要作一两回深入的调查工作，就是要了解一处地方（例如一个农村、一个城市），或者一个问题（例如粮食问题、货币问题）的底里。深切地了解一处地方或者一个问题了，往后调查别处地方、别个问题，便容易找到门路了。
>
> （7）要自己做记录
>
> 调查不但要自己当主席，适当地指挥调查会的到会人，而且要自己做记录，把调查的结果记下来。假手于人是不行的。
>
> 资料来源：引自人民出版社1991年出版的《毛泽东选集（第一卷）》中的文章《反对本本主义》

6.3.1 信息收集

信息是一种战略资产。孙子说，"而爱爵禄百金，不知敌之情者，不仁之至也"，即做信息情报工作要舍得花钱，不可以省小钱而误大事，充分说明了信息资源的重要性。

从决策角度看，信息是权力运作的关键要素，因为掌握不同信息的人，看法和判断不同，要把决策权交给占据信息优势的一方，通过决策不确定性的减少而战胜未来的不确定性。因此，俗语说领导站得高、看得远，很大程度是因为他们比下属掌握更多的信息，具有信息区位优势，或者说信息势能较高。

黑石集团创始人苏世民认为，所有交易背后都是信息，商业中最重要的资产就是信息，你知道得越多，拥有的视角越广，可以建立的连接就越多，进行预测的能力就越强。

信息分为定量信息和定性信息：前者是数字，能够增强说服力；而后者则是他人说过的话、文献和媒体的报道等，它们的作用是提高整体的理解程度。因此，收集定量信息与定性信息同样重要。

信息还可以分为静态信息（过去的情况）、动态信息（现在的情况）和潜在信息（未来可能的情况），串联起来可以把握一个问题的发展演变。

按照情报专家的看法，绝大部分有价值的信息都是公开的信息，你所有要做的主要是收集（acquisition）、分析（analysis）、采用（acceptance），即 3A，其中最关键的是分析，以达到去粗取精、去伪存真，穿过信息迷雾，获得高质量决策证据的目的。

正如香港中文大学原校长刘遵义教授强调，不能轻易地相信任何信息，不管是文字、音频，还是视频，需要有辨析性思考即批判性思维的能力，实时地去学会了解真相、辨别事实。

案例 21：智库是决策的"侦察机"

侦察机是专门用于从空中获取情报的军用飞机，是现代战争中的主要侦察工具之一。飞机诞生后，最早投入战场所执行的任务就是进行空中侦察。

1910 年 6 月 9 日，法国陆军的玛尔科奈大尉和弗坎中尉驾驶着一架亨利·法尔曼双翼机进行了世界上第一次试验性的侦察飞行。这架飞机本是单座飞机，弗坎中尉钻到驾驶座和发动机之间，手拿照相机对地面的道路、铁路、城镇和农田进行了拍照，这就是最早的侦察机的由来。因此，侦察机是军用飞机大家族中历史最长的机种。

目前，侦察机已成为各国军队不可或缺的重要机种。按任务范围，侦察机可分为战略侦察机和战术侦察机。战略侦察机一般航程远，具有高空、高速的飞行性能，用以获取战略情报，多是专门设计的；战术侦察机具有低空、高速飞行性能，用以获取战役战术情报，通常由歼击机改装而成。因此，无论是战略侦察机还是战术侦察机，都要能快进快出深入敌区，迅速获取重要目标、获取有关情报信息。

但是，侦察机一般不携带武器，不参与作战，主要通过航空相机、雷达、红外侦察设备等，以全天候地对敌方一些重要区域实施长时间的侦察和监视。此外，侦察机还拥有较强的电子对抗能力、通信导航能力，能够迅速地对侦察获取的信息进行数字处理，或者实时地把侦察到的图像和其他信息，及时分发给卫星、空中预警机以及海面的舰船等。

6.3.2 文献调研

作为科研成果的载体，2021年全世界发表的论文超过300万篇，专利申请超过100万件，这是人类知识的宝库，也是不断实现知识创新的基础，充分的文献调研是以科学研究支撑科学咨询，以科学咨询支撑科学决策的基础工作。

文献调研主要有两方面作用。

一方面，是基于前人的研究成果，站在前人的肩膀上，充分掌握和应用已有的基本规律与理论，避免走弯路，从而有利于将问题看得更透彻、更清楚。

理论指引道路。战略咨询研究的对象是实践问题，其研究和解决需要坚实可靠的科技、产业、经济、社会科学等多学科丰富扎实的基础提供理论支撑，为战略咨询问题在实践中建立科学认知，通过理论研究发现和揭示的规律，指导和解释实践问题的产生原因和发展趋势，为决策咨询提供理论保障。

另一方面，科研成果会"过时"，要善于发现和应用最新的科研成果，把最新的科学思想、理念、技术、方法等科研成果，介绍给"客户"（决策者），使客户获得竞争优势，让"客户"成为竞争中的"快鱼"。

但是，文献调研的内容不仅是理论、方法，还包括前人或同行的相关研究模型、数据、结论、规律等。例如中国科学院"碳中和"重大咨询，即基于有关院士专家"碳收支"先导科技专项10年的研究积淀。

咨询研究要特别注意调研"灰色文献"（gray literature），即由各级政府、学术界、企业和工业界编制，但非商业出版或不是学术期刊发表的文献，包括政府部门公布的各类报告文件，以及市场研究报告、机构年度报告、智库报告等。

案例22：关于城市化的理论

经济学家吴敬琏曾说，关于城市化问题，其中一项基本问题很值得讨论，即城市化的功能究竟是什么，以及城市化在一国的工业化、现代化过程中究竟起到什么作用。有观点认为，城市化的功能在于能够增加消费需求，因为农民进城后所产生的刚需，可支撑房地产市场和经济增长。还有的观点认为，城市化是工业化的结果，因而不应去讨论城市化对经济社会发展的主动功能。"相较而言，我认为后一种观点的问题更大。因为如果真是如此，为何城市化又成为推动工业化、现代化的动力呢？"

吴敬琏介绍，世界顶级城市经济学家爱德华·格莱泽在其所著的《城市的胜利》一书中，从文艺复兴的角度阐释了城市的功能。他指出，城市的功能，就是通过人的聚集形成的一种环境，从而激发了思想、理念、体制、技术的发展和变革。

"因此，我们必须首先研究已有的基本理论，就能得到一个结论，即人群在城市的聚集，是对经济社会发展起到正面作用的。与此同时，城市化也有其副作用，例如：由于人的过分聚集，会造成生活费用提高、环境污染、交通拥堵，等等"。在吴敬琏看来，我国城市化出现诸多问题的原因在于，我国的城市化更多是政策导向的城市化。世界各国城市的形成无外乎两种路径：一种是由"城"即政治中心演进而来的，另一种（也是绝大多数情况下）则是由"市"也就是"市场"演进而来的，而市场和经济导向是会权衡利弊的。

案例 23：德勤公司的文明进阶模型

世界著名咨询公司德勤认为，技术是变化的龙头，技术变化了，人要跟上，然后组织跟上，最后是社会跟上。所以，那些率先掌握技术的人，就在人群中领先了，那些最先获得掌握新技术的人才的公司，就在产业中领先了；那些拥有最先进新业务的公司的国家，就崛起了。即人类文明的每一次进步，都发源于技术突破，通过个人传导到组织，再渗透到整个社会，完成一次文明进阶。

6.3.3 深入一线

据说，我国党校和行政学院一度存在"三个倒挂"现象：没当过领导的在给领导干部讲领导艺术、没出过国的在给经常出国的人讲国外经验、没经历复杂环境考验的在帮助每天同各类矛盾打交道的人出主意解难题。

《温家宝地质笔记》记载，"我在野外观察时十分细心，一丝不苟。为了定一个点，有时要跑一两个小时的山路，从不敢马虎。在行内，有'遥测点'的说法，即通过远远眺望，可以看到岩石、地层、构造。但如果上去实地观察，就要攀很高的山，走很长的路。于是，有人就将远远看到的地质现象加以描述，并根据观察点附近的地貌特征在地形底图上定点了事。在野外考察中，我从未定过一个'遥测点'。因为我的良知不允许我那样去做。我决不能偷懒，否则我将痛苦不可释。哪怕多爬一两个小时的山，我也要到实地进行观测，认真地记下自己所看到的一切"。

人类历史上最伟大的战地记者、被誉为"战地之神"的战地摄影师罗伯特·卡帕说过一句著名的话：如果你的照片拍得不够好，说明你离得还不够近。《华尔街日报》提醒其记者：成为可信的信息源，不应该把自己的观点建立在纯粹的预测、模糊的二手资料或者个人知识储备之上。

> **案例 24：大前研一谈咨询调研**
>
> 作为企业的管理咨询顾问，要访谈的对象不是营业所所长，而是最前线的营业员，因为和管理层交谈，只会得到一大堆交接辞令、借口、抱怨，对了解现场情况毫无帮助。为了进行实地访谈，我的足迹会遍及全国。当实地访谈结束时，我对现场的各种问题也都几乎了然于胸了，甚至会获得连经营者都不知道的绝佳经营信息。经营管理顾问机构和企业经营者面对问题时，只要对所收集的资料做到某种程度的分析，的确隐隐约约就可以看到结论了，但是即使真的如此，在导出结论之前，还是必须到现场实证一番，也就是自己感觉有十足的把握，确定"这个结论绝对没有错"之前，一定要不惜挪动双脚亲自走访现场。事实上，我从来没有一次是在企划室中研究数字之后，就得出结论的。

6.3.4 专家意见

专家研讨会是收集信息观点的重要形式，可以实现研讨、论证、评估、评议等功能。

例如，华为公司每年要进行不确定性的研讨和识别，明确公司面临的关键不确定性，并由公司战略部及相关部门开展研究分析，制定应对策略并跟踪。任正非曾说："在我们顶部设立一个思想研究所，我们的高级专家、高级干部可以在这个思想研究所里面进行头脑风暴，来理解未来世界的可能方向。"

通过组建专家委员会，邀请不同方面的专家就特定问题从不同角度发表意见，可以对研究对象的性质、趋势等进行快速判断，并形成一定的结论性意见（包括不能达成共识的情况）。任正非强调，专家委员会主任首先要有战略洞察能力，同时专业性和责任心对专家委员会的运作质量也至关重要；解决方案的专家要一专多能，对自己不熟悉的专业领域要打通求助的渠道。

德尔菲法（Delphi method）也是征询专家意见的重要形式。德尔菲法也称专家调查法，1946 年由美国兰德公司提出，作为问卷调查的升级版，其本质上是一种匿名反馈函询法，大致流程是对所要预测的问题征得专家的意见之后，进行整理、归纳、统计，再匿名反馈给各专家，再次征求意见，并再集中、再反馈，直至得到一致的意见。

德尔菲法是集众智，不断凝聚专家共识的过程，可以避免会议研讨时声音最大或地位最高的人引导或控制群体意志，是一种有效的判断预测的方法，常用于技术预见等工作。德尔菲法流程图见图 6.4。

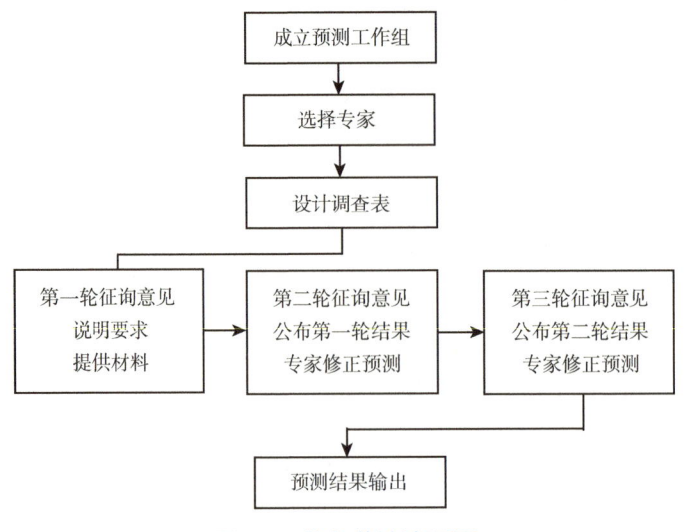

图 6.4　德尔菲法流程图

6.4 科学方法

20世纪80年代，数学家华罗庚向社会推广"统筹法"和"优选法"时，提出了制订规划所选用的数学方法应注意四个问题，这对于硬咨询研究也具有参考价值。

（1）科学方法要适应我国经济和工业生产的实际情况。
（2）应该尽量用最现代的方法。
（3）要经得起实践的检验。
（4）要从理论的高度进行分析。

6.4.1 数据测算

硬咨询强调证据驱动，而数据是最重要的证据之一。数据指标是定量描述经济社会发展状况（如问题重要性、严重性以及发展变化趋势）的参数，是科学认知的体现和决策的重要依据。翔实的数据支撑和科学的定量分析是硬咨询的基本手段和方法。

注意要点：一是避免论述决策层可能把握更准确的信息，如"我国石油储备仅45天"；二是避免用过时的数字，如5年或者更早以前的数据；三是数据估算的验证，如总量与人均是否合理自洽；四是数据口径的问题。

最重要的一点：错误的数据有毒！

> **案例25：中美贸易战对中美两国影响的测算**
>
> 2020年，香港中文大学刘遵义教授为中国发展研究基金会撰写了《贸易战和新冠肺炎疫情对中美经济关系的影响》的论文，对中美贸易战和新冠疫情对两国的影响进行了测算：
>
> > 2019年，中美双方相互征收进口关税，这无疑对两国经济都造成了不利影响。同年，美国对华商品出口额占其国内生产总值的0.5%，而中国对美商品出口额占其国内生产总值的3.0%。因

此，加征关税预计会对中国经济造成的影响更大。然而，美国国内完全增加值含量（直接和间接）占美国出口额的89%，中国国内完全增加值（直接和间接）占中国出口的66%。假设中国对美出口减半，那么中国国内生产总值会遭受大约 1%的损失，约合 1350 亿美元（按 2019 年的价格计，其他美元价值也是如此）。假设美国对华出口减半，那么美国国内生产总值将会遭受大约 0.22%的损失，约合 470 亿美元。这对于美国经济而言，影响并没有多大。据估计，如果中国停止对美出口，中国经济遭受的损失预计最高占其国内生产总值的 19%。如果美国停止对华出口商品，美国经济遭受的损失预计只占其国内生产总值的 0.44%。

测算结论：无论是在绝对层面，还是相对层面，中国为贸易战付出的潜在代价会比美国更高。

6.4.2 典型数据谬误

1. 样本误区

国务院发展研究中心原主任李伟曾经举过一个例子：

"一个报告讲世界 500 强企业中与我国有经贸往来的美国企业对华态度，行文里写道 56%的企业认为什么，57%的企业认为什么，我逐个加上了'样本企业'的字样。因为，样本企业就那么几十户，不是对所有企业的调查问卷，所以一定要明确口径、明确标准。还有，到底是环比还是同比,一定要让别人搞清楚,让看的人搞明白,等等。"

2. 平均值误区

人们可能在一个平均水深只有 50 厘米的湖里淹死，因为湖中央水深可能达到 2 米。

3. 比率误区

《华盛顿邮报》报道过一篇题为《飞机失事率创 13 年来新高》的文章。与其他许多滥用"比率"这一概念的报道一样,这篇报道根本就没有写关于比率的内容,仅仅写了死亡人数和事故总数。后来报社不得不做出更正,指出了每百万次飞行所发生的事故次数——也就是真正的比率,即"多少中占多少"——一直在逐年下降。如果一开始报道的标题只是《飞机失事次数创 13 年来新高》,严格来讲才是准确的。

4. 指标误区

在讨论某种物质排放到空气中所产生的影响时,有人引用每吨该物质排放所造成的死亡人数,或者每万名接触到这种物质的死亡人数,其他人可能会引用该物质排放所造成的年死亡人数,或者 10 年的死亡总人数——有许多选择可以让事情显得更好或更坏,同时相对风险和绝对风险指标和观感也不一样,要注意区别并适用。

5. 统计强度误区

一种污染物导致的发病率比原发病率高 10 个百分点,两者之间未必存在有意义的关联,但如果发病率高出 10 倍,那么两者很可能存在关联。

6. 相对与绝对误区

1996 年,《柳叶刀》和《英国医学杂志》发表的文章引发了"避孕药恐慌"。文章表示,低剂量的某避孕药使用导致血栓形成的风险加倍。但是,"加倍"到底是什么意思?后来对《柳叶刀》的一封批评信指出,血栓的绝对风险本来就很小,绝对风险加倍也不会增加太多危险,大约每 1 万名使用者只增加 1 例。

6.4.3 统计分析

统计分析是数学技术的一种,指的是利用数学建模,对通过调查获得的各种数据及资料进行数理统计和分析,形成定量的结论,从而为预测决策提供支持。

常用的统计分析方法是回归分析(regression analysis)法,主要用于确定两种或两种以上变量间相互依赖的定量关系。

回归分析类别：按照涉及的自变量多少，分为一元回归分析和多元回归分析；按照因变量的多少，可分为简单回归分析和多重回归分析；按照自变量和因变量之间的关系类型，可分为线性回归分析和非线性回归分析。

常用的统计分析软件有 Excel、SAS、SPSS、Statistica 等。

6.4.4 层次分析

层次分析法（analytic hierarchy process）简称 AHP，是一种定性和定量相结合的，系统化、层次化的分析方法。该方法由美国运筹学家匹茨堡大学教授萨蒂于 20 世纪 70 年代初，为美国国防部研究"根据各工业部门对国家贡献大小进行电力分配"课题时提出。

AHP 原理：根据问题的性质和预期总目标，将问题分解为不同的组成因素，并按照因素间的相互关联影响以及隶属关系，将因素按不同层次聚集组合，形成一个多层次的分析结构模型，最终使问题归结为最底层（供决策的方案、措施等）相对于最高层（总目标）的相对重要权值的确定或相对优劣次序的排定。

AHP 的主要步骤如下。

（1）建立层次结构模型。一般将决策分解成决策目标、考虑因素、方案选择等从上到下三个层次。

（2）构造判断矩阵。对不同因素赋予不同权重进行两两比较。

（3）层次单排序及其一致性检验。

（4）层次总排序及其一致性检验。

6.4.5 文献计量

文献计量是运用数学、统计学、文献学的方法，定量分析论文专利等知识信息的科学工具，其实质是文献大数据，最本质的特征是，输出结果是"量化"的。

文献计量的对象包括：文献量（各种出版物，尤以期刊论文和引文居多）、作者数（个人、集体或团体）、词汇数（各种文献标识如关键词）等。

通过将计量数据图表化和可视化，可以揭示科技前沿、科技合作等规律信息。

6.4.6 专利地图

专利作为技术信息最有效的载体之一，囊括了全球 90%以上的最新技术情报。据世界知识产权组织的估算，如果能够有效地利用专利信息，可使企业研发工作时间平均缩短 60%，节约 40%的科研经费。

专利地图（patent map）是一种专利情报研究方法和表现形式，它将包括科技、经济、法律在内的各类专利情报进行加工整理，制成各种直观的图表，使其具有类似地图的指向功能，实质是专利文献大数据分析及可视化。

专利地图可以为企业指明技术发展方向，总结并分析技术分布态势，特别可以用于对竞争对手专利技术分布情况进行监视。

6.4.7 系统评价

在循证医学中，系统评价（systematic review）是指针对某一具体的临床问题（病因、预后、诊断、干预疗效）系统、全面地收集全世界所有已发表或未发表的相关的临床研究文章，用统一、科学的评价标准筛选出合格的研究，进行质量评价，用统计学方法进行定量的综合，或用描述性方法进行定性的综合，从而得出可靠的结论，并随着新的临床研究结果出现及时做出更新，属于在分析、综合原始文献的基础上进行的二次研究。

系统评价方法最初是医疗保健领域开发的,以使从业者和政策制定者能够做出循证决策,但这种方法现在被广泛认为是基于证据的政策和实践的黄金标准，并越来越多地用于医疗保健以外的领域。

6.4.8 Meta 分析

Meta 分析，即对具备特定条件的、同主题的诸多研究结果进行综合的一种统计方法。根据循证医学理论，综合高质量 RCT 的 Meta 分析，被视为最高级别的证据。

RCT 是一种尽可能排除个体差异对研究结果的统计性影响的临床试验，一方面基于临床试验统计学的要求进行试验设计和招募参试者，另一方面对参试者进行试验组和对照组的随机分配，以减少个体差异可能导致的统计学试验偏倚，从而得到具有普遍意义的统计学规律。Meta 分析在对有关文献进行定量分析的基础上，通过对同一主题多个独立的研究结果进行综合，提供关于干预措施的有效性和效率的证据，主要步骤包括选题、文献检索与筛选、数据提取、数据分析等。

由于循证医学取得的成效，RCT 被认为是测试和评估政策的最佳方式。

6.4.9 情形推演与情景规划

以博弈思维和流程图形式，对未来可能出现的各种情况进行推演分析和预判。

在情形推演基础上，根据未来不同的情景制定相应的策略和决策，即情景规划（scenario planning）法（图 6.5）。

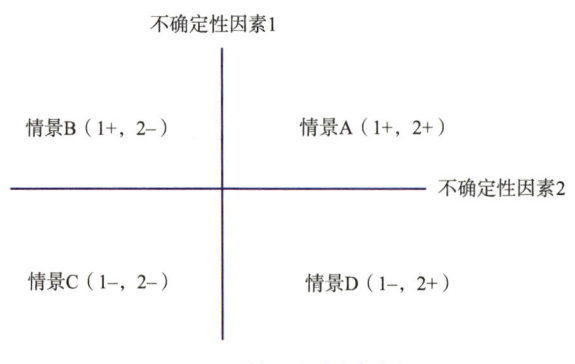

图 6.5 情景规划法坐标

情景规划法的主要步骤如下。

（1）识别影响因素：可采用 PEST[政治（politics）、经济（economy）、社会（society）、技术（technology）]等分析方法，寻找影响发展或制约目标实现的关键因素，经过归类、排序、逻辑与商业直觉判断，确定两个影响度或不确定性最大的因素。

（2）构建情景图谱：以两个关键因素作为两个坐标轴绘制情景图谱，构建不同情景。

（3）制定行动战略：针对每种情景制定战略，选择其中一个作为主情景，对应的战略为企业当前主战略，其他作为预备战略。

据报道，壳牌石油通过情景规划法，成功应对了1973年的石油危机，一跃成为世界第二大石油公司。

6.4.10 技术就绪指数

技术成熟度也称为技术就绪指数或技术就绪水平（technology readiness level，TRL），通过把一类技术或项目，按一定的原则制定分级标准，使此类技术或项目都可以按照所处阶段的不同，进行量化区分，衡量技术或项目的成熟程度，用于衡量技术发展（包括材料、零件、设备等）成熟度的指标。美国国防部和航空航天局的技术就绪指数见表6.1。

表6.1 美国国防部和航空航天局的技术就绪指数

等级	技术就绪指数	定义
1	TRL1：基础理论研究阶段	最初级别的技术就绪等级，科学研究成果刚刚开始向应用阶段转移
2	TRL2：技术概念应用初期阶段	一旦基础理论建立，就开始向应用转化，但是只是简单的应用初期
3	TRL3：理论分析和实验证明阶段	开始实际研发阶段，包括了分析和实验研究，并开始理论验证工作
4	TRL4：实验室环境下样品生产测试阶段	样品器件测试阶段，相比最终系统功能略显简陋
5	TRL5：相关环境下样品生产测试阶段	样品器件的功能增加阶段，并且可在相对接近实际应用的环境测试
6	TRL6：相关环境下系统或子系统模块验证阶段	接近实际应用环境下的原型系统测试，这是一个关键性的阶段

续表

等级	技术就绪指数	定义
7	TRL7：预设操作环境下的原型系统验证阶段	在预设好的操作环境下进行原型系统的验证工作，相比 TRL6 阶段，此阶段更加接近实际应用
8	TRL8：完整系统完成与验证阶段	技术通过预期条件下的验证。一般情况下，这一阶段代表着系统进入最终完善阶段
9	TRL9：最终系统通过特殊要求条件检测阶段	实际系统在要求条件下的最终阶段，能够通过实际环境下的检测和验证

6.4.11 技术路线图

技术路线图（technology roadmap），作为一种"使决策者在未来科技发展远景上达成一致的工具，其过程就是确认、评估和选择各种战略上的可能性，使这种可能性可以实现已有的科技目标"。

技术路线图最早出现在美国汽车行业，20 世纪七八十年代在摩托罗拉和康宁公司使用，20 世纪 90 年代末开始用于政府规划。

技术路线图是一种结构化的规划方法，其横坐标是时间，纵坐标是资源、研发项目、技术、产品和市场，适用于企业产品研发、产业发展规划、区域或国家战略规划。

基于技术路线图制订的发展规划，目标更加明确、路径更加清晰、可操作性更强，因此，近年来很多国家和组织都采用了这种方法来规划科技发展和制定政策战略。

案例 26：国际器件与系统路线图

国际器件与系统路线图（international roadmap for devices and systems，IRDS），前身是国际半导体技术发展路线图（international technology roadmap for semiconductors，ITRS），由美国半导体工业行业协会联合日本、欧洲、韩国、中国台湾的半导体工业协会制作，旨在评估和把握全球半导体工业未来 15 年的技术走向，为企业和学术团体的研发策略提供指导，代表性图例如图 6.6 所示。

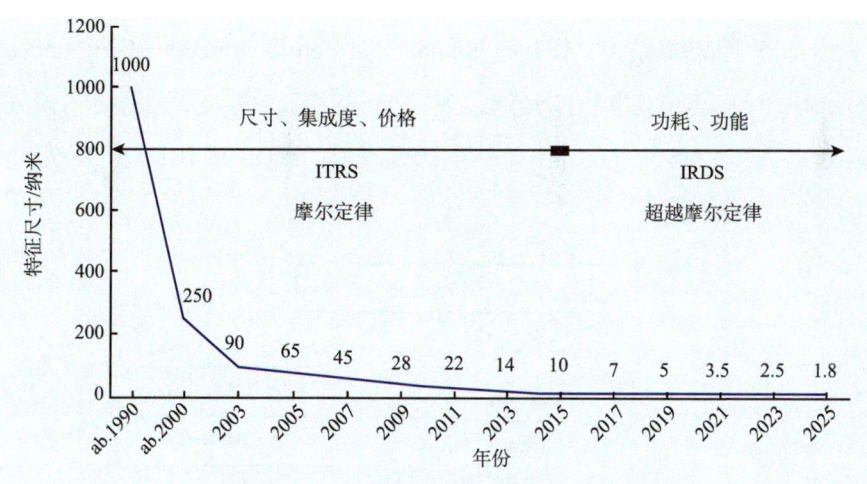

图 6.6　ITRS 和 IRDS 揭示的半导体技术发展趋势

ab.表示大约（about）

多年来，IRDS 总结提炼的半导体产业技术发展规律得到了全球半导体从业者的广泛认可，成为业内人士的必读之物和引证最多的权威文献，同时也是多个国家相关产业规划或者重大项目计划的重大参考。

IRDS 通过前瞻产业技术发展态势，引导各国将创新资源配置到最需要解决的产业重大问题和行业瓶颈问题中，实际发挥了规划引领的作用，成为行业协会发挥智库作用的典型代表。

国际路线图委员会成员由来自五个国家和地区的十余位专家组成，其职责是对 IRDS/ITRS 进行决策和指导，并研究决定内容提纲及分工、重大技术选择，其职责类似于实体组织的理事会。

区域和国际技术工作组负责具体的技术研究和路线图撰写，由 1000 多位来自不同地区的科学家、工程师、行业研究者组成；以 IRDS/ITRS 的分工任务为牵引，形成纵横交叉、有机结合的矩阵式结构；工作中经常通过专题研讨会、视频会等分享交流、争辩探讨、达成共识，因此最终形成的研究成果是在全球芯片制造商、设备供应商、研究团体的共同努力下，众多行业专家群体智慧的结晶。

IRDS/ITRS 管理办公室是该项目的全球枢纽，负责管理路线图的进展、信息更新与发布等沟通协调与推动落实工作。办公室设在由多家芯片制造商和设备商组成的国际技术组织 Sematech（Semiconductor Manufacturing Technology），其成立的目的是通过多家公司参与，共同资助新技术研究，分担创新风险，减少研发成本，共享研究成果。ITRS 和 IRDS 组织机构图见图 6.7。

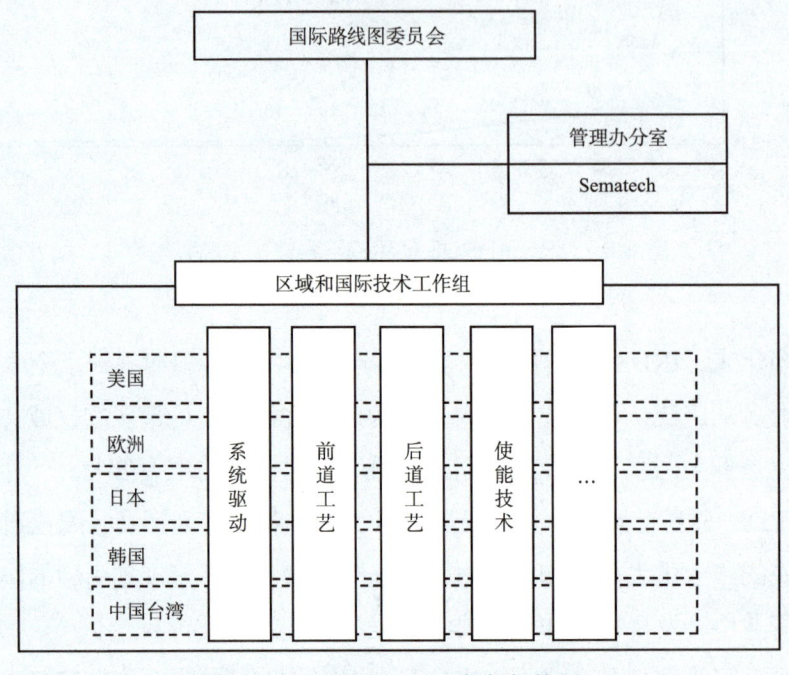

图 6.7　ITRS 和 IRDS 组织机构图

6.4.12　政策模拟

计算机仿真是利用计算机对一定的系统或过程进行虚拟实验和分析研究，被称为继理论、实验之后的第三科研范式。用于政策领域的计算机仿真即政策模拟。

政策模拟是指利用数学和计算机方法，对实际政策问题进行建模计算和模拟仿真。它基于一定的经济计量模型，计算不同政策方案的后果，以便进行政策评价。进行政策模拟时，首先给出不同政策方案的假设条件，即政策变量的数值，或结构参数的变动值，然后用模型计算在假定其他因素不变的条件下，一个或几个因素变化造成的影响，从而回答"如果这样，将会怎样"的问题，这对于提高决策水平具有指导意义。

通过政策模拟或仿真的方法，很多发达国家建立了经济政策模拟系统——政策模拟器（policy simulator，PS），用于指导制定国际贸易政策、国内经济政策等，也有机构用于证券投资分析。我国神州数码集团等公司也开发了类似的政策仿真系统。

案例 27：特高压工程的影响分析

2005 年前后，国家电网公司提出发展特高压之后，一些专家表示反对。根据国家发展改革委原副主任、国家能源局原局长张国宝的回忆：

> 于是我们找到中国电科院的周孝信院士，让大家到中国电科院去参观一下。这个系统可以把全国装机容量在 6000 千瓦以上的发电厂和 110 千伏以上的输变电线路都输入计算机系统，然后用计算机进行模拟，假如说有电厂不发电了或有线路断了，会对全网造成什么影响。因为现实中不可能把哪条线路弄断了，所以模拟计算是可行的。他们的系统证明不搞特高压反倒不行，因为随着今后各个大区装机容量越来越大，一旦跨区的直流特高压出现双极闭锁，缺少有功无功补偿，反而容易把电网拉垮。我们把一些人请到中国电科院参观，其中包括媒体代表。大家看了以后很有信心，计算机模拟证明特高压是应该搞的，是有利于电网安全的，而不是增加了不安全因素。

资料来源：张国宝. 2018. 筚路蓝缕：世纪工程决策建设记述. 北京：人民出版社.

案例 28：杭州湾跨海大桥对钱塘涌潮的影响分析

杭州湾地区是我国经济最发达、人口密度最大的地区，交通运输繁忙。沪杭甬高速公路已经不堪重负。钱塘江的"喇叭"形河口是形成闻名天下钱塘涌潮的成因，但却给交通带来了极大不便。从杭州湾南岸的宁波到上海，必须绕过钱塘江的"喇叭"形河口，要多绕行 120 公里。因此，浙江省人民政府一直想在杭州湾上建一座跨海大桥，形成以上海为中心的江浙沪两小时经济圈。但是对于这座长近 40 公里世界之最的跨海大桥，国务院要求认真论证，其中一个问题是杭州湾跨海大桥项目的建设对钱塘江观潮有没有影响？

建造世界上最长的跨海大桥无疑将是一个世界奇迹。大家担心创造一个世界奇迹的时候毁了另一个世界奇迹。为了获得有充分说服力的科学依据，专家们采取了实体模型涌潮模拟方法进行研究。模型实验数据全部自动采集，在实体模型中模拟出涌潮的形成和发展，以便准确地得到建桥前后潮头高度的变化。经过无数次的实验，通过专家组的鉴定，大桥对钱塘江大潮潮高的影响为 0~2 厘米，钱塘江大潮的平均潮高为 2~3 米，也就是说大桥对大潮的影响在 1%以内。

6.5　严密论证

对硬咨询的要求是综合力与判断力，而这结合为洞察力，从而能敏锐抓住问题的关键所在。

洞察力需要透过现象看本质，这一过程需要推理和论证。王充在《论衡》中说，"事莫明于有效，论莫定于有证"，说明了论证的重要性；《文心雕龙》里说，"论如析薪，贵能破理"，点出了论证的要义。

严密推理和论证的最低要求是不能违反逻辑基本规律，包括同一律、矛盾律、排中律、充足理由律等，而最高境界是如同一个建筑师，通过缜密思考和逻辑写作，构建出一座无懈可击的"城池"。

但在现实生活或论证过程中，很多人容易犯的错误，包括把现象等同于原因（后面还将论述），把事实等同于结论，或者把发现的问题倒过来，当作是给客户的建议，等等。

例如，"业务员没有精神，应该让业务员打起精神""商品没有竞争力，所以要增强商品竞争力"……这些本质上都是逻辑错误。

案例 29：结果不等于结论

美国国家科学院曾经用一个例子说明，在咨询研究中，什么是结果，什么是结论。

结果（调查发现、现象或事实，即 findings）：

Clinicians reimbursed for each service tend to recommend more visits and services than clinicians who are reimbursed under other payment methods.

译文：与通过其他支付方式获得报销的临床医生相比，为每项服务报销的临床医生倾向于推荐更多的就诊和服务。

结论（推论、解释或概括，即 conclusions）：

The prevailing approach to paying for health care, based predominantly on individual services and products, encourages wasteful and ineffective care.

译文：普遍基于个人服务和产品支付医疗保健费用的方法鼓励浪费和无效的护理。

6.5.1 逻辑基本规律

1. 同一律

同一律的要点见表 6.2。

表 6.2 同一律的要点

内容	在同一个思维过程中，同一个概念或者命题要保持相同、统一，不可以将不同的概念与命题混为一谈
要求	思维的确定性
公式	I 就是 I
违反同一律的错误类型	混淆概念、偷换概念或者偷换命题、转移命题

在日常生活中，同一律要求沟通和推理时明确苹果就是苹果，香蕉就是香蕉，前后不能变化，两个人沟通时对同一个概念的理解也要一致。如果无意违反同一律会犯混淆概念和转移命题的谬误，如果有意违反同一律会犯偷换概念

和偷换命题的谬误。

比如，在网络电商买东西，店铺广告写着，"精品腰带买一送一，错过后悔！"下完单顾客收到了一条腰带和一包餐巾纸。因为"一"不同"一"，商家偷换了概念。

又如，一篇题为《茅台酒的来历》的文章内容是这样写的：

"名满天下的茅台酒是以其产地茅台村来命名的。茅台村现为茅台镇，位于贵州省怀仁城西北近15公里的赤水河畔。三四百年前，这里还是一个小小的渔村，因为到处长满莽莽苍苍的茅草，人们就叫它茅草村，简称茅村。公元1745年（乾隆十年），清政府组织开修河道。舟楫畅通茅村，茅村就成为川盐入黔水陆交通的要冲，日趋繁盛，一度成为拥有六条大街的集镇，于是人们又改称茅村为茅台村。从清朝末年起，因为茅台酒名声日震，人口大增，于是茅台村又改为茅台镇，一直沿用至今。"

这里，文章主题由"茅台酒的来历"变为"茅台村的来历"，不知不觉中偷换了命题，于是跑题了。

2. 矛盾律

矛盾律的要点见表6.3。

表6.3　矛盾律的要点

内容	在同一个思维过程中，对同一个事物的说法（概念和判断）不能自相矛盾，不能既肯定又否定
要求	思维的一致性
公式	I不是非I
违反矛盾律的错误类型	出尔反尔、自相矛盾

违反矛盾律就会犯出尔反尔、自相矛盾的错误。

当然，一些广告商或文案策划通过故意违反矛盾律，给人带来很强的思维冲击，就会使人留下深刻的印象从而记住产品。

比如，曾经有一个很著名的保健品广告——今年过节不收礼,收礼只收×××。

这里，前后两句话是互相矛盾的，但广告通过这种逻辑冲突给人带来思维冲击，很容易就给人留下深刻印象。

3. 排中律

排中律的要点见表6.4。

表6.4　排中律的要点

内容	在同一个思维过程中，任何事物在一定条件下只能有一个状态，要么真，要么假，排除第三种可能
要求	思维的明确性
公式	或Ⅰ或非Ⅰ
违反排中律的错误类型	"两不可"错误或"模棱两可"错误

排中律排出真、假之外的第三种可能，意味着两个互相矛盾的说法不能同时为假，或者说不能同时否认两个互相矛盾的说法。

比如，以下情形都违反了排中律。

——世界上有鬼还是没鬼呢？有的人说有鬼，有的人说没鬼，这两种说法我都不赞成。

——这个人被发现死亡了，既不是自杀，也不是他杀。

——甲：你去过日本吗？

乙：没怎么去过。

4. 充足理由律

充足理由律的要点见表6.5。

表6.5　充足理由律的要点

内容	在同一思维和论证过程中，一个命题（理论或观点）被确定为真，必须具备充足的理由
要求	思维的可论证性
公式	命题Ⅰ为真，因为Ⅱ真，并且Ⅱ能推出Ⅰ
违反充足理由律的错误类型	没有理由、理由虚假和"推不出"错误

德国思想家、教育家和哲学家海德格尔说，没有充足理由律，就没有现代

的科学技术，充足理由律是现代科学技术的第一原理。

事实上，无论是科学发现还是推理论证都需要充足而使人信服的理由。如果违反充足理由律，就会犯没有理由、理由虚假和"推不出"错误。

比如，这个电脑一定是外国产的，因为商标是英文的。

这个论述就犯了"推不出"错误。

一个学生说，这次考试我一定能考满分，因为这次我信心足，家人也关心支持我。

这个论述就犯了理由虚假错误。

案例 30：清王朝设立天文算学馆之争

19 世纪 60 年代中，面对严峻的国际形势和摇摇欲坠的政权，以练兵、制器为起点的洋务运动开始了在清王朝体制内的改良和救亡图存。曾国藩、李鸿章、左宗棠、郭嵩焘等洋务派官僚逐渐意识到数学在制器中的重要地位，"咸谓制造巧法，必由算学入手"。1867 年，奕䜣向皇帝申请开设天文算学馆，认为"洋人制造机器、火器等件，以及行船、行军，无一不自天文、算学中来"。然而，奕䜣的这份奏折却遭到了顽固派官僚的强烈反对。

比如，山东道监察御史张盛藻认为，"自强之道，在朝廷，莫如整纲纪、明政刑、严赏罚、求贤养民、练兵筹饷，在臣民唯有讲气节"。用升迁、优俸相诱，让命官、士人习机巧，只能导致重名利、轻气节，无气节的人又怎么会成功？岂非舍圣道而入歧途？

另一位反对者、大学士倭仁上奏认为，"立国之道，尚礼仪不尚权谋，根本之图，在人心不在技艺"。如为求一门技艺而"奉夷人为师"，"夷人"未必肯诚心传授精巧，即使真心传授，所培养的也不过是"术数之士"，古往今来，无有靠术数起衰振危的。他强调，"克敌制胜必求忠信之人，预谋自强必育礼仪之士"，现在让习读诗书的人"奉夷为师"，怎么能指望他们存心正大、尽忠报国？朝廷饮恨议和，当不忘雪耻复仇，岂能师事"夷人"？

从逻辑角度说，顽固派以为注重传统礼义忠信就能克敌制胜，违反了充足理由律。

6.5.2 逻辑推理

逻辑思维的基本形式是概念、判断、推理等。在咨询领域，概念思维主要用于问题界定，判断思维主要用于问题认识，推理思维主要用于论证。

逻辑推理主要包括归纳推理、类比推理和演绎推理三类。

（1）归纳推理是或然性推理，包括简单归纳推理和完全归纳推理，归纳不当会犯以偏概全的错误。

提高简单归纳推理的可靠性的方法：一是枚举的例子数量足够多，考察的范围足够广；二是考察有无反例。

在工程领域，归纳方法主要体现在经验公式、经验系数与经验方法等方面。从经验归纳上升到理论，需要注意两点：一是搞清楚经验归纳与已有理论的关系，是特殊和一般的关系，还是相容或互补的关系？二是要注意具体问题的时空特性和限制条件，一般归纳得到的某种方法或参数往往是特定经验的总结，有一定局限性，套用时要注意当时当地条件，首先进行可行性分析。

（2）类比推理也是或然性推理，类比不当会犯机械类比的错误。

提高类比推理结论可靠性的方法：一是尽可能寻找与被比较对象相同和相似的属性；二是尽量采用对象的本质属性进行类比；三是如果进行量的对比，则结论的可靠性取决于量的精确程度。

（3）演绎推理是必然性推理，代表形式是亚里士多德"三段论"，遵守形式逻辑规则，否则会犯多种形式逻辑错误。

"三段论"从大前提（普适的理论或方法）出发，根据小前提（特殊问题的条件或参数），得出结论。

首先是大前提的选择问题：由于数学模型的局限性，很难建立完全符合实际的模型，这时需要抓住问题主要矛盾而忽略次要矛盾，挑选起决定作用的因素建立模型，切忌求全责备。

其次要对小前提即模型的限制条件有清楚的认识，有的模型对变量范围有明确要求，有的模型对参数有明确限制等，不能不顾条件生搬硬套。

案例 31：多归纳，少演绎

2015 年 11 月，赵树凯在《财新》杂志发表了《听杜润生谈政策研究之道》的回忆文章，里面介绍杜润生认为政策研究需要多归纳，少演绎。

从基本研究方法来说，杜润生经常强调的是思维方式问题，即处理好"归纳法和演绎法"的关系问题。在很多次会议上，特别是对年轻研究人员提出工作要求的时候，杜润生反复告诫大家要多用"归纳法"。在一次中国农业发展战略讨论会上，杜润生在讲话中重点讨论了研究方法问题，他强调政策研究要"多用归纳法，少用演绎法"。

他指出，归纳法和演绎法是两种论据不同的推理、证明方法。演绎法是根据一般原理推论、证明特殊事实的方法，其思维过程是从一般到个别；归纳法是用大量特殊事实推论、证明一般原理的方法，其思维过程是由个别到一般。归纳和演绎是互相联系、互相补充、密不可分的。

为什么要多用归纳法？杜润生从如下两方面进行阐述。

一方面，之所以强调归纳法，是因为"新事物层出不穷，有了归纳法，就可以随时把新事物的发展变化，纳入我们的视野之内，避免犯教条主义错误，对广大中国土地上发生的新事物给以确切评价，用大量经验丰富我们的理论。实践永远是生动的、常青的，永远是走在理论前面的。有些新事物虽然本身没有多大力量，还不普遍，还没有起到左右全局的作用，但它有一种指路的作用"。

另一方面，之所以强调归纳法，是因为"我们过去分析问题时沿用演绎法，有不甚妥当的地方。把固定于自己头脑中的个别结论，当作指导一切的原则前提，用于推断一切。在前提不定的条件下，应用演绎法代替了真正的综合"。

6.5.3 典型逻辑谬误

1. 前后矛盾

例如，阿富汗自然资源丰富但开发不足，当前形势依然严峻，尚不具备科技合作条件；中阿合作已有样板工程，如艾娜克铜矿和阿姆达利亚油田项目，急需考虑部署战后资源环境科技援助和合作。

2. 样本不足

例如，如果你站在纽约第五大道和 58 街交叉路口的西南角，观察来来往往的行人，那么你很快就能得出这样的结论：大多数纽约人都漂亮和苗条，最重要的是富有。人们衣服上的每一根线、每一个金属扣眼、每一个折缝都闪耀着金钱的光芒。但是，这并不是故事的全部。要知道，你所站的位置是纽约最大的奢侈品店之一波道夫。如果你在贫民窟观察，得到的将是完全不同的结果。

3. 混淆变量

混淆变量也称为额外变量，是与自变量和因变量均相关的变量，该变量使自变量和因变量间产生虚假的关系。例如，随着年龄增加，年收入增加，同时患癌症的概率增加，年收入与癌症之间的关系完全是年龄造成的，控制了年龄这个变量之后，年收入与癌症之间关系的显著性将不复存在或不确定。这种情况经常用来解释相关不等于因果关系，因为可能存在第三个变量同时影响两者。

4. 社会期望偏差

在涉及种族、抑郁症、性行为、吸毒甚至身体功能等话题时，调查结果往往无法反映出人们的真实态度，因为你最想获取的信息恰恰是受访者最想隐藏起来的，受访者总是会注意自己回答问题的方式，以便给别人留下好印象。

最著名的例证就是所谓的"布莱德利效应"（Bradley effect）。1982 年，黑人汤姆·布莱德利（Tom Bradley）竞选加利福尼亚州州长。在选举结束后的民意调查中，该州的很多选民都对调查者说自己把票投给了布莱德利，以致布莱德利的支持率大幅领先于其对手——一位白人竞选者，但其实他们悄悄地把票投给了白人竞选者，最终使那位白人以微弱优势胜出。之所以出现这种现象，就是因为白人选民不愿意表现出自己种族歧视的一面，通常会向调查者撒谎，表示会支持黑人竞选者，但在实际投票时，他们仍然会选择白人。用来解释相关不等于因果关系，因为可能存在第三个变量同时影响两者。

5. 幸存者偏差

1941 年，第二次世界大战中，美国哥伦比亚大学统计学亚伯拉罕·沃德教授（Abraham Wald）应军方要求，研究飞机应该如何加强防护才能降低被炮火击落的概率的问题。由于战争后返航的飞机机翼上布满了弹痕，因此军方一开始认为"应该加强机翼的防护，因为这是最容易被击中的位置"，但沃德教授的研究结论相反，他认为机翼是最容易被击中的位置，机尾则是最少被击中的位置，但要强化机尾的防护，理由如下。

（1）统计的样本，只涵盖平安返回的轰炸机。

（2）被多次击中机翼的轰炸机，似乎还是能够安全返航。

（3）并非机尾不易被击中，而是因为机尾被击中的飞机早已无法返航，寥寥几架返航的飞机都依赖相同的救命稻草——引擎尚好。

军方采用了沃德教授的建议，并且后来事实证明该决策是正确的，即看不见的弹痕却最致命。这个典故被后人用一个术语概括——幸存者偏差，而偏差产生的原因是未幸存者已无法发声，也就是当取得信息的渠道仅来自幸存者时，此信息可能会与实际情况存在偏差。

6. 伯克森悖论

伯克森悖论是美国医生和统计学家约瑟夫·伯克森在 1946 年提出的一个问题。他研究了一家医院中患有糖尿病的病人和患有胆囊炎的病人，结果发现患有糖尿病的人群中，同时患胆囊炎的人数较少；而没有糖尿病的人群中，患胆囊炎的人数比例较高。这似乎说明患有糖尿病可以保护病人不受胆囊炎的折磨，但是从医学上讲无法证明糖尿病能对胆囊炎起到任何保护作用。

伯克森悖论是一种统计偏差，产生的最主要原因是：忽略了身体健康而没有入院的人，只在医院的病人中进行统计，这些病人一定患有这样或者那样的疾病。所以，如果患者没有糖尿病，那么就一定患有其他疾病，例如胆囊炎，这就形成了糖尿病与胆囊炎负相关的假象。

7. 滥用实例

大前研一曾说，假如叙述某一历史事实是为了证明某种一般的真理，那么就一定要准确无误地阐述与这一论点相关的一切，把事实确切而详尽地展现在读者面前。当无法详细讲述一个事实时，可以用其他实例补充证明。有些人不去弄清楚一个事实，而只满足于肤浅地举出三四个实例，造成一个似乎很有说服力的假象。对于那些反复出现的事情，即使举出一堆实例也没有任何意义，因为别人也可以轻易地列举一堆相反的实例来反驳。倘若有人举出一堆多路进攻遭到惨败的战例，那么我们也可以举出一堆多路进攻获得胜利的战例。可见这样做没有任何意义，得不出任何结论。

第 7 章 工程方法

工程科学技术在推动人类文明的进步中一直起着发动机的作用。[1]

——江泽民

---

[1] 出自《江泽民思想年编（1989—2008）》第 496 页。

7.1 工程的特征

工程是人类有组织、有计划、有目的地利用各种资源和相关要素构建及制造人工实在的活动，是直接生产力。

工程是技术要素、非技术要素等多种要素集成的系统，技术要素是工程的基本和核心内涵，但也同时受到社会、经济、文化、政治等边界条件和因素制约。工程系统的构成如图 7.1 所示。

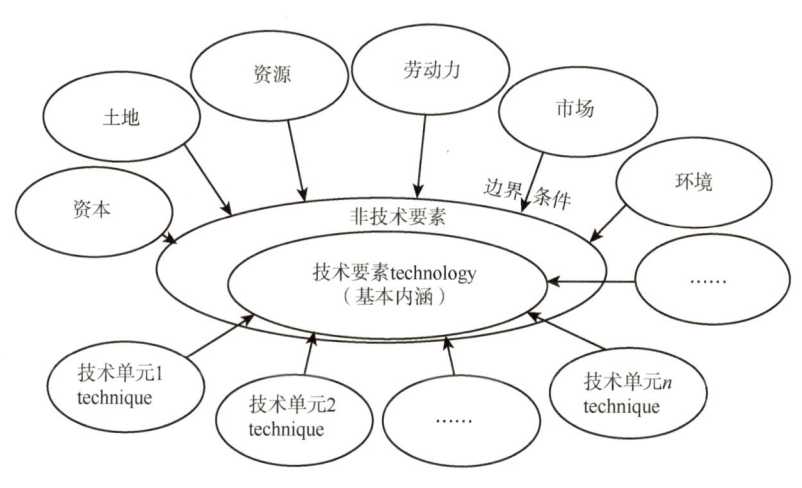

图 7.1 工程系统的构成

资料来源：殷端钰等（2017）

中国工程院院士殷端钰等认为，工程的特点包括以下几点。

（1）工程必须关注结果和目标的实现。

（2）现代工程是多学科跨领域的科学技术集成体。

（3）重大工程必须有必要条件说明。

（4）工程需建立责任制与问责机制。

（5）工程必须关注全生命周期。

（6）工程在解决用户问题的同时也会伴生一些新问题。

如果说科学活动的本质是"探索–发现"、技术活动的本质是"发明–创造"，工程活动的本质则是"集成–构建"，需要交付可靠、可用的成果。

7.2　工程思维

工程以解决实际问题为目标，是在一定边界条件，即在客观自然、经济社会、人文要素和信息环境下，对技术要素与非技术要素的选择、集成、构建、运行、管理。

有学者认为，结构、约束、取舍是工程思维的三大法宝。结构即建立模型把实际问题结构化、模块化，约束即在资源有限的前提下实现"现实世界"的目标，不追求完美解决方案，取舍即综合考量、选择权衡，抓住主要矛盾和矛盾的主要方面。

工程还需立足于自然，将各类知识和基本经济要素转化为价值，如图 7.2 所示。

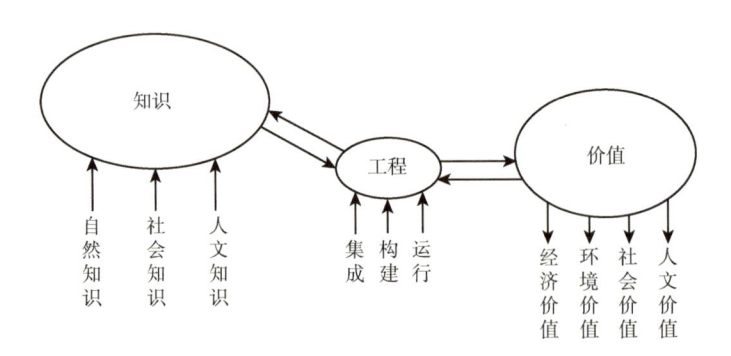

图 7.2　工程把知识转化为价值

资料来源：殷端钰等（2017）

由于工程是科学技术向现实生产力的转化，硬咨询是从科学研究到科学决策的转化，二者逻辑相同，因此，硬咨询可以借鉴工程学的思维和方法。

比如，在日本科技政策方面排名第一的智库——日本未来工学研究所明确，其业务是处理未来的社会经济事件、科学和技术的各个方面，以及它们共同面临的管理和政策问题，并通过工程方法研究提出解决问题的措施。

7.3 工程方法

根据工程的特点，工程规划与决策一般包括如下步骤。

（1）设定问题与规划、决策目标。

（2）规划与决策环境分析。

（3）机会识别、捕捉与创造。

（4）效果评价与反馈、不断总结完善规划和决策。

工程方法从宏观上说，主要包括"三化两法"，"三化"即深化、优化与量化，"两法"即系统方法与集成方法。

深化即宏观与微观、理论与实践相结合，实现科学理论的落实落地，即任正非所说的"向上捅破天，向下扎到根"。

优化即针对实际问题，建立模型调节变量以接近或实现目标，数学上属于运筹学的范畴。要注意各个局部最优不等于总体最优，要实现方案的集优性。（集优性：综合不同方案的优点并将其集成，形成综合各家所长的新方案，即博采众长、自成一家。）

量化即采用具体的数据指标以保证工程系统的统一性和目标的一致性，实现目标可测试验证和度量考核。例如，"保证产品质量达到很高的水平"会造成实际操作有不同理解，但成品率达到 98%就是明确的、可考核的量化指标。

系统方法即把研究对象作为一个系统进行分析，分析原则包括定量分析与定性分析结合，系统与外部环境结合，局部效果与整体效果结合，当前利益与长远利益结合等。

集成方法即围绕目标实现集成利用各种工具包或方法集，包括科学理论与经验知识的集成、多学科综合集成、人机耦合（计算机分析与专家判断）等。通过系统集成，实现方案的总体效果。

7.4 霍尔方法论：工程思维的标准范式

霍尔三维结构是为解决大型复杂系统的规划、组织、管理问题提供的一种思想方法。它将整个系统工程活动过程分为时间维、逻辑维和知识维，时间维可细分为七个阶段，逻辑维也可细分为七个步骤，知识维则是解决问题所需要的多学科知识（图 7.3）。

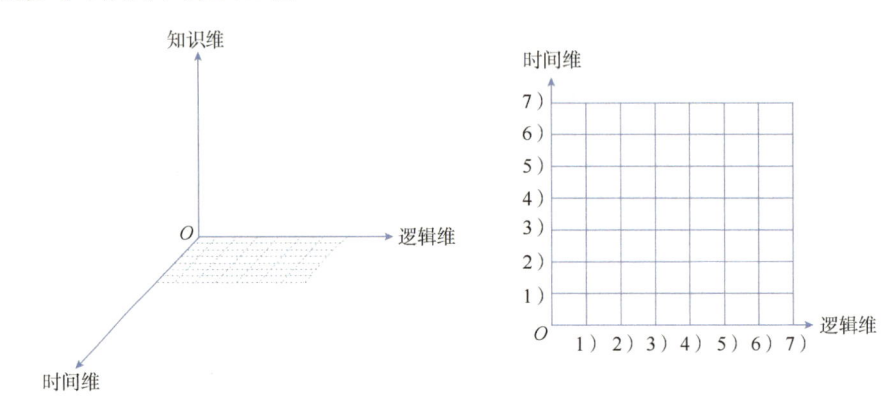

图 7.3 霍尔三维结构图

其中，时间维包括七个阶段：①规划阶段；②拟订方案；③研制阶段；④生产阶段；⑤安装阶段；⑥运行阶段；⑦更新阶段。

逻辑维包括七个步骤：①明确问题；②系统指标设计；③系统综合；④系统分析；⑤优化；⑥决策；⑦实施。

知识维则是为完成各步骤、各阶段所需的多学科知识。

7.5 切克兰德方法论：解决管理问题的标准化流程

20 世纪 40 年代至 60 年代，系统工程主要用来寻求各种"战术"问题的最优策略，或用来组织管理大型工程建设项目，最适合应用霍尔方法论。但进入 20 世纪 70 年代后，系统工程越来越多地用于研究社会经济发展战略和组织管理问题，涉及的人、信息和社会等因素相当复杂，且其中许多因素难以量化。因此许多学者在霍尔方法论基础上，进一步提出了各种软系统工程方法论，其中 20 世纪 80 年代由切克兰德提出的方法论比较系统且具有代表性。切克兰德方法论的问题处理流程如图 7.4 所示。

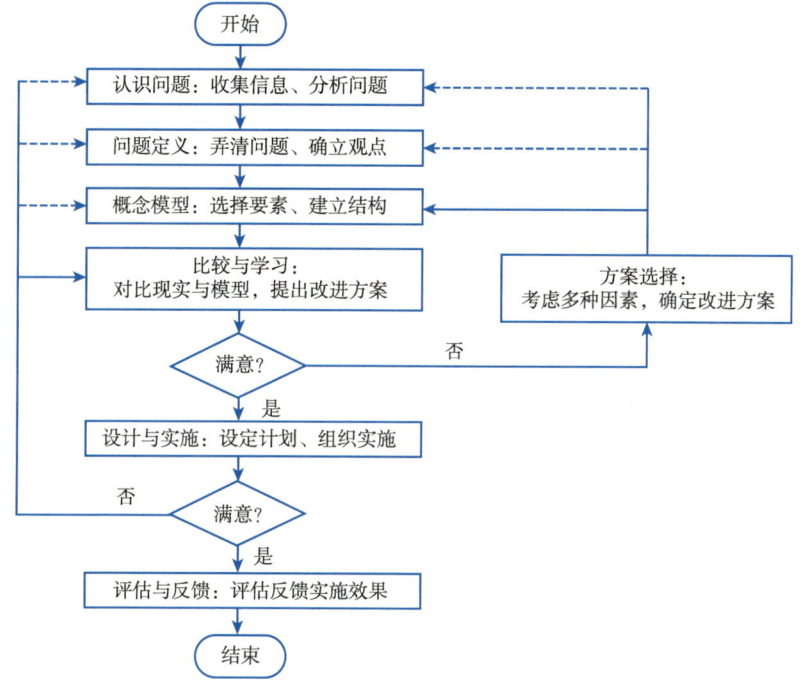

图 7.4 切克兰德方法论的问题处理流程
资料来源：殷端钰等（2017）

切克兰德方法论的核心不是数学优化，而是调查、比较，或者说学习，从现状调查和模型比较中，学习改善当前系统的途径。因此，霍尔方法论被称为硬系统工程方法，而切克兰德方法论被称为软系统工程方法。

7.6 大系统分解与协调方法

大系统分解与协调方法由丹齐格（Dantzig）和沃尔夫（Wolfe）于 1960 年提出，其基本思想是：先将复杂的大系统分解为若干个简单的子系统，以便实现对子系统局部的正确控制，再根据大系统的总任务和总目标，提出各子系统之间的协调策略，从而实现全局最优化。大系统分解与协调方法如图 7.5 所示。

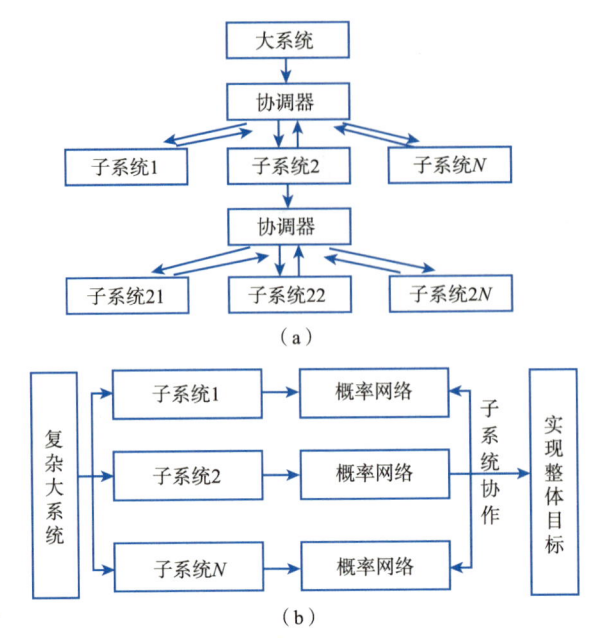

图 7.5　大系统分解与协调方法

资料来源：殷端钰等（2017）

7.7　从定性到定量的系统集成方法

从定性到定量的系统集成方法是钱学森提出的系统工程方法，指的是利用数据信息、计算机技术和专家群体，形成高度智能化的人机系统，核心思想是利用人类拥有的全部知识去解决客观问题，强调复杂系统中人的能动作用。从定性到定量的系统集成方法在我国载人航天工程论证和决策过程中发挥了重要作用。从定性到定量的系统集成方法如图 7.6 所示。

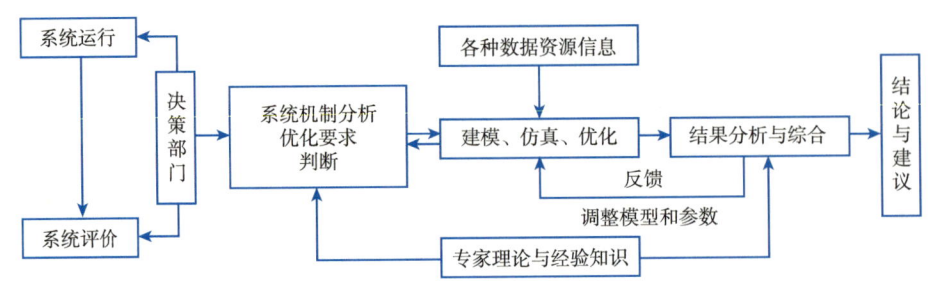

图 7.6　从定性到定量的系统集成方法

资料来源：殷端钰（2017）

7.8 WSR 方法

WSR 是我国学者基于中国文化提出的一种方法，WSR 是"物理—事理—人理"方法论的简称，即将物理、事理和人理三者结合以解决问题的一种系统方法论。

WSR 方法的核心思想是不仅要懂物理、懂自然科学，明白世界到底是什么样的，还应明事理，通晓科学方法论，善于选择科学合理的方法处理事务，更应该晓人理，掌握人际交往的艺术，充分认识系统内部各部门的价值取向，协调考虑各方利益。

WSR 方法强调自然科学、工程技术与社会科学的交叉渗透和综合集成，只有把物理、事理、人理相结合，综合人的理性思维和感性思维，才能在实践中产生好的效果。WSR 方法的含义如表 7.1 所示。WSR 方法图解如图 7.7 所示。

表 7.1　WSR 方法的含义

项目	物理（W）	事理（S）	人理（R）
对象与内容	客观物质世界规律	组织管理和做事的道理	人、群体、关系、利益、为人处世的道理
重点	是什么？功能分析	怎样做？逻辑分析	最好怎样做？可能是什么？人文分析
原则	追求真理，尽可能正确	追求效率，尽可能平滑	追求效果，尽可能灵活
所需知识	自然科学	管理科学、系统科学	行为科学、人文知识

图 7.7　WSR 方法图解
资料来源：殷端钰等（2017）

7.9 航天"归零"方法

航天是个系统工程，涉及多学科领域和大兵团作战，它与其他行业的不同之处在于，更强调"风险"，关注"偶然"和"似乎不可能发生的问题"，一个环节、一个产品、一个零部件出现问题，就可能导致系统的整体失败，所以航天领域需要高度重视产品质量问题，用一个公式来表示就是：

$$100-1=0！$$

这就是航天质量问题"归零"的概念。

叶培建院士等认为，"归零"指的是一旦出现了故障，要从第一步到最后一步逐一溯源，抛弃主观臆断，重新一一验证，直到问题解决。因此，航天科研始终贯穿质量第一，质量就是政治，质量就是生命的理念。

航天质量问题归零包括技术归零和管理归零"双归零"。其中，技术归零有五条，包括定位准确、机理清楚、问题复现、措施有效、举一反三；管理归零也有五条，包括过程清楚、责任明确、措施落实、严肃处理、完善规章。以上也合称为"双五条"，既是工作要求，也是工作步骤，有利于进一步吃透技术，深化认识，找准问题，解决问题，确保成功。

7.9.1 技术归零

定位准确是归零前提，找到问题发生的准确部位，才能明确解决问题的对象。

机理清楚是归零关键，只有找到发生问题的根本原因，才有治本的依据。

问题复现是归零手段，是验证定位和机理分析的有效措施。

措施有效是归零核心，是解决问题的落脚点。

举一反三是归零结果延伸，是防止同类质量问题重复发生的有效方法。

7.9.2 管理归零

过程清楚是基础，只有了解清楚问题发生、发展的全过程，才能准确找到产生质量问题的薄弱环节和管理上存在的漏洞。

责任明确是前提，只有明确阐明问题发生在哪个环节，明确责任单位（部门）、岗位，管理改进才能有的放矢。

措施落实是核心，不仅要落实到管理文件上，更要落实到工作职责上。

严肃处理是手段，通过加强质量管理制度的宣贯和吸取发生质量问题的教训，提高教育职工自身的质量意识，提高管理者的责任心；同时，对严重违章者也必须给予适当的行政或经济处罚，以加强教育的作用。

完善规章是结果，将取得的经验教训用规章、制度进行固化和推广应用，形成、补充、完善不同层次的文件，起到预防的效果。

需要指出，航天质量问题发生后，技术问题就归入技术归零，管理问题就归入管理归零，有的问题双重兼有，需进行"双归零"。同时需要注意，所有技术归零问题一定有管理问题存在，还需进行管理因素分析。

航天领域的"双归零"和"双五条"对智库以问题为导向开展硬咨询研究有很高的借鉴价值。

第 8 章
分析精辟

只要把战略形势讲清楚，问题就好办了。[1]

——毛泽东

---

[1] 出自《邓小平文选：第 1 卷》1994 年版第 198 页。

8.1 形势决定选择

俗话说，形势比人强。又说，非常时期行非常之事。科学判断形势是我国革命、建设和改革成功的宝贵经验，也是决策者提出和制定正确的路线、方针、政策的基础。

政策取向和政策举措不仅是问题的产物，也应是形势的产物。政策是应运而生的，也需要与时俱进，但前提是准确识别世界政治、经济、科技等发展大势及其变局，准确把握所处的历史方位和现实条件。因此，历年政府工作报告，或者历次党代会报告，在谈未来工作考虑之前，必然会先分析形势与任务、机遇和挑战，其中的判断都是决策层或智囊团思想智慧的结晶。

> **案例 32：《论持久战》对抗战的分析**
>
> 1938 年 5 月至 6 月，即全民族抗战爆发后不到一年，毛泽东对战争形势做了精辟的分析，他在延安抗日战争研究会上发表《论持久战》的讲演报告。该报告从批驳抗日战争的两种论调"中国必亡论"和"中国速胜论"出发，全面分析了抗日战争所处的时代和中日双方的基本特点，指出抗日战争的形势和趋势：中国不会亡，但也不能速胜，抗日战争将是一场持久战，必须经过战略防御、战略相持、战略反攻三个阶段，从而科学论证和准确揭示了抗日战争的发展过程和规律，指出了中国争取抗战胜利的正确道路，从思想上武装了全党、全军和广大人民，极大鼓舞和坚定了广大军民争取抗战胜利的信心和决心。

8.2 透过现象看本质

人们在思考和解决问题时，经常犯的一个错误是把现象与原因混为一谈，或者没有分析原因仅凭主观臆断，就进入到做出判断、提出解决方案阶段。把现象等同于原因，或把事实等同于结论，都是没有抓住问题的根本的表现。

现象是事物表现出来的，能被人感觉到的一切情况，是能够被看到、听到、闻到、触摸到的东西。原因是造成某种现象的条件，或引发某种结果发生的条件。

比如，在国内机场经常听到的广播"您所乘坐的航班由于流量控制原因无法按时起飞"就是民航方面把现象（事实、结果）混淆为原因了，因为流量控制只是一个结果，背后真正的原因可能是天气恶劣、目的地机场无法接收、军方占用空域等。

又如，高烧不退医生一定要找到病根，找出是什么引起了发烧，如果是因为腿部受伤化脓了，把这个伤口治好了，就不发烧了。所以，现象和原因是两个不同的概念，需要严格进行区分。

再如，少子化问题。以日本为例，在20世纪70年代前半期，日本一年的新生儿人数约为200万人，近年则低于110万人，少子化严重。为此，日本政府设置了负责少子化对策的"内阁府特命担当大臣"等新职位，制定了《少子化社会对策基本法》等。然而，少子化并非问题，而是一个现象，背后的问题是年轻人不愿意生育了。

大前研一曾说，某样商品的销售业绩没有起色，客户认为原因是营业人员士气低落、产品质量不佳、价格太高等，在客户公司的营业现场和相关人员进行交谈后发现工作人员认为的原因与客户大致相同。但是这些其实都不是原因，而是现象。而且，在许多个案中，真正的原因只有一个，而其他都只是这个原因导致的现象。不找出真正的原因，就别指望解决问题。所以最重要的是思考在各种现象之中，如何找出真正的原因，绝不能在列举了各种现象之后就停止思考。事实上，如果营业人员士气不振，大家可以办个活动，吃吃喝喝吐吐苦水之后，大喊一声"从明天起开始加油"，但如果真正的原因是产品有问题，这么做显然没用。

8.3 天气与气候

天气是指一个地区较短时间的大气状况，如阴、晴、冷、暖、干、湿、雨、雪、雾、风、雷等各种大气物理、化学状态和现象，通称为气象，广播和电视中播放的 24、48 小时天气预报说的就是天气。

气候则是一个地区多年的平均天气状况及其变化特征，世界气象组织规定，30 年记录为得出气候特征的最短年限，因此，气候描述的都是大时间尺度的问题，如我国著名气象学家竺可桢发表的论文《中国近五千年来气候变迁的初步研究》至今仍堪称经典。

有一句话形象描述了天气与气候影响下人们的行动：如果你不喜欢现在的天气，可以等几个小时，但如果你不喜欢这里的气候，你就只能搬家了。

制定系统性、长远性、全局性的重大战略时，既要分析短期的"天气"，即气象条件，更要注重"大气候"及其变迁，包括政治气候、经济气候、两国关系气候等，且后者对于战略性决策往往更为重要。

正如波士顿咨询公司日本前总裁内田和成说，无论是经营管理还是商品研发，在进行相关规划时，大部分人只看到未来的两年至三年。其实我们应思考十年后、二十年后会如何，要当一位追梦者。

案例 33：大周期与投资

全球最大对冲基金创始人达利欧认为大周期对投资决策非常重要，"就像生物存在生命周期一样，历史通常也是通过相对明确的生命周期，随着一代人向下一代人的过渡而逐步演进的"，"我研究的所有帝国和王朝都是在典型的大周期中崛起和衰落的，这一大周期存在清晰的标记，我们可以看到自己所处的位置"，"通过研究大萧条期间发生的事情，我得以预测到 2008 年金融危机，并在危机期间进行了良好的投资"。达利欧在投资上看好中国，因为他对 500 年来重大财富和权力变化背后反复出现的模式和因果关系进行了集中考察，对人类历史周期规律进行了梳理总结，从而判断一些国家处于上升大周期，如中国，而另一些国家处于下降大周期，如英国。

8.4 天时地利人和

在形势分析方法论上，要基于辩证思维，用发展的观点一分为二地看待问题。既要看到成绩和机遇，也要看到短板和不足、困难和挑战，看到形势发展变化带来的风险，进而从最坏处着眼，做最充分的准备，朝好的方向努力，争取最好的结果。

其中，中国古人认为成事在于具备天时、地利、人和三方面要素，因此对天时、地利、人和的分析是中国传统的分析框架。

8.4.1 天时

适时则贵，失时则损。

典型例子是俄国经济学家康德拉季耶夫 1926 年发现的商品经济周期性。康德拉季耶夫在分析了英国、法国、美国、德国以及世界经济的大量统计数据后，发现发达商品经济中存在的一个为期 50~60 年的长周期，称为康波周期，每次康波周期都伴随一次主要的技术革命并带来社会经济的大发展，同时会有较大的新兴经济体加入资本主义循环体系。

从蒸汽机的推广应用开始，目前人类社会经历了 5 个经济长波。现在处于第 5 个经济长波的下降期。第 4 波以电子技术、计算机、石化产业的发明为标志，第 5 波以互联网、移动通信和软件产业的兴起为标志。AI 的兴起标志着信息时代进入智能化新阶段。但是，目前 AI 还处于初级阶段，再经过几年的推广普及，也许到 2030 年左右，将出现以 AI、大数据、物联网、生命科学等技术为标志的经济高速发展的第 6 波，但从第 4 波到第 6 波都属于信息时代。对经济长波的预测，如图 8.1 所示。

第4波　电子技术、计算机、石化产业

第5波　互联网、移动通信、软件产业

第6波　AI、大数据、物联网、生命科学

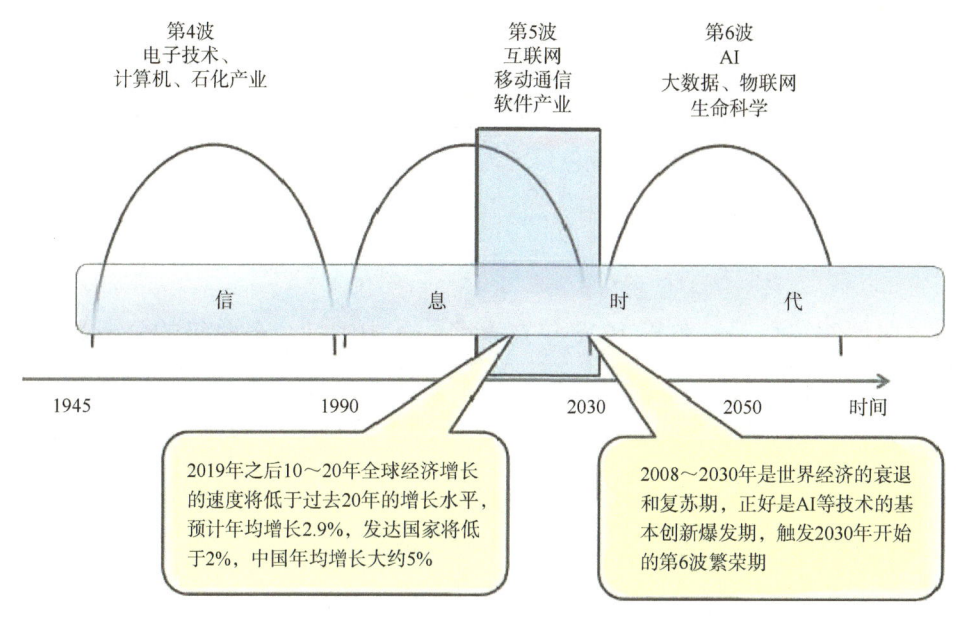

信　息　时　代

1945　1990　2030　2050　时间

2019年之后10～20年全球经济增长的速度将低于过去20年的增长水平，预计年均增长2.9%，发达国家将低于2%，中国年均增长大约5%

2008～2030年是世界经济的衰退和复苏期，正好是AI等技术的基本创新爆发期，触发2030年开始的第6波繁荣期

图 8.1　对经济长波的预测

资料来源：中国科学院科技战略咨询研究院和中国科学院学部科学普及与教育研究支撑中心（2020）

8.4.2　地利

典型例子是瑞典政治地理学家契伦提出的地缘政治学。地缘政治学指的是一个国家依据地理因素对安全政策的统筹规划，或运用地理学为政治目的寻求指导方针的艺术或科学。它把地理因素（如地理位置、国土面积、人口、民族、资源、经济实力及战略军备等）视为影响甚至决定国家对外政治决策的一个基本因素，并依据这些地理因素和政治格局的地域形成，分析预测世界或地区范围的战略形势及有关国家的政治行为。地缘政治学至今仍是西方很多国家制定国防和外交政策的重要依据。

地缘政治学也被称为地理政治学，与之相似的是经济地理学，其是研究经济活动区位、空间组织及其与地理环境相互关系的学科。1760年，俄国科学家罗蒙诺索夫在《地理考察》中首先提出了"经济地理学"这个名称，指出研究国家经济必须结合地理条件来进行。传统的经济地理学分为农业地理学、工业地理学、商业地理学等，20世纪90年代以来，经济地理学研究出现了两大新的变化，其一是空间经济学的再度兴起，其二是文化和制度转向。总之，经济地理学与发展阶段、制度环境、文化传统和意识形态等密切相关，是国家制定发展战略路径的重要学术理论。

8.4.3 人和

典型例子是毛泽东于1925年在著名的《中国社会各阶级的分析》中指出："谁是我们的敌人？谁是我们的朋友？这个问题是革命的首要问题。中国过去一切革命斗争成效甚少，其基本原因就是因为不能团结真正的朋友，以攻击真正的敌人。革命党是群众的向导，在革命中未有革命党领错了路而革命不失败的。我们的革命要有不领错路和一定成功的把握，不可不注意团结我们的真正的朋友，以攻击我们的真正的敌人。我们要分辨真正的敌友，不可不将中国社会各阶级的经济地位及其对于革命的态度，作一个大概的分析。"

8.5 宏观经济分析

宏观经济学是研究整体经济如何表现的经济学分支。微观经济学研究个人如何做出决定，宏观经济学研究微观经济学的整体表现和总体效应，如GDP、经济增长率、通货膨胀、国民收入和失业变化，它对政府理解和预测其决策的长期效果至关重要。

宏观经济学的主要目标是实现稳定的经济增长和最大限度地提高生活水平。它解决的关键问题包括：什么导致失业？什么导致通货膨胀？什么创造或刺激了经济增长？宏观经济学试图衡量一个经济体的表现，了解是什么力量推动了它，并预测如何改善经济表现。

宏观经济分析是指在经济分析中利用宏观经济因素和原理的过程。宏观经济因素包括GDP、通货膨胀、失业、利率、政府货币和财政政策等。这些因素使经济学家和金融分析师能够对一个国家的经济状况做出合适的评估，并能够根据过去和现在的统计数据对经济的未来做出准确的预测。

宏观经济分析还包括对影响经济的政府政策进行研究。当政府有太多不友好的经济政策时，经济环境将对当地企业不友好，这将吓跑投资者，从而阻碍经济增长。这种不友好的经济政策包括过高的税收和进口关税。

经济指标是跟踪宏观经济表现的信息来源。其中，GDP 是宏观经济学的主要指标，而货币政策和财政政策是政府用来控制经济表现和实现宏观经济目标的重要工具。

8.5.1　GDP

GDP 通常用作宏观经济学的主要指标，绝对 GDP 代表了某个时间点的经济规模。GDP 通常由政府按季度或年度计算和发布。

GDP=消费+投资+政府支出+（出口－进口）

根据经验，个人消费推动企业，商业投资促进增长，政府支出维持社会福利，净出口按（出口－进口）计算衡量贸易，正净出口代表贸易顺差，而负净出口代表贸易逆差。

经济增长可以利用一段时间内的 GDP 来计算，如同比增长。

8.5.2　通货膨胀

通货膨胀是整体物价水平的上升，购买力的下降。它主要表现为对产品和服务的需求增加，反过来提高了价格。

然而，如果购买力下降幅度远远超过价格膨胀，导致整体支出减少和货币贬值，那么过高的通货膨胀也是有害的，各国目标通胀率通常要在1%至3%。

8.5.3　失业

失业者是指失业并正在积极寻求就业的个人。退休或残疾的个人不包括在失业者中。失业是自然现象，无法完全消除。我们可以将失业分为不同的类别。

自然失业率=摩擦性失业+结构性失业

实际失业率=摩擦性失业+结构性失业+周期性失业

摩擦性失业发生在个人花时间寻找工作时。当由于经济结构变化而消除工作岗位时，就会发生结构性失业。周期性失业是由于商业周期的波动而发生的。

摩擦性失业和结构性失业的总和称为自然失业，它源于日常事件，如个人换工作或行业因需求下降而萎缩。

自然失业和周期性失业的总和代表实际失业。在经济衰退时，员工被解雇，而在繁荣时期，就业率飙升。

由于就业与经济产出直接相关，因此它是反映经济状况的指标。实际失业率可以衡量经济的短期状况，而自然失业率可以识别长期趋势。

8.5.4 利率

利率是借款人从贷款中支付的回报。它由中央银行设定。由于利率影响消费者决策，因此它是调节经济活动的非常有用的工具。

当利率高时，借贷变得更加昂贵，因此消费者被约束减少支出。相反，当利率较低时，借款更便宜，消费者将被激励花出更多的钱。

8.5.5 政府货币和财政政策

1. 货币政策

货币政策由中央银行实施，是一种影响货币供应量和利率的行动。货币政策有如下两种类型。

扩张性货币政策：在经济衰退时期，政府可以通过实施扩张性货币政策来鼓励经济增长。他们通过从公开市场购买证券，放宽存款准备金要求以增加货币供应量，降低利率目标。

紧缩性货币政策：在经济繁荣时期，长期的高通胀率可能会降低购买力。为了降低通货膨胀，政府可以通过在公开市场上出售证券、提高准备金率和提高利率目标来减少货币供应量并提高利率。

2. 财政政策

政府通过支出和税收来实施财政政策，以引导宏观经济。政府支出影响就业机会和基础设施建设，进而影响流通中的货币。税收影响消费者可支配收入。财政政策也分为两种类型。

扩张性财政政策：为了增加通货膨胀，政府增加支出以增加流通货币或减税，消费者因此有更多的钱可花。

紧缩性财政政策：为了缓解通货膨胀，政府减少支出以减少流通中的货币或增加税收。其结果是可供消费者消费的钱变得更少。

8.6 行业分析

行业分析是企业用来理解和分析某个行业竞争程度的市场评估工具，通过对特定行业过去的趋势及其供需机制进行研究，以了解行业企业未来前景。

行业分析有助于企业了解市场状况，帮助企业预测需求和供应，从而预测业务的财务回报。它可以揭示行业企业的竞争力以及进入和退出该行业的成本。对于小型企业，行业分析有助于确定行业目前处于哪个阶段、行业是否仍在增长、是否有获得收益的空间或者已经达到饱和等。因此，行业分析对于企业评估市场至关重要。

行业分析的内容包括：供需统计、行业内的竞争程度、行业与新兴产业的竞争状况、基于技术进步等因素的未来前景、信用体系、过去和未来其他外部因素的影响等。

行业分析的主要步骤如下所示。

（1）撰写分析概览。通过分析概览给出报告摘要和总体内容，简明扼要地总结要点和调查结果，使读者更容易理解其中的关键点。分析概览的内容包括：简要介绍行业、历史数据、当前行业状态及其增长潜力；描述执行分析的原因以及可能影响行业的具体经济因素；提供有关竞争对手的信息、替代产品或服务以及读者可能发现有用的其他背景信息。

（2）进行详细分析。使用可视化工具进行全面分析，如用图形、图表和图像来呈现信息并强调要点，讨论收入预测、价格波动、市场细分、消费者细分、地理增长和公司过去业绩等主题。

利用现有的财务数据和行业统计数据，预测未来的行业增长。讨论不同竞争因素如何影响行业竞争，如竞争对手及其产品和服务、竞争对手为客户提供的价值、其报价中缺少的功能以及企业利用其弱点的方式等。

（3）给出判断评估。提供行业竞争的短期和长期评估，讨论可控和不可控的因素如何影响公司，并解释处理机会和威胁的步骤，最终给出简明扼要的结论。

8.7 典型分析工具

行业分析的主要方法工具有三种：SWOT 分析、PEST 分析、波特五力模型等。

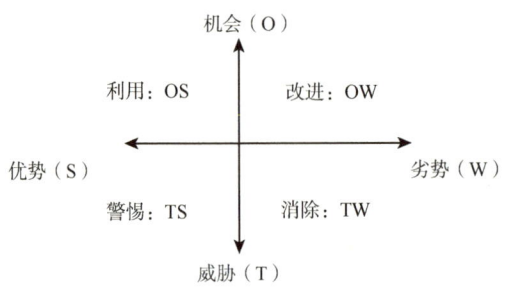

8.7.1 SWOT 分析

SWOT 分析方法由麦肯锡公司提出，是基于企业内外部竞争环境和竞争条件的态势分析方法，包括分析企业的优势（strengths）、劣势（weaknesses）、机会（opportunities）和威胁（threats）（图 8.2）。因此，SWOT 分析实际上是对企业内外部条件进行综合和概括，进而分析组织的优劣势、面临的机会和威胁的分析方法。SWOT 分析可以帮助企业把资源及行动聚集在自己的强项和有最多机会的地方，即把资源分配给机会，从而准确制定战略。

图 8.2 SWOT 分析方法

如果外部的机会正好是你的优势，就需要尽快利用。这个利用方法被称为"机会优势战略"（OS）。

如果外部机会是你的劣势，就需要改进自身劣势。这个改进方法被称为"机会劣势战略"（OW）。

如果外部存在威胁但你具有优势，就需要保持警惕。这一战略被称为"威胁优势战略"（TS）。

如果外部存在威胁又是你的劣势，就需要及时设法消除。这个消除方法就是"威胁劣势战略"（TW）。

8.7.2 PEST 分析

PEST 分析方法是从政治（politics）、经济（economic）、社会（society）、技术（technology）四个方面来分析企业所处的外部宏观环境，便于企业制定战略时从多个维度较好把握宏观环境的现状及变化趋势，有利于企业对生存发展的机会加以利用，及早发现和避开环境可能带来的威胁。

政治环境指一个国家或地区的政治制度、体制、方针政策、法律法规等。这些因素常常影响着企业的经营行为，尤其是对企业长期的投资行为有着较大影响。

经济环境指企业在制定战略过程中须考虑的国内外经济条件、宏观经济政策、经济发展水平等多种因素。

社会环境主要指组织所在社会中成员的民族特征、文化传统、价值观念、宗教信仰、教育水平以及风俗习惯等因素。

技术环境是指企业业务所涉及国家和地区的技术水平、技术政策、新产品开发能力以及技术发展的动态等。

在 PEST 分析基础上，可将其进一步扩展为 PESTLE 分析，即增加法律（law）和环境（environment）因素的分析。其中，法律分析包括研究劳动法、雇佣合同、行业法规及其他法律要求如何影响公司；环境分析包括研究环境问题（如气候变化）对业务的潜在影响。

8.7.3 波特五力模型

哈佛大学教授迈克尔·波特 20 世纪 80 年代提出了波特五力模型，它用于分析影响行业态势的五种力量。

（1）行业竞争对手的竞争：同一行业中的各个企业对市场份额的竞争。加剧行业竞争激烈的因素包括增加固定成本、降低差异化、提高退出成本等。

（2）潜在进入者的威胁：如果行业门槛低、进入容易，就会使商业环境变得有风险。反之，如果行业护城河高，企业就能享受长时间的独特利润。

（3）供应商的议价能力：如果企业依赖于供应商，那么供应商将对业务产生重大影响，它可能直接影响产品的价格和质量。

（4）买方的议价能力：如果行业中有更多竞争对手，客户将拥有更多的谈判能力，如要求更多折扣、更好质量和更经济的价格。

（5）替代产品的威胁：同行企业的类似功能产品作为竞品会影响企业收入经营。

> **案例 34：基于波特五力模型的国产医用内窥镜前景分析**
>
> 医用内窥镜是一种高端医疗器械，国内市场长期被海外巨头把持。近年来，国家政策鼓励国产设备并从注册端到采购端均有所倾斜。在这样的大背景下，医用内窥镜的国产替代前景如何呢？
>
> **1. 行业竞争对手的竞争**
>
> 我国医用内窥镜市场整体表现出外资高垄断的市场格局。内窥镜软镜主要由日本品牌垄断，奥林巴斯、富士和宾得三家占有国内九成以上的市场。国产企业主要集中在中低端市场。由于进口品牌掌握技术以及渠道等先发优势，无形中设立了较高的准入门槛，新进入企业短时间内难以进入市场。
>
> **2. 潜在进入者的威胁**
>
> 软镜光学成像以及电子成像需要相互配合，集成模块数量多，难度大，其主机基本为整机厂商一体化实现，生态相对封闭。当前国内内窥镜行业

处于发展初期，在产业链层层壁垒下，未来仅有少数具备竞争力的国产品牌能够跻身主流竞争赛道。

3. 供应商的议价能力

软镜产品的核心技术被国外企业如奥林巴斯、富士等垄断，这些厂商对上游供应链有强大的掌控力，议价能力很强，导致国内企业很难有议价空间。随着国内技术的不断发展，有望通过 CMOS（complementary metal oxide semiconductor，互补金属氧化物半导体器件）技术替代 CCD（charge coupled device，电荷耦合器件）技术，突破国外企业的技术封锁，在价格方面赢得一定话语权。

4. 买方的议价能力

内窥镜的买方主要为医院等医疗机构，临床医生在内窥镜上的专业意见以及推荐对医院的选择和采购起着关键作用。进口厂商具有先发优势，并通过设定行业标准和培训医生形成用户黏性。因此，临床医生对进口品牌的选择性更高。未来随着国产品牌市场份额的不断增大，医院的选择也越来越多，议价空间将会逐渐加大。

5. 替代产品的威胁

在软镜领域，日本奥林巴斯一家独大，其整体技术壁垒高，国内入局者少，但中高端市场已经出现了有力的本土品牌。国内龙头企业，如深圳开立生物医疗科技股份有限公司、上海澳华内镜股份有限公司开始布局全产业链及高中低端产品线，其相继推出的高清内窥镜产品性能和质量已得到国内外行业专家的高度认可。国产企业通过图像传感和图像处理方面的技术突破，将逐步缩小与进口产品的差距。

第9章
建议精准

　　一支装备充分的军队，在进入战场时所必须具备的，以及一般军事活动所必需了解的大量知识与技能，在最后投入战争使用之前，必须精炼为极少的几条主要结论，这就犹如千条小河在流入大海之前必须先汇成几条大河一样。那些直接进入战争这一大海的主要结论，才是必须被指挥战争的人所熟悉和掌握的。

——克劳塞维茨（西方"兵圣"、《战争论》作者）

9.1 咨询重头戏

毛泽东（1991）说，调查就像"十月怀胎"，解决问题就像"一朝分娩"。

如果说咨询如医道，论证如诊断，建议如开方，建议精准就是对症下药，即提出既客观中肯又切中要害的战略政策。

中国科学院院士陆大道（2019）认为，决策咨询报告一定要是科学的，要符合国家发展的需求，要经得起实践的检验，对每一个结论、每个建议，都要反复掂量：理由是不是成立？论据是不是明确？事实与数据是否可靠，是不是充分？经过如此深思熟虑的结论和建议，才能在可行性和科学性上有所保证。

美国国家科学院指出，咨询建议是针对与政策、实践或后续研究相关的特定参与者的具体行动，应基于科学证据并得到调查结果或结论的支持，不能超出科学证据的强度和范围。

美国国家科学院给出的撰写有效咨询建议的要点如下所示。

（1）用主动语态表达推荐。在每个建议中指定参与者、行动和（如果可行）行动的时间范围。

（2）推荐可以评估的行动。有没有办法判断该建议是否已被执行？如果采取行动，是否有办法评估该建议是否具有预期效果？

（3）如果证据指向一种最佳方式，则推荐实现目标的单一方式。如果提供了不止一种实现目标的方法，请在共识研究报告的文本中提供每种方法的优缺点。

（4）少即是多。只有最重要的想法才能作为建议表达出来。如果建议的数量超过十个，请仔细考虑每个建议的必要性。尽可能简洁地提出建议。

（5）在推荐信中，"应该"总是比"要"或"必须"更合适。请记住，项目委员会和国家科学院都无法强制使建议得到执行。

（6）将推荐行动确定为建议，并使用黑体字突出每个建议的本质。将建议隐藏在背景文本中不利于突出项目委员会的观点。

（7）为清楚起见，可将各种建议集中在小标题下。

（8）使用平行结构。例如，不要用动作动词或动名词陈述一些建议。

（9）避免显而易见。如果一个建议会立即被没有阅读该报告的任何人接受，那么它可能太明显了，不值得包括在内。

（10）除非任务说明中明确要求，否则避免提出预算建议。对组织变革的建议（即创建新的政府机构或委员会）也将在报告评议期间受到更严格的审查。

（11）避免对国家科学院的额外工作提出建议。

9.2 决策者视角

21世纪医学发展呈现的重要趋势包括循证医学、精准医学和价值医疗。事实上，当前医学的关注点还在从"治疗疾病"转变为"维护健康"，即从以治病为中心的临床医学转变为以健康为中心的健康医学，更加关注医学的最终目的——促进人类健康。

医生眼里要有病人，而不是只看到疾病。同样，决策者是咨询业务的用户，硬咨询不仅要看到问题，还要换位思考，转换为决策者视角，不仅要加强决策咨询的系统性，还要关注咨询成果落地应用及其最终效果——客户关系的最高境界是成就客户。波士顿咨询公司有一句话，"把自己的脚放进对方的鞋子里"，即易地而处，站在对方的立场思考问题和了解对方需求。

一个简单例子是，老师问学生"你学习舞蹈几年了"，如果学生直截了当回答"10年"即是决策者视角，而回答"我从5岁开始学习"则是学生的自我视角。同样，"实现5%经济增长的科技政策取向"是决策者视角，而"关于科技支撑经济发展的若干建议"则是自我视角，不容易击中决策者的关注点。

中国工程院要求，咨询研究的目标需要从以下9个方面中至少勾选1项。

（1）法律的废改立。

（2）规章制度的废改立。

（3）政策的制定与完善。

（4）规划及计划的论证与制定。

（5）重大专项、重大工程的论证与设立。

（6）技术路径与技术方案的论证与制定。

（7）第三方评估。

（8）学术引领。

（9）公众引导。

9.3 敢说真话

实事求是是认识论和方法论。毛泽东在《改造我们的学习》中指出："实事"就是客观存在着的一切事物，"是"就是客观事物的内部联系，即规律性，"求"就是我们去研究。

认清事实本质和内在规律是提出咨询建议的前提。在实事求是的基础上，在一些复杂的历史事件或社会活动中，往往还需要敢讲真话坚持正确观点的勇气和担当，也就是需要"不唯上、不唯书、只唯实"敢讲真话的勇气。

案例 35：SARS 病原体之争

2003 年初 SARS（severe acute respiratory syndrome，严重急性呼吸综合征）在广东暴发，北京专家在两例标本切片中发现了典型的衣原体。这个结果还没有结合临床、病原学进行更加深入的研究，衣原体很可能只是 SARS 病人致死的原因之一，而不是致病原因。相关部门和媒体基于这一片面的"事实"就下了结论："引起广东非典型肺炎的病因基本查清"，建议使用抗生素治疗。但当时的钟南山并不这样认为，他用过抗生素的治疗方案，事实证明无效。在广东省随后召集的专家会上，钟南山态度强硬，反对使用抗生素，坚持"非典的元凶不是衣原体，而是病毒"。两个月后，随着 SARS 疫情的蔓延，有些所谓的"权威声音"对外公布称"疫情已经得到了有效控制"。这时钟南山再次顶着压力讲出了真话："根本就没有控制！现在病源不知道，怎么预防不清楚，怎么治疗也没有很好的办法,病情还在传染,怎么能说是控制了?"17 年后暴发新冠疫情,又是钟南山跟其他专家组成员一起进行了细致调查研究和科学论证以后,站出来宣布"新型冠状病毒肺炎是肯定的人传人"。

9.4 以独到脱颖而出

在知识爆炸、信息过载背景下,决策者面对大量千篇一律或似曾相识的政策建议。智库之间的竞争,包括观点的碰撞、思想的交锋日趋激烈。思想市场存在十分激烈的竞争,能否提出让人眼前一亮甚至拍案叫绝的政策建议考验着不同智库的水平,决定着提案或者建议能否杀出重围、脱颖而出。

在美国,众议院有 435 名代表,代表他们的国会选区,任期 2 年,参议院由 100 名参议员(每个州两名)组成,任期 6 年。这 535 名成员中的任何一个都可以提出一项或多项提案。提案人为主要"发起人",其他国会议员如果支持可以作为"共同提案人"。之后提案被送到相关领域委员会(众议院 20 个、参议院 16 个)和小组委员会,并经过辩论、投票等多个步骤,由于过程复杂漫长,大多数提案都无法成为法律。例如,在第 115 届国会(2017 年 1 月至 2019 年 1 月)中,13 556 项法案和决议中只有 867 项被付诸表决,总共只有 3% 的法案和 6% 的决议获得通过。

案例 36:波士顿咨询公司的日本案例

我们(指内田和成)曾受日本信息技术厂商 D 公司委托,为其拟定合作策略。他们的委托内容是:在全球的企业赢家中,哪家是最好的合作对象。

事实上,D 公司早有心仪的合作对象——美国信息技术大厂 E 公司。然而,我的直觉是:即使和赢家联手也没什么用。如果和已跻身赢家地位的 E 公司合作,对 E 公司而言,D 公司很可能只是其众多合作对象当中的一个。D 公司不但很难取得有利的合作条件,合作后恐怕也无法在事业上掌握主导权,搞不好还会被当成 E 公司的子公司对待。我当时认为 D 公司设定的论点"在全球的企业赢家中,哪家是最好的合作对象"是错误的。

相较之下，我认为合适的论点是：和哪家公司联手，自家公司才会跻身赢家地位，并使对方也成为赢家。合作伙伴应各自贡献彼此的专精领域成果，追求共存共荣、建立双赢关系，也就是要有"彼此在联手之后，不单是一加一等于二的效果，而是能变成三、变成四"的想法。

这家信息技术公司最后选择和另一家当时还称不上是赢家的美国企业 F 公司合作，成功开发了手机中的重要系统。该系统此后成为业界标准，D 公司、F 公司也因此同时获得了大幅发展。

如果维持原来的论点，即"在全球的企业赢家中，哪家是最好的合作对象"，并据此进行市场调查，从强项、弱点、技术、服务提供力、市场营销力等方面进行判断，那么必定会得出如下答案：D 公司原先的候选 E 公司是最适合的合作对象。但是，将论点改为"和哪家公司联手，自家公司才会跻身赢家地位，并使对方也成为赢家"后，便可找到其他答案。

"即使和赢家合作也没有用"是我根据自身经验做出的判断。多年前，我曾带领访日的波士顿咨询公司高科技领域顾问，前去探访多家日本大型企业。当时，日本厂商都异口同声地问及"第二个微软在哪里"，他们的想法是希望比其他厂商早一步发现第二个微软，并与对方合作。当时我心里想，难道就不能抱有"和哪家公司联手，自家公司才会跻身赢家地位，并使对方也成为赢家"的想法吗？正是因为有这种价值观与信念，我才会质疑"哪家企业是赢家"的论点，心想：这样问真的好吗？老实说，我当时真正希望厂商问的是"究竟怎么做才能变成第二个微软"。然而没有一家日本企业提出这样的问题。即便现在碰到相同的情况，恐怕也鲜少有日本企业会提出这样的问题。

9.5 理论联系实际

分析问题是"知"，解决问题是"行"，政策举措必须考虑实际情况，不能纸上谈兵。

瑞士军事家约米尼认为，最戕贼天才和最容易误事的，莫过于那些书卷气过重的理论，即中国古话所说的纸上谈兵。钮先钟认为，战略始终是一种经世之学，战略思想必须有助于实际问题的解决，而不可流于空洞的玄想，务实取向是战略思想的基本取向之一。美国战略思想家布罗迪认为，战略思想家的参考构架是纯粹实用的，他不像科学家以发现最后真理为目的，而是志在帮助军事和政治领袖来武装他们的心灵和装备，以便有效和成功地对付敌人。

硬咨询所提出的战略战术和政策建议需要有针对性、指向性、可行性和可受性。

针对性：克劳塞维茨比喻，战争不像一块麦田，不管麦田中麦秆的个别情形怎样，都可以用镰刀将其割刈，其效率只是依照镰刀的质量而有高低之别；战争像一片由大树所构成的森林，所以在运用斧头时，必须正确地依照每一棵树的特性决定如何使用斧头。

指向性：政策建议所指方向要正确或大致正确，避免南辕北辙。

可行性：提出的技术方案要科学合理，技术路线行得通，即路径有效。

可受性：政策建议实施的财务成本要可以接受。因为任何国家的财力、任何政府的预算都有其限度，这是重要的现实边界，要帮决策者打好算盘。

案例 37：规定为何要"三令五申"？

李伟（2011）曾说："为什么现实中不少政策、规定要'三令五申'、'八令十申'，即使如此，其效果也未必理想，在其诸多原因中，这些政策、规定在现实中是否具备可操作性很值得我们反思。"

在高度重视政策设计本身科学性的同时，要更为关注其在经济社会实践中的可行性、可操作性。只有理论和实际紧密结合、在实践中具备可操作性的政策，才是科学合理的、有实际价值的政策。

例如，鸡蛋要变成鸡，光有鸡蛋不行，还必须有温度，这是众所周知的浅显之理。但如果把鸡蛋变鸡的理论用在政策上，在现实社会的复杂环境中，就不是这么简单了，你还必须防止动物偷吃、小孩拿走、天灾人祸、覆巢之忧……，只有在假定没有其他危害条件的情况下，鸡蛋和温度相加才能变成鸡。

9.6 因时因地制宜

政策建议在时间和空间两方面都必须适应其所面对的形势和环境,即要基于前面所述的对天时、地利、人和的精辟分析,否则会与现实脱节。

在因时制宜方面,管理学家德鲁克曾说,战略不是研究我们未来要做什么,而是研究我们今天做什么才有未来。因此,对于要研究的战略问题,相应的政策基点是未来愿景、当前行动。

在因地制宜方面,全球化时代,一个国家面临的重要问题,很少是该国独有的问题,一个地方所面临的问题,也往往不仅是本地的问题。因此,相应的政策基点应是放眼全球、本地行动。

案例 38:关于率先建成生命科学领域世界人才中心和创新高地的建议

2021 年中央人才工作会议召开,要求深入实施新时代人才强国战略,全方位培养、引进、用好人才,加快建设世界重要人才中心和创新高地[①]。中国科学院院士、清华大学教授饶子和研究认为,生命科学和医学研究作为当前最活跃的学科领域之一,也是我国最有可能实现从"跟跑"转变为"并跑"和"领跑"的领域,在解决重大疾病、资源和环境问题等重大挑战中发挥着核心作用。亟须率先建成生命科学领域世界人才中心和创新高地,保障生命医学基础研究得以持续、稳定、活跃地开展,保障人才梯队得以健康、可持续地成长。这既是我国生命科学领域创新发展的迫切需求,也是国际科技交流合作的最大共同利益点之一,为此提出关于率先建成生命科学领域世界人才中心和创新高地的建议。

1. 我国向来重视生命科学领域人才与科技的国际交流合作

党的十八大以来,我国经济社会全面进步。这得益于开放合作中对先进科技的学习吸收,也得益于培养的一批具有国际视野

---

① 《习近平出席中央人才工作会议并发表重要讲话》, http://www.gov.cn/xinwen/2021-09/28/content_5639868.htm[2023-05-09]。

的人才队伍，更得益于融入全球人类命运共同体的正确选择。构建开放、包容的国际交流合作，是长期以来生命科学领域科技创新和人才培养的重要着力点。

早在"文革"前和改革开放初期，我国就坚持开放、包容的科技与人才双向交流。在"文革"前，面对复杂的国际形势和国内经济社会发展面临的巨大挑战，分子生物物理学奠基人梁栋材院士就被中国科学院公派至牛津大学深造，师从诺贝尔奖获得者多萝西·霍奇金（Dorothy Hodgkin）教授；1980年，英国皇家科学院院士、牛津大学教授戴维·斯图尔特（David Stuart）也曾在英国皇家学会资助下，到梁栋材先生的实验室做博士后。双向的科技和人才交流为我国分子生物物理、结构生物学的发展奠定了坚实的根基。

科技与人才流动为新时期我国生物医药科技进步与产业发展提供了新动能。2006年，在科学技术部副部长尚勇牵头推动下，科学技术部、商务部、卫生部、国家食品药品监督管理总局与天津市联合启动"国家生物医药国际创新园产业区"建设，成功引进一大批生物医药领军人才，并孵化出康希诺、凯莱英等一批国内知名的生物医药企业。这是大批生物医药产业人才回流的一次非常成功的尝试。面对新冠疫情的挑战，生命科学领域科技与人才交流是构筑人类命运共同体的必然选择。面对这次新冠疫情，全球科学家的接力合作，大大缩短了药物和疫苗的研发进程。

我（指饶子和院士）带领的清华大学研究团队在国际上率先报道了两个最核心的抗病毒药物靶点，并向全球数百个实验室和科研单位提供了科研样品，为全球抗病毒药物开发贡献了中国科学家的力量，为推动构建人类命运共同体贡献了中国智慧。

但很遗憾的是，近年来，美国等国家频频对我国发动科技围堵和封锁，破坏了国际科技交流合作的和谐氛围，导致合作项目停滞不前、学术会议交流不畅、人才双向流动受阻，国际合作科研成果大幅下降。中国科技领域的国际地位和影响、与同行的互信、合作的成果来之不易，却面临付诸东流的危机，令人痛心疾首。

2. 率先建成生命科学领域世界人才中心和创新高地的建议

越是面临封锁打压，越不能搞自我封闭、自我隔绝，要以进一步扩大双向国际科技交流为切入点，率先在生命科学领域建成世界人才中心和创新高地。

一是要摆正心态、清醒认知。要清醒和准确地评估我国的科技实力，既要充满自信，也要正视差距，保持开放学习的心态；要预防以少数自媒体为代表的新媒体力量在国际合作交流方面的负面甚至错误的"噪声"，预防少数极端言论对科技领域青年人才的错误导向；要看到并善用美国科技界人士对中国同行的善意和与美国政府博弈行动的区别，以科学的理性共推国际合作。

二是进一步加强与国际科技人员的双向互动。利用多种政策手段，如增加中国科学院和中国工程院外籍院士名额，吸纳更多在相关领域具有高深学术造诣的海外华人和友人；推动具有科学传统的学术休假制度落到实处，大力促进海内外现职优秀科学家开展积极的学术互动；增进我国与国际科学界的双向互动以及理解信任，促成国际合作项目的落地。

三是重点关注青年科研人才培育。28～40岁是青年人才创造力最强、学术思维最活跃、上进心最强的阶段，要进一步推动青年人才到国际顶尖实验室学习工作，要积极吸引优秀青年人才"回流"服务国家，引导青年人才在面向国家重大需求的主战场发挥积极作用。要为青年人才营造安心稳定、容错率高的科研环境。

四是持续推动创新要素的配置，营造良好创新生态。对生命科学的基础研究要予以坚定且持续稳定的投入；落实配套政策，鼓励我国科学家发起国际大科学计划，搭建对我国创新体系发挥积极作用的国际科研及应用转化合作网络；在保证国家生物安全的前提下，研究更好的数据开放共享策略和互惠合作模式。

资料来源：引自《学部通讯》2022年第9期中《饶子和：关于率先建成生命科学领域世界人才中心和创新高地的建议》

9.7 寻求次优

实际工程问题最优和最佳都是相对的，没有绝对最佳的工程系统，应把目标定位于探求实用高效的可行解。因此，军队技术人员出身的任正非说，华为公司的管理，只要实用，不要优中选优。

宋健 1986 年在《全国软科学研究工作座谈会开幕词》中指出，决策应追求可行性而不是"最优决策"，因为决策要面对社会现实，存在各种限制条件，人们往往只能从最坏的里面选比较好的，或从好的里面找一个比较平稳的，也就是追求次优、次美，极大中的极小，或极小中的极大。

从数学模型看，"政策选择落在纯粹的政治决定和纯粹的技术决定之间的连续体上"，决策问题类似于求解数学优化中的"鞍点"——从该点出发一个方向是函数的极大值点，另一个方向是函数的极小值点。现实决定了需要从某些方面看来最糟糕的情况里选择一种对其他方面而言效果较好的决策，决策时往往要找到这样的平衡点。

9.8 战役 VS 战争[①]

"不谋万世者，不足以谋一时；不谋全局者，不足以谋一域"，要让决策者至少赢得战争，而避免赢了战役、输了战争。

战略源自博弈。围棋大师吴清源认为，20 世纪的围棋是一种"部分"的围棋，棋手们过于重视局部的得失，21 世纪的围棋将是一种"全部"的围棋，朝着整体、全面的方向发展，而不在局部纠缠，只有重视全盘、整体，才能做出"大模样"，进入棋艺最高境界。

美联社记者罗伯特·伯恩斯在 2021 年 7 月 17 日的文章《阿富汗战争如何显示美国军事力量的局限性》写道：阿富汗战争被证明是一个教训，说明了美国军事力量的局限性。它证明了一个看似矛盾的观点，即打赢了战役但输掉

[①] VS 是 versus 的简写，versus 是拉丁文，表示"相对照、相对立"等意思。

了战争是有可能的。或者它至少还证明了，一支在技术上占优势的部队虽然能够比敌人更有效地杀人，却可能无法取得胜利的结果。

案例 39：任正非讲述的故事

2019 年 9 月，任正非接受美国《财富》杂志采访，用几个例子说明了美国公司为何在通信技术路线选择上输了。

德国确定国家的电信标准是 ISDN（integrated services digital network，综合业务数字网），当德国市场饱和以后，德国公司走向世界时，发现世界已经变了，不需要 ISDN，当然，今天变成 GPON（gigabit passive optical network，吉比特无源光网络），家庭至少获得 1G 或 10G 的支持，所以德国公司就垮了。日本为了防止别的制造商打进日本去，就把上、下行频率标准反过来做，下行频率变成上行频率，当日本市场饱和以后，走向国际市场，发现国际市场不接受，导致日本公司也结束了。

北美的三大设备商朗讯、北电、摩托罗拉，强行推动全世界接受 CDMA（code division multiple access，码分多路访问），接着是 WiMAX（world interoperability for microwave access，全球微波接入互操作性），它们认为 WiMAX 非常好。WiMAX 是电脑公司设计的，在局域网里是非常优秀的，但并没有考虑全球的问题。欧洲公司和中国公司走的是 WCDMA（wideband code division multiple access，宽带码分多路访问）的道路。不幸的是，美国公司的方向走错了，让 WCDMA 赢得了全球通信网络的胜利，美国公司就不存在了，剩下中国公司和欧洲公司。所以，美国公司的死亡，不是华为崛起之过。

日本在 20 世纪七八十年代是全世界电子最强的国家，几乎要把整个美国买下来。20 世纪 90 年代世界电子工业在转型，从模拟电路转到数字电路，数字电路比模拟电路简单很多，我们小公司也能做一点事情。日本在模拟电路方面非常成功，如果当时我们去做运算放大器，简直没有可能。脉冲电路，小公司也有一点可能性了。20 世纪 90 年代，美国规模运用数字电路，相比日本的模拟电路的运算放大器成品率高，因为运算放大器要求严格的线性，成品率只有 5% 左右；美国数字电路用于设计产品，芯片成功率在 33% 以上，美国就重振了电子工业的雄风。当然，今天芯片的成品率是 99% 以上。

9.9 少即是多

按照美国严肃电视节目的通常惯例，如果电视节目播出时长是 1 小时，那么需要准备 4 小时的录像视频内容，即耗片比是 4∶1。反过来，摆到台前供人欣赏的成果，只是幕后素材的 1/4。

参考这个操作，如果咨询报告要求 3000 字的篇幅，那么支撑此咨询报告的研究报告应有 12 000 字的内容。反过来，研究报告需要全面系统，但咨询建议应有限聚焦。

从公文角度，公文报告需要一事一议；从心理角度，信息爆炸时代更需要"爆款思维"——信息混杂会降低关键咨询建议得到重视和采纳的可能性。因此，硬咨询有必要参考奥地利物理学家恩斯特·马赫（Ernst Mach）提出的"物理理论应遵循简单性和思维经济原则"，让政策建议尽可能简化、凝练。

西方"兵圣"克劳塞维茨指出，一支装备充分的军队，在进入战场时所必须具备的，以及一般军事活动所必需了解的大量知识与技能，在最后投入战争使用之前，必须精炼为极少的几条主要结论，这就犹如千条小河在流入大海之前必须先汇成几条大河一样。那些直接进入战争这一大海的主要结论，才是必须被指挥战争的人所熟悉和掌握的。

美国国家科学院提醒其专家：少即是多。只有最重要的想法才能作为建议表达出来，如果建议的数量超过十个，请仔细考虑每个建议的必要性，尽可能简洁地提出建议。

历史上经典的咨询报告，流传下来的往往只是一条建议或者一句话，如中国科学院学部给国家提出的"三大建议"（建议成立国家自然科学基金委员会、建议实施 863 计划、建议成立中国工程院），兰德公司在朝鲜战争中关于"中国将出兵朝鲜"的判断等。

总之，咨询建议要注意：想要一网打尽，最后往往一事无成。

案例 40：大前研一谈咨询建议

给客户的建议，只要有一个就够了。同时给经营者好几个建议，只会让经营者犹豫不决。一句"社长，请做这一项"，经营者很容易就动心了。尤其当经营者明白你收集了庞大的资料、做了无数的分析、进行过许多的实地访谈，才得到一个不容否定的结论时，就更容易采取行动了。这个道理应用在任何类型的客户身上都行得通。日本的经济战略会议，曾大张旗鼓地提出"建言二二五""壮骨改革方案十二项"等建言，真的是愚蠢至极，因为根本无法实行。这些话可以出自评论家之口，但绝不是经营管理顾问该说的话。如果不能明确告诉客户如何实现你所提的建议，这个建议本身就是没有意义的。

9.10　方案评估

英国军事理论家富勒认为，大战略家的第一职责是评估其国家的经济和财政地位，并发现其优劣之所在。

美国国家科学院强调，提出的建议应该是经过评估的，如有没有办法判断该建议是否已被执行，如果采取行动，是否有办法评估该建议是否有预期效果。

一个典型现象是，学术机构的咨询报告往往只能提出问题的解决办法和建议，而工程级别的交付应包括成本规划和可行性分析。

因为，大量政策举措往往不能带来增量资源，而是改变决策者对不同事项的优先级及其财务投入，涉及的是存量的资源转移分配。因此，政策制定者需要像经济学家一样思考或得到他们的建议，而经济学是许多政策制定者必须接受的培训，虽然这并不意味着好的经济分析对于影响政策至关重要（尽管它肯定有帮助），但好的政策制定者总是会问这项新举措的机会成本是多少。

国务院原副秘书长江小涓在《江小涓学术自传》中表示：我国学者似乎较少做论证改革方案或政策效果的研究。然而这种研究很需要。确定了政策目标之后，需要检验多重目标是否彼此相容，或者实现这些目标的手段是否恰当和够用等。记得 2004 年前后，刘遵义先生在《比较》杂志上发过一篇关于社会保障改革不同方案的资金筹措和可持续性问题的论文，有比较详细的数据测算。我当时正好在起草一个文件，有社会保障方面的内容，我把论文拿给一位领导看，他感叹地说，要是这类研究多点就好了，我们都知道应该建立保障体系，但账算不清楚就开始推动，不是负责任的态度。我担任国务院副秘书长期间，联系教育、科技、医改等问题，从很多学术研究成果中受到过启发。但是，总体上看还是讲道理多，详细测算少。这种状况在很大程度上影响了观点的接受程度和实用性。

还有一种情形是，学者们提出一些相对"彻底"和"根本性"的重大建议时，问题看得透彻，思路和道理都正确。但是，决策者们还希望能看到对实施中可能碰到问题的分析和对实施成本的评估，把握好措施的轻重缓急。例如，现在有学者批评说，2008 年国际金融危机爆发后，政府努力救助企业，使市场不能发挥淘汰过剩产能和落后企业的作用，导致问题积累。然而在当时，多国政府都有相似行为，国家之间有合作但更多的是博弈。既有"以邻为壑"，也有"为己筑坝"，为防止本国产业受影响而投入巨额资金，导致了全球性的货币宽松。谁都知道这样做有问题，但都希望让本国企业续命而他国的企业首先倒下。当企业和银行之间存在一个庞大的债务链时，政府必然担心多米诺骨牌似的问题出现，难免让"看不见的手"和"看得见的手"一起挥动。学者们当时和后来提出了许多建议，但比较完整、有测算、可操作、能避免最坏情形的方案并不多。

案例 41：《关于中国社会养老保障体系的基本构想》

《关于中国社会养老保障体系的基本构想》由香港中文大学原校长、经济学家刘遵义写于 2000 年 7 月，发表于 2003 年 4 月《比较》杂志。刘遵义在该报告中，对如何解决社会养老保障体系的资金问题进行了详细测算，包括：①2001 年至 2040 年需要国家新增的基本养老金支出流量；②未达法定退休年龄下岗职工数及补充费支出；③三项（已退职工退休金、在职固定员工账户补充金、未退休下岗固定职工账户补充金）过渡资金支出流量及财政负担测算；④普惠制和补足制下中国城镇社会保障资金支出流量。

报告摘要如下。

总体来讲，本方案的要点可概括为以下四点：

1. 国际国内的经验都证明，现收现付制缺乏可持续性，迟早要过渡到个人账户制；

2. 社会基本养老金必须由政府财政负责支出，但比较普惠制和补足制两种方案，在中国目前的财政状况下，实行补足制更为可行；

3. 为保证社会养老保障体系的安定性和可持续性，尤其是如果决定实行补足制的话，需要逐步延长法定退休年龄和平均教育年龄，但考虑到目前存在的就业压力，延长法定退休年龄可以推迟到 2010 年后再实行；

4. 根据测算，从旧体制向新体制过渡的期间新增的资金支出流量是目前中国经济可以承受的，其资金来源除了来自中央财政外，还包括变现部分国有资产和发行永久债券等途径，因此，健全和发展资本市场将有助于筹集社会养老资金来源。

随着中国加入世界贸易组织的日期日益临近，国企改革问题日显突出，建立有效、健全、具公信力、可持续的社会养老保障制度来支持国企改革、维护社会安定的问题已迫在眉睫。如果中国不能在加入世贸组织后尽快建立起统一规范和完善的社会养老保障体系，将难以应对加入"世贸"对国有企业及国民经济和社会稳定的冲击。

本构想主要包括三方面的内容：

（1）如何为新进入劳动市场的人建立由社会基本养老金和个人公积金账户（以新加坡为代表）两部分组成的社会养老保障体系；

（2）如何采取一次性安排的办法来解决现行体制下所有已退休职工、国企单位在职职工及已下岗职工的养老保障社会化问题。（不包括因国企改革造成的结构性失业问题，其救济方法及一次性安置方式）；

（3）由现行体制向新体制的过渡方案。

9.11　试点策略

政策试点策略与工程领域从小试到中试放大的思维方法是相通的。

国务院原副秘书长江小涓认为：在我国 40 年改革开放进程中，试点发挥了重要作用。如此重视试点，除了"尊重基层智慧和首创精神"外，还有以下几方面的原因。第一，对新的制度或政策的实施效果看不准，需要小范围实测，观察实效和完善改革方案。大部分试点都属于此类。第二，表明此事仅在小范围试行，有进退余地，容易与持不同意见者达成妥协。例如改革早期的农村承包制、建立开放特区、股权分置改革，以及最近几年的农村土地流转改革等。开始时难以统一和拿出普适方案，就从试点起步。第三，允许地方因地制宜推进改革。各地情况差距大，基础不同，有些政策不一定适合所有地方。例如近几年的高考改革，需要地方有较好的工作基础和教育布局，因此就让自愿先改的省市先行试点。第四，有极少数试点是具体部门的"缓兵之计"，当改革呼声很高，上下压力很大时，先说开始"试点"缓解压力，再视情况决定后续政策。第五，还是在部门层面，有极少数试点是"设租"的一种方式。这种试点往往内置优惠政策，或者具有政绩显示度，部门有试点决定权，就会有地方前来"寻租"。近几年政府推进"放管服"力度很大，部门权力消减了不少，极少数部门似乎有通过"试点"来"设租"的迹象，希望不要形成新的势头。

第 10 章
科 学 叙 事

　　如果读者只想知道时间，不要告诉他们钟表的制作原理。

——威廉·E.布隆代尔

10.1 文以载道

1992年4月24日，陈省身、杨振宁、李政道、李远哲应台湾清华大学（新竹）校长刘兆玄的邀请，参加清华大学校庆活动，并在"杰出校友座谈会"上回答师生的问题。

李政道用一个例子讲述了物理与数学的密切关系。

有个人拿着一包脏衣服去洗，看到有家店外面写着"洗衣店"，走进店里，里面的人问他："你干什么？"

他说："我来送洗衣服。"

"我们店不洗衣服！"

"那为什么外面牌子写着'洗衣店'？"

"我们是卖那牌子的！"

李政道进一步解释说，"物理是真正洗衣服的，而数学是那牌子，不过牌子也很重要"。

物理的目的是解释自然界的现象，解释需要用到数学，物理与数学的关系正如咨询报告思想与文字的关系一样。

曹丕说，文章是"经国之大业，不朽之盛事"。但是，决策者不是依据学术论文做出决策，而是参考来自下级的请示汇报或智库报告。曾国藩在《致沅弟·劝弟要在奏折上用功夫》提醒其弟重视奏折写作，"每折（奏折）看二次，一次看其办事之主意，大局之结构，一次看其造句下字之稳否"。因此，咨询报告的形式与内容一样重要，文章遣词造句关系到咨询报告的质量和效果，思想观点很精彩，文字表达也要打动人心，这样才能实现科学研究到科学咨询的有效转化。

案例 42：一个文学家的失意

东汉有个文学家（辞赋家）叫冯衍，字敬通，自幼聪慧，博览群书，写得一手好文章，但一生抱负是在朝廷上当个大官。然而事与愿违，他一开始作为幕僚跟着将军廉丹，雄文游说廉丹"方今为将军计，莫若屯据大郡，镇抚吏士，砥厉其节，百里之内，牛酒日赐，纳雄桀之士，询忠智之谋，要将来之心，待从横之变，兴社稷之利，除万人之害，则福禄流于无穷，功烈著于不灭。何与军覆于中原，身膏于草野，功败名丧，耻及先祖哉？圣人转祸而为福，智士因败而为功，愿明公深计而无与俗同"，廉丹没采纳他的建议战死。

刘玄即皇帝位后，冯衍作为尚书仆射鲍永大将军的谋士，却不想刘玄很快被赤眉军绞死，不得不投降光武帝刘秀，谋得了一个县令职位。但冯衍并不满足，一心想着加官晋爵，他在县令位置上大刀阔斧，来个日食也借机上书提出自己的施政建议，洋洋洒洒 N 条建议（"建武六年日食，衍上书陈八事"），还给刘秀写了长长的自白书，但因为得罪望族和结交外戚不慎等原因，终究"久栖迟于小官，不得舒其所怀"。晚年的冯衍免官归里、闭门自保，著有赋、谏、铭、说等 50 篇，其中尤以《显志赋》著名，他用骈偶对仗、名人典故的华丽文藻，抒发自己失官的感慨和愤懑。在《显志赋》序文中，冯衍表示自己 20 余年来，"虽然正身直行，好侥傥之策，但时莫能听用其谋，故喟然长叹，自伤不遭"。

对于这位失意官场的文学家，刘秀的继任者汉明帝刘庄同样认为他"文过其实"，更令人唏嘘的是，后世的文学评论家刘勰在《文心雕龙》里进一步评价，"敬通之说鲍邓，事缓而文繁，所以历骋而罕遇也"，意即"冯衍建言鲍永和邓禹，所讲之事既不紧迫又文辞繁多，所以虽然多次陈政言事，却很少有人重用他"。

10.2　咨询报告的文风

2015 年，任正非在华为市场工作会议上讲话指出，"我们要接受'瓦萨'号战舰沉没的教训，战舰的目的就是为了作战，任何装饰都是多余的"。

文字和文风也是如此。

2019 年 3 月，中共中央办公厅印发《关于解决形式主义突出问题为基层减负的通知》，强调要"发扬'短实新'文风，坚决压缩篇幅，防止穿靴戴帽、冗长空洞，中央印发的政策性文件原则上不超过 10 页，地方和部门也要按此从严掌握"。

咨询报告也要在"短""实""新"上下功夫。

一是"短"。"短"要求言简意赅、一针见血、观点鲜明、重点突出。西方"兵圣"克劳塞维茨在《战争论》中说，了解所有细节对统帅来说不仅是无益的，甚至是有害的。意即要提高信息价值。

二是"实"。"实"要求言之有物，不讲虚话、假话、套话、空话，不绕弯子、不故作高深，减少内容文字的"多余脂肪"，即要提高信息密度。

三是"新"。"新"要求内容新、数据新、思路新、举措新，不能老调重弹，或者是重复媒体广泛报道过的公知常识，即要有信息增量。

> **案例 43："公文包原则"和"机场原则"**
>
> 美国著名智库传统基金会（Heritage Foundation）要求，所有研究报告必须符合"公文包原则"和"机场原则"，即报告必须能放进公文包中——不能太厚，并且能够在从里根国家机场到国会山（仅几英里）的出租车上完整阅读——不能太长。

10.3 咨询报告的标题

好的文章标题类似好的产品名，是咨询成果的名片，也是咨询报告跟读者打交道的第一句话，决定了咨询报告的打开率和关注度。

一是标题要在准确性和吸引力之间找到平衡，准确性是基本原则，是"锦"，吸引力则是锦上之"花"。要注意避免标题党，不能用哗众取宠、一惊一乍的标题和符号。在准确性的基础上，让标题产生吸引力，要在读者熟悉的元素上添加独特的、新奇的或解决读者记忆冲突的元素，打破人们原有的预期和认知，有时甚至违背读者的预期，因为意料之外的效果更具戏剧冲突感，会使注意力更加集中。通过旧元素、新组合，把熟悉的变新鲜，把新鲜的变熟悉。

二是标题要从单纯地介绍"我是谁"，升级为表述"我是与众不同的谁"。比如，将观点、态度、特质甚至适度情绪融入标题，理性上增加信息密度，感性上激发读者共情。但是，也要避免多中心和多内容指向，增加内容烦琐度和复杂度，如"关于加快科技创新和作物种植结构调整，稳定我国大豆供给的建议""关于加快甘蔗育种和全产业链创新突破，保障国家食糖供应安全的建议"。

三是标题可以突出政策时效，促使决策者尽快行动，如《抓住有利时机，加速煤电体制与机制改革》（周孝信等，2012年）、《抓住战略机遇期，发展航空发动机与燃气轮机先进制造技术》（熊有伦等，2015年）、《抓住历史机遇，建立中国原油期货市场》（张国宝等，2013年）、《及早建设跨区域特高压输变电线路》（张国宝等，2011年）、《统筹全国力量，尽快形成面向碳中和的技术研发体系》（丁仲礼等，2021年）。

案例44：智库报告标题有讲究

国务院发展研究中心党组书记、副主任马建堂曾经指出：标题太重要了！有些同志写的标题大部分都很中性，"关于某某问题的建议与对策""关于某某问题的趋势与对策"，等等，这种标题不是很好。有的时候，领导同志看报告，未必有时间看全文，很可能只看报告标题。所以，标题一定要把文章最核心的内容提炼出来，让领导同志愿意看下去。举个例子，我在原国家行政学院工作的时候，有一篇报告是反映医疗器械创新研发出来以后，审评关、社保关、定价关"三关"过不去，投入不了使用。后来，我改了一个题目，叫"为何创新不驱动？"就得到了领导同志的关注。同志们写报告一定要在标题上下功夫，要醒目鲜明，要有意蕴，要能够引起领导同志的注意。

案例45：标题的广告语思维

营销专家叶茂中提出，好的广告语有三大原则。

（1）一个中心：不要说你想说的话，要说消费者想听的话，以解决或制造消费者冲突为中心。

（2）一个冲突：聚焦核心冲突，不要企图以多取胜，简单背后是不简单的洞察、发现并解决冲突的能力。

（3）一句人话：要便于传播，说消费者能听懂的话，不要追求所谓的"高大上"。

例如，30岁的人60岁的心脏，60岁的人30岁的心脏。

10.4　咨询报告的结构

智库研究的总体逻辑是从认识世界到改造世界，或者从世界观到方法论。相应的，智库报告应该符合逻辑思维从概念到判断再到推理的过程。

咨询报告应逻辑主线清楚、结构层次简单，典型智库报告结构有以下几种。结构1：是什么（提出问题）—为什么（分析问题）—怎么样（解决问题）；结构2：现在（问题现状）—过去（历史成因）—未来（相关建议）；结构3：问题界定—国际比较—政策建议；结构4：问题发生—问题影响与反作用—未来预测—政策建议。

国外智库通常还采用"政策简报"（policy brief）的形式，快速发布对相关政策问题的研究发现和政策建议。政策简报聚焦单一问题，英文通常在2~4页的篇幅、不超过1500个单词，其结构一般包括：①摘要（summary，置于首页，提炼简报的精髓，服务繁忙读者并吸引其往下阅读）；②引言（introduction，回答"为什么"的问题，描述问题重要性、紧迫性和研究目标，概述调查结果、结论，并让读者对余下内容产生好奇心）；③方法与结果（approaches and results，描述研究如何进行，突出优势、机会）；④结论（conclusions，结论得出要基于研究结果，使用强断言表达想法）；⑤影响和建议（implications and recommendations，必须基于证据，确保是相关的、可信的和可行的）。

案例46：《稳增长　惠民生　推动健康产业高质量发展》

在2023年全国政协十四届一次会议上，中国科学院院士徐涛针对当前我国健康产业面临的三大问题，提出了三方面针对性建议，形成提案《稳增长　惠民生　推动健康产业高质量发展》。

健康产业贯穿一、二、三产业，产业链长、带动性强，发展空间和潜力巨大。资料显示，我国健康产业规模达10万亿元，占国民经济比重超8%，2030年有望超16万亿元，其国民经济重要支柱产业特色显著。推动我国健康产业高质量发展，对扩大健康消费需求，保障和改善民生，意义重大。

与推进健康中国建设要求相比，与14亿多人口的健康需求相比，我国健康产业发展尚存在差距：一是人口规模巨大的健康市场优势作用发挥不充分，同质化倾向突出，行业集中度较低，规模化效益不高，国际市场份额有限；二是优质健康产品和服务供给不足，数字化赋能有限，健康新生态亟待构建；三是涉及多部门的统筹协调不足，支持发展的体制机制尚需完善。为此，建议：

第一，以充分发挥超大规模市场优势为出发点，在新发展格局中促进国内国际双循环，体现三个"优势"。一要发挥龙头企业优势，推动国企和有规模实力的民企做强做优做大。以市场化方式整合重组提升产业集中度，打造一批创新能力强、品牌产品优、发展后劲足的规模化企业，对内促经济增长、惠民生，对外开辟新市场。以混合所有制改革，让民企的创新活力和国企的产业优势发生叠加效应。医药、养老等健康产业中民企比例高，更要以保护民企权益为激励，为民企开辟更多空间，坚定民营企业信心。二要发挥自贸区、海南自贸港优势，培育产业发展增长极。依托大健康市场规模优势，推进高水平对外开放，把外资留好吸引好，强化区域产业集群。三要发挥现有合作机制优势，加快走出去的步伐。采取针对性扶持措施，以"一带一路"为桥梁推动创新健康产品、中医药健康产品和特色健康服务规模化走出去。

第二，以构建现代化健康产业体系，提供高质量产品和服务为落脚点，立足三个"强化"。一是强化生命健康国家战略科技力量。推动企业主导的产学研深度融合，抓好脑科学、基因编辑、细胞疗法、生物工程技术与新材料领域技术突破，做好疫苗、高端器械、重大装备自主研发，创新产品供给必须突出差异化。二是强化健康制造业现代化能力。提升产业链供应链韧性和安全水平，健全产业体系。加快数字化赋能，推进新一代信息技术与健康制造业深度融合，推动资源利用效率最大化、环境影响最小化，促进健康制造业高端、智能、绿色发展。三是强化健康服务效果。数字基础设施要适度超前建设，依托健康大数据、AI，实现多元化的健康服务应用。促进健康服务数字化转型，并与旅游、体育、保险、养老等融合发展，用优质高效的服务模式引导群众主动为健康"买单"。撬动社会力量，鼓励商业保险机构兴办一批高端医疗和专业健康服务机构，丰富多层次健康产品和服务资源供给。

第三，以加强顶层设计，推进制度创新为支撑点，着力四个"完善"。完善健康产业规划，提升战略层级，补短板、强弱项，避免一哄而上、无序竞争。完善国家统筹协调机制，加强医药、健康管理服务、保险、养老、健康食品、健身休闲运动领域的协同。完善政策环境，优化健康产品审批，该快的就要快，该准入的就要放，监管要跟上，尤其是对新业态发展要包容审慎。完善国际化创新创业环境，加快聚集国际英才，在高层次人才分类认定上对健康产业要有倾斜，真正体现倾心引才、不拘一格。

资料来源：引自《参政议政工作简报》2023年第2期《徐涛代表农工党中央在全国政协大会上作大会发言》

案例 47：《大象与电子围栏》政策简报分析

斯里兰卡 EEPSEA（Economy & Environment Partnership for Southeast Asia，东南亚环境经济组织）2005 一份政策简报的题目是《大象与电子围栏》（Elephants and Electric Fences），各部分解构如下所示。

Summary: Elephants are one of the big five wildlife species; their survival is one of the holy grails of conservation. Unfortunately, because of their size and migratory behavior, elephants often come in contact with people. This is especially true in densely populated southeast Asia. A new study from Sri Lanka looks at one strategy to address this problem-electric fences.

摘要：大象是五大野生动物之一，它们的生存是野生动物保护的圣杯之一。不幸的是，由于它们的体型和迁徙行为，大象经常与人接触。在人口稠密的东南亚尤其如此。斯里兰卡的一项新研究着眼于解决这个问题的一种策略——电子围栏。

Results：Overall it was found that although the electric fencing does help…it is not capable of completely eliminating conflict. In each… area…technical as well as socioeconomic factors affect…. success. Technical failures mainly affected the early fences…Other problems resulted from failure to take into account elephant behaviour and distribution patterns.

结果：总体来说，发现虽然电子围栏确实有帮助……但它并不能完全消除冲突。在每个……领域……技术和社会经济因素都会影响……成功。技术故障主要影响了早期的围栏……其他问题是由未能考虑大象的行为和分布模式而导致的。

Conclusions：Overall, it was found that although electric fencing does help mitigate human elephant conflict, it is not capable of completely eliminating the conflict. A social factor that affected the success of electric fences was whether the local community supported the project in their area. Community support was critical in several ways.

结论：总之，发现虽然电子围栏确实有助于缓解人象冲突，但它并不能完全消除冲突。影响电围栏成功的一个社会因素是当地社区是否支持他们所在地区的项目。社区支持在几个方面至关重要。

Recommendations：A successful strategy to deal with the elephant problem must be much more far-reaching than it is at present. Such a strategy should include a comprehensive land use planning exercise where elephant habitats…are grouped and interconnected…The elephants' habitat should then be enriched and fenced.

建议：解决大象问题的成功战略必须比现在影响深远得多。该战略应包括全面的土地利用规划，其中大象栖息地……被分组和相互连通……然后大象的栖息地应该丰富和使用围栏保护。

资料来源：PowerPoint Presentation（idrc-crdi.ca）

10.5 咨询报告的语言

据说，欧美成熟电视节目的黄金编制团队包括制片、主持人、脚本撰写人、录音师、录像师、助理和联络人等，脚本撰写人与主持人同样不可或缺。咨询报告通常是咨询项目的产物，如果说咨询项目负责人类似电视节目的栏目主持人，那么咨询报告执笔人则类似脚本撰写人，肩负着把专家思想呈现于纸面的重任。

硬咨询报告作为一种"科学叙事"，既不是学术论文，也不是科研综述，某种意义上是一种"高级科普"，其读者对象是决策者，目的是让决策者理解认同并采取行动。因此，要力求用普通人都能听懂的科普语言，深入浅出、通俗易懂地把事情讲清楚，甚至能够用最简单的话，把最复杂的事情说明白，而避免用过多学术性语言和专业性词汇。总体来说，咨询报告要语文与数学并重，语文即文通字顺、平白晓畅，数学即以数说理、以理服人，增强文字表达力和吸引力。

《华尔街日报》提醒其记者，信息大爆炸时代，要站在最苛刻的读者角度考虑：①你怎么能引起我的兴趣？②直接告诉我发生了什么，别解释那么多。③你怎么证明你说的是真的？④如何让我记住这个故事？

为引起决策者重视，在谈及一个问题的时候，咨询报告通常需要强调该问题的重要性，类似上面提到的"他们的生存是野生动物保护的圣杯之一"，对于问题重要性的表述可采用"直白论述+有力数据"的形式。

比如,强调民营经济的重要性:民营经济在整个经济体系中具有重要地位,贡献了 50%以上的税收，60%以上的 GDP，70%以上的技术创新，80%以上的城镇劳动就业，90%以上的新增就业和企业数量。如果没有民营企业的发展，就没有整个经济的稳定发展。强调房地产行业的重要性：房地产业是中国国民经济的支柱产业，与房地产相关的贷款占银行信贷的比重接近 40%，房地产业相关收入占地方综合财力的 50%，房地产占城镇居民资产的 60%。

案例 48：第二次鸦片战争后清政府新国策

19 世纪中下叶，对于清王朝来说是关系存亡的严峻时期。太平天国起义军从广西打到南京，同时北方也有被称为"捻军"的农民起义。1860 年，英法联军攻入北京，火烧圆明园，咸丰皇帝逃往热河，留下恭亲王奕䜣作为钦差大臣对外交涉。在俄国趁机斡旋下，清政府与英法签订了《北京条约》，但俄国随后以调停有功自居，胁迫清政府签订了割让大片土地的《中俄北京条约》。在复杂的国内外形势下，1861 年 1 月，奕䜣、文祥、桂良联名向咸丰帝呈报了《综计全局折》，对威胁清政府统治的不同势力权衡利害轻重，这便是清朝的新国策，该奏折对清政府面临问题和形势的分析如下。

发捻交乘，心腹之害也；俄国壤地相接，有蚕食上国之志，肘腋之患也；英国志在通商，暴虐无人理，不为限制，则无以自立，肢体之患也。故灭发捻为先，治俄次之，治英又次之。

这段文字用了形象的类比，把太平天国（发）、捻军（捻）视为"心腹之害"，俄国是"肘腋之患"，英国（以及法国、美国等）为"肢体之患"。"害"与"患"程度不同，所处部位各异，对于清王朝的存亡危害有别，朝廷的对策便定为"灭"与"治"。"灭"是无条件的，"治"则又有先后。因此，新国策对于消灭发、捻未再作具体布置，倒是针对外国侵略者所强加的条约义务与对外交涉的种种问题，拟订了六条章程，涉及朝廷设立新机构、办理关税、涉外事务互相咨照、学习外国语言文字、及时向中央通报商情呈送报纸等，并决定逐步实施。

10.6 可视化表达

"颜值即正义"的"看脸"时代,"容貌"比"名字"更容易记忆。

根据有关研究,要在演示中获得对方信赖,最有效的方法就是通过视觉方法进行阐述。比较演讲中不同表达形式获得听众信赖程度,视觉(图、表)为55%,声音(说话方法及语音语调)为38%,语言(说话的内容)为7%(图10.1)。

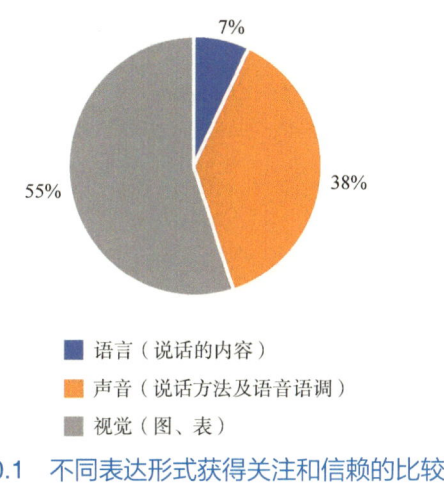

图 10.1 不同表达形式获得关注和信赖的比较

资料来源: Foresight & Company

数据可视化不仅是提供美观的图片资料,更在于提高受众的理解程度和辅助受众研究分析。如果说数字能提高说服力,那么数据可视化就能提高关注度、认知度、信息密度、理解程度。

可视化表达的原则:①图胜于表,让图表会说话;②简洁、易懂、美观;③把握整体、阐明原因、深入细节。

可视化表达的要点:①结构性强,最有说服力的图形放在正中央;②突出重点,一份图表只表达一种信息,按顺序排列项目,突出显示重要的部分;③将项目(科目、类别)限制在5种以内,将重要程度低的项目放入"其他"中;④标题简洁,注释及说明要点集中。

近年来,随着大数据的发展,大数据可视化成为新的信息收集和成果展示形式。大数据可视化技术通过创建影像等进行信息沟通与表达,从静态表达到动态展现，从低维几何图形表示到多维场景建模，增强信息的呈现效果，方便用户以更加直观的方式观察数据，在反恐、网络安全、情报分析、军事行动等领域已被广泛使用。比如，目前美国军事及情报系统除借助传统的树图类方法可视化表达数据外，面对更复杂的时空数据与非时空数据，主要使用仿真建模、栅格、热图、聚簇、虚拟交互等可视化技术展示多源数据分析结果。

第 11 章
时 令 有 度

战略政策具有强烈的时代特征。

——宋健

11.1　研究重要性取决于政策议程

时令是古代按季节制定的有关农事的政令,古人说的"时令有度,生息有节",对智库工作也有很强的指导意义。

时间维度是咨询研究中比较容易被忽略的变量,但往往会影响甚至决定决策咨询的效果。因为政策具有窗口期或者政策周期,时机跟商机一样稍纵即逝。咨询报告提交太早,决策层尚未提上议程会被搁置,提交太晚错过时机,政策窗口关闭,再好的建议也用不上。

多数情况下,政策研究和政策制定的时间并不同步。学术研究很少在政策制定或改变时提供答案,因为政策制定者通常需要快速的解决方案,但政策研究需要花更长的时间深入解决问题,因此研究必须提前谋篇布局,及时呈现结果,以搭上政策的班车。

与此同时,战略、政策、制度甚至知识随着时间而变迁,需要与时俱进。英国军事历史学家迈克尔·霍华德说,所有一切的思想制度都一定会随着时间的前进而逐渐落伍。哈耶克认为,知识的准确性和可靠性依赖于具体时间,时间流逝会导致知识的准确性和可靠性发生变化。巴菲特甚至说,(投资)择时做得好的人可以直接来我这里上班。

总体上,硬咨询对时效性的要求是:前瞻、及时、动态调整。

11.2　前瞻:站在未来的山顶看现在

司马相如说,盖明者远见于未萌,而知者避危于无形。

硬咨询和智库的前瞻,重在战略性,包括战略谋划、战略部署、战略行动等。

钮先钟认为,战略的特点在于,它不是速溶咖啡,可以现冲现喝,即战略对于眼前的情况,几乎毫无影响的能力,但对未来的趋势,却能发挥巨大的作用。因此，战略不是为今天而设计的，一切都是为明天着想。战略家要思考的首要问题应是如何创造历史、控制未来。

新加坡原副总理、建国元勋拉惹勒南说，有些注重实际的人坚持认为，这样的猜测推想（或者说思考未来）是浪费时间，这些思考与解决日常问题毫无关系。在历史的早期，几十年甚至几百年都鲜少变化的时候，这样说或许没错……但是我们现在生活的世界不仅变化与日俱增，而且这些变化是全球性的，渗透于人类活动的方方面面……因为变化事关未来，所以只有以未来为导向的社会才能应对 21 世纪的挑战。

案例 49：我国应该尽快开展 EUVL 的研究

2003 年，中国科学院院士王之江指出，EUVL（extreme ultraviolet lithography，极紫外光刻）将是大批量生产特征尺寸为 70 纳米及更细线宽集成电路的主流技术。当时，国外 EUVL 方面的研究进展很快。2002 年 3 月美国桑迪亚国家实验室宣布，它们研制的 EUVL 工程测试样机已完成性能测试，欧盟计划于 2003 年末或 2004 年初研制成功 EUVL 原型样机，而我国当时还没有充分意识到 EUV（extreme ultraviolet，极端紫外）的重要性，科研界主要还在跟踪式创新，搞的是波长为 193 纳米的 ArF 准分子激光[DUV（deep ultra violet，深紫外光）]，而不是波长更短、更超前的 EUV。为了能够在未来的光刻设备市场上具有一定的竞争力，王之江建议，我国应该尽快开展 EUVL 的研究，避免搞出来的东西就是落伍的东西。他建议根据当时的财力和技术条件，选择其中的几个关键技术进行攻关，通过 5 年左右时间的努力，在 EUVL 成为半导体光刻技术的主流时，我国在 EUVL 方面有某几种单元技术具备相当的国际竞争力。

具体建议是，至少选择如下几个关键技术进行攻关。

（1）EUVL 光源研究。我国在激光等离子物理研究方面具有坚实的基础，通过进一步的工程化研究可以获得 EUVL 所需要的光源。

（2）全反射式离轴非球面缩倍投影光刻物镜研究。与目前的光学光刻不同，对极紫外光已无透射材料，因为在该波段所有材料的折射率都接近于1，必须采用反射式光学系统。

（3）高精度离轴非球面反射镜加工、检测技术研究。EUVL光学系统中的反射面要求具有接近理想的面形和亚纳米量级的表面粗糙度。

（4）极紫外多层高反射率光学薄膜制备技术研究。EUVL的反射式光学系统的反射面必须在镀制了高反射率光学薄膜后才能正常工作，反射率越高，则生产效率越高。

11.3　及时：抓住窗口期

硬咨询如医道，虽强调治未病，但大量工作仍需要面对病患。

从学术标准来看，政策制定通常非常快，许多相当复杂的政策决定都是在几天、几周或最多几个月内做出的，这通常是一个博士生开题研究所需的时间。一旦事项被列入议事日程，研究的进程往往赶不上政策的议程，这是很多咨询报告无法发挥作用的原因，因此强调在长期研究积累上的及时性——一份80%正确的报告胜过之后十份95%正确的报告。

智库要把握好政策窗口期，及时主动作为，包括应对重大突发事件的咨询建议或为有关方面的发声辩护等，为决策者送上"快餐"和"外卖"，虽然这常常是战术性的策略建议，但有助于帮助决策者化解危机或扭转形势，从而提高自身在决策体系中的价值。

目前，包括中国科学院、中国工程院和国家自然科学基金委员会等部门和机构都建立了应急咨询工作机制。比如，自2021年以来，中国科学院学部建立完善了"快速响应，快速组织，快速评审，快速上报"的"四快"机制，并就河南郑州"7·20"特大暴雨、汤加火山喷发影响研判、极端高温天气应对等主题及时组织开展应急咨询，有力服务了国家决策，取得了良好效果。

案例50：英国应对福岛核事故的紧急咨询

2011年日本福岛核电站发生灾难后，英国政府仅用了两天时间，就召集了紧急情况科学咨询小组，来自政府内外的专家，包括地质学家、气象学家、辐射健康专家和行为科学家，迅速模拟了一系列可能的情景。在地震发生后的六天内，他们判断认为在日英国公民的安全风险可控，英国政府据此建议处于福岛禁区以外的英国人可留在原地。

案例51：《把握契机，当机立断，加快我国信息化进程》

1998年，曾经致信邓小平建议国家实施863计划的"中国光学之父"王大珩，向国家提出《把握契机，当机立断，加快我国信息化进程》的建议，包括以下内容。

（1）建立"国家信息委员会"，将分散的责、权集中，以利于宏观调控、全面领导。

（2）及早制定和颁布国家信息化发展战略、指导原则与国家高速信息主干网建设规划，并赋予其法律效力，以利于各方遵循。

（3）建立全国统一的网络与信息安全机制，以确保国家安全。

（4）制定与国家信息化建设相衔接的民族信息产业发展与应用策略，以避免我国信息化建设对外国产业过多的、长期的依赖性。

（5）采取有效措施，强化人才队伍建设。

资料来源：引自《中国科学家思想录：第1辑》中的文章《把握契机，当机立断，加快我国信息化进程》

案例 52：汤加火山喷发对我国的影响研判及政策建议

北京时间 2022 年 1 月 15 日 12 时 10 分，南太平洋岛国汤加海域水下火山（175.38°W，20.57°S）发生猛烈喷发。我国卫星监测及反演数据显示，此次火山喷发引起强烈地震和海啸，把所在的洪阿哈阿帕伊岛"劈"为两半，形成的火山灰云最高冲至 30 千米，向大气排放约 360 万吨火山矿物颗粒等物质，并形成了影响全球的冲击波，被火山学家认为是进入 21 世纪以来最激烈的火山喷发。

汤加火山喷发引起我国社会广泛关注，但部分媒体报道的科学性和准确性不足。为科学研判汤加火山喷发的影响，中国科学院学部于 2022 年 1 月 25 日召开"汤加火山喷发的影响研判"研讨会，组织地质、海洋、大气、环境、生物等领域近 20 位院士专家，深入研讨了汤加火山喷发的地质构造原因、对全球和我国的影响以及未来喷发的可能性等问题，并就我国开展火山研究、监测、评估、防灾和国际合作等方面提出了建议。

一、汤加火山喷发的影响研判

（一）总体判断：汤加火山喷发对全球性气候和环境影响较小

此次汤加火山喷发，有些媒体认为其威力相当于 1000 颗广岛原子弹的观点并不准确。由于是海底火山喷发，岩浆和喷发物经过海水的降温和吸收，对气候和环境的影响要低于同等强度的陆地火山喷发。

1991 年菲律宾皮纳图博火山喷发为 VEI（volcanic explosivity index，火山爆发指数）6 级，造成全球陆地平均温度在之后 2 年下降约 0.5 度。据监测，汤加火山排放量是 1991 年菲律宾皮纳图博火山喷发的 5.7%，喷发量级预估为 VEI 5 级。总体判断，此次汤加火山喷发对当地和邻近区域造成较大危害，对局地人体健康、生态环境和气候也造成一定影响，但不会对全球气候和环境变化产生重要影响。同时，汤加处于南半球且远离大陆区域，对地处北半球的我国直接影响不大。从经济角度看，汤加火山周边城市较少，火山喷发所造成的经济影响也相对较低。

有研究表明，火山灰中含有的营养盐会促进海洋生物繁育，也有助于吸收大气中的二氧化碳。此次汤加海底火山喷发，也会产生类似效果，但这一过程和效应很可能局限于汤加附近海域，对全球气候和环境影响有限。

总体来看，火山喷发影响的时间尺度基本上介于年度到年代水平，而二氧化碳等温室气体效应都是在百年尺度，所以本次汤加火山喷发对全球变暖的趋势，以及对我国继续实施"双碳"战略不会产生显著影响。

（二）汤加火山喷发对气温、降水和环境的定量影响需要进一步监测和研究

研究表明，火山喷发的火山灰、二氧化硫等除了对当地居民的健康产生直接危害外，进入平流层和对流层上层后还可能会影响大气中的臭氧浓度，甚至形成臭氧低谷（洞），从而影响地表的紫外辐射，进而对人类和生态系统健康产生影响。从汤加火山的喷发量看，这些影响主要存在于南半球。

国际上对历史火山的相关研究结果表明，作为南半球热带低纬地区的火山，汤加火山虽然短期主要影响南半球，但3~4个月后很可能通过大尺度纬向环流（遥相关过程）影响到南北半球的中高纬度甚至极地地区的大气环流。也有研究表明，澳大利亚上空的气溶胶能够影响到亚洲季风系统，包括西北太平洋及我国东部区域的降雨等。因此需要进一步结合观测、卫星遥感和数值模型，研究其对我国未来一段时间内的天气、气候和环境的影响及程度。

总之，对汤加火山喷发的短期与长期定量影响和评估，还需要开展持续的监测和深入研究。

（三）汤加火山关联的周边火山对我国安全存在潜在影响

2009年至今汤加火山已有五次规模大小不一的喷发，本次大

喷发后，能量释放接近完成，短期内再次大规模喷发的可能性较小，但未来还有中小规模喷发的可能。近期日本九州地震与汤加火山喷发属于同一个大构造体系，与汤加火山喷发有关联。

我国虽然没有现代的火山喷发，但也存在着像长白山、台湾大屯和云南腾冲等火山喷发的危险，其中长白山火山喷发风险最大，近几年我国地震局等单位已加强对长白山地区火山的监测研究。我国东部大陆被一个火山链或者岛弧链包围着，这些地区的火山很多，而且是世界上较大的火山，火山喷发比较频繁，发生火山喷发将会对我国产生直接影响。因此不仅要监测我国境内的火山，也要对周边邻近国家和地区的火山监测及影响研究给予高度重视。

二、有关建议

（略）

资料来源：引自《中国科学院院士建议》2023 年第 1 期《汤加火山喷发对我国的影响研判及政策建议》

11.4 动态调整

亨利·明茨伯格说，战略是持续指导企业发展的动态工具。任正非说，不断主动适应变化、持续自我完善的管理变革帮助华为公司实现了快速发展和商业成功。

问题是时间的函数，随着时间的推进，不仅答案发生变化，问题也在不断演变。因此，战略和政策需要因时而变、因势而变，持续监测评估并适时调整。硬咨询需要准确识别世界之变、时代之变、历史之变，并为决策者提出与时俱进的应对之道。

比如，为了提升产品认知度，公司会把广告或促销等市场营销策略列为一段时期的最优先课题。但是，就在此时，竞争对手推出了划时代的新产品，导致必须重新检视相关策略——这类情况极为常见。当年索尼全力投入 MD （mini disc，小型音频光盘）随身听的宣传及新产品开发时，苹果公司突然推出了 iPod。换句话说，当苹果公司推出划时代的产品时，索尼公司面临的焦点问题已经改变，从以往的"如何推行市场营销策略以巩固 MD 随身听的地位"转变为"究竟应该采取何种策略以对抗 iPod"。这就好像考试时解题到一半，试题发生变更一般突然。这种事情虽然不可能发生在学校的考试中，但是在瞬息万变的商场上却十分常见。

案例 53：我国医改的持续深入推进

2008 年，曾益新等院士向国务院提出《关于我国医疗卫生体制改革的建议》，建议国家对医疗卫生系统进行改革，完善低收入人群的基本医疗保险和城市职工的医疗保险等。2014 年，曾益新等院士专家再次提出《关于进一步深化我国医药卫生体制改革的建议》，认为在新形势下，我国医改存在的问题主要有医疗卫生服务的公平性有待进一步提高、医疗卫生服务的便利和可及性有待进一步改善、医学人才培养体系和医院评价体系亟待完善、一些医疗卫生制度设计的科学性和合理性有待加强、面临"四化"的挑战等。他们建议国家下一阶段深化医改工作，一是组建国家医疗保险局，使之成为推进医改的重要抓手；二是加强基层医疗机构的管理和建设，完善基层网络化服务体系；三是加强全科医师队伍建设；四是推行按病种付费和医院分类评价制度，建立公立医院运行新机制；五是规范在校医学教育，健全毕业后培训制度；六是建立适合行业特点的医务人员薪酬体系；七是大力发展社会力量办医。

第 12 章
精 益 传 播

　　知道如何做事情和做决定，还得知道怎么卖你设计和努力做出来的东西。

——詹姆斯·戴森（戴森公司创始人）

12.1 智库"营销"

硬咨询既是一种科学，也是一种艺术，一定程度上跟电影艺术相似：两者都需要通过作品引起读者共鸣，对于电影是以情动人、引发观众"共情"，对于咨询报告则是以理服人、触发决策层的"同理心"。

香港电影制片人麦当雄曾说，"我现在拍戏，主要紧抓四大岗位，第一是剧本，依照观众需求而决定拍什么题材，怎么去看这个剧本，到最后自己执笔定稿；第二是剪接，全片我都看，确定是否与原来剧本有偏差，最后剪接也要自己动手；第三和第四自然是宣传发行，绝对不假人手，临场拍摄就完全交给导演控制。"同样，思想市场的"宣传发行"，即智库的"传播和营销"也十分重要，关系到成果出口和作用发挥，以及业务闭环的形成。

智库的宣发工作主要包括沟通、说服和传播。沟通是说服的前提和基础，说服是讲道理的沟通，而传播是一对多的沟通，既要讲道理，也要讲故事。本质都是与人打交道的工作，需要按照 WSR 方法，在考虑物理的基础上，兼顾考虑事理和人理。《红楼梦》里说，世事洞明皆学问，人情练达即文章，智库既要在研究工作中洞明世事，也要在宣发工作中练达人情。

沟通方面，"秀才遇到兵，有理讲不清"，不是兵的问题，而是秀才的问题，兵要的是打胜仗的战法技能，而不是满口之乎者也、仁义道德，对敌人讲仁义道德对军人来说甚至是犯罪。因此，进行跨行业、跨领域、跨学历、跨背景沟通交流要有科普意识，避免"鸡同鸭讲"。

说服方面，杜润生曾经回忆，"像包产到户这样的问题，解决的关键在于说服党内领导干部。再跨一步，只有破除多数同志原有的思维定式，才会引起决定意义的变化,这要靠实践深化"，"农村改革并没有一幅事先描绘好的蓝图，它是在农民、基层干部、地方政府和中央领导各个层次、各个方面的互动过程中完成的"。

传播方面，《经济学人》认为，除了知识深度外，优秀智库还必须有"宣传天赋"和"政治影响力"。一项研究表明，美国智库美国进步中心（Center for American Progress，CAP）甚至将预算的 40%用于沟通和传播。

当然，需要指出，学术研究无禁区，但发表宣传有原则，这个原则就是遵守国家法律法规，涉密的、敏感的、不该说的内容不说。同时，中外体制和文化不同，中国特色新型智库发挥影响的出发点应是服务或支撑决策，而不是游说或左右决策。

案例 54：罗斯福总统 15 分钟的重大决定

1940 年，美国总统罗斯福在白宫接见《科学：无尽的前沿》作者范内瓦·布什（Vannevar Bush），其也是世界著名军火商雷神公司创始人之一。那天，范内瓦·布什拿着薄薄一张记录着他思考与建议的纸，成功说服罗斯福总统在 15 分钟内做出决定，绕过军队官僚和私营企业，设立由科学家和工程师主导的国防研究委员会，而该委员会的成立为美国五年后赢得第二次世界大战做出了重大贡献。

与此同时，《科学：无尽的前沿》这本建议政府支持科学研究的小书，在全世界广为流传，成为科技界公认的经典。2020 年 12 月，在《科学：无尽的前沿》发布 75 周年之际，美国国家科学院专门举行研讨会并出版《无尽的前沿：科学的下一个 75 年》报告文集，向范内瓦·布什致敬。2021 年 5 月，美国参议院通过了《无尽前沿法案》（Endless Frontier Act），计划在未来 5 年投入 1100 亿美元提振美国的科技创新能力。

12.2 沟通力

美国工程与技术认证委员会（Accreditation Board for Engineering and Technology，ABET）在《工程技术教育认证标准》中，强调工程师要有"有效的沟通能力"，即"在技术环境和非技术环境中进行书面的、口头的、图表的沟通能力"。美国国家科学院强调沟通贯穿咨询研究全过程，如图 12.1 所示。

图 12.1　美国国家科学院强调沟通贯穿咨询研究全过程

《中国工程教育专业认证协会工程教育认证标准（2015版）》列出的12项毕业要求中，沟通是其中一项，要求"能够就复杂工程问题与业界同行及社会公众进行有效沟通和交流，包括撰写报告和设计文稿、陈述发言、清晰表达或回应指令。并具备一定的国际视野，能够在跨文化背景下进行沟通和交流"。

总体上，有效沟通的要求是：明确对象、换位思考，把简单留给对方，把复杂留给自己。

案例 55：大前研一谈报告沟通

把可以畅谈10个小时的内容，在45分钟内简报完毕。成功的秘诀在于拿出堆积如山的事前作业数据，提出信心十足的"绝对错不了"的结论。

用简洁的语言，做简洁的分析，每一页做一个结论，然后应用所累积的结论，导出自己认为绝对错不了的整体结论，再以此结论提出有证据做后盾的建议。

我个人的习惯是先报告我所做的事前作业，也就是直接明示我收集了什么样的数据、做了什么分析、进行过几次访谈、跑过哪些地方、以什么人为对象谈过哪些话等。因为出席会议的人之中，总是会有人先入为主地认为："这个家伙真的懂吗？"这么做，就可以消除这些人潜意识中的疑虑。

如果不以此为前提，听的一方会老想着：他是根据什么这么说的？这么一来，整个提案就会在他们不了解每一页所下的结论的情形下进行。对方的心理和我们想传达的信息逐渐背离，到了最后，反对意见一定此起彼伏，尤其当最后所提的建议是对方最不想接受的解决对策时。

所以一开始先报告自己做过的事前作业，以化解对方的质疑心理，再以此为基础，简明地说出结论和建议。

12.3 说服力

春秋战国时期纵横家的鼻祖鬼谷子撰写的《鬼谷子》，是我国历史上最早对说服行为进行系统性研究的著作，被称为是"中国说服理论的大纲"。鬼谷子提出说服的 16 字方针：诱之以利、胁之以灾、动之以情、晓之以理。

刘勰在《文心雕龙》里指出，说者，悦也；凡说之枢要，必使时利而义贞；夫说贵抚会，弛张相随，不专缓颊，亦在刀笔。

在国外，西方亚里士多德把以演说为主要方法的说服划分为三个类型：议事（政治）演说、法庭（司法）演说、展示性（夸耀性）演说。

亚里士多德提出的说服方法包括诉诸品格、诉诸情感、诉诸逻辑。

案例 56：李斯《谏逐客书》

李斯的奏折《谏逐客书》是他写给秦王嬴政的奏议，旨在劝导嬴政收回驱逐各国客卿的逐客令。文章先叙述秦国自秦穆公以来以客致强的历史，说明秦国若无客助则难以强大，然后以各种女乐珠玉虽非秦地所产却被喜爱的事实进行类比，通过正反论证、利害并举、理足词胜、雄辩滔滔，说明客卿强国的重要性，成功说服了秦王嬴政收回成命，并恢复了李斯的官职。《文心雕龙》评价曰："李斯之止逐客，并烦情入机，动言中务，虽批逆鳞，而功成计合，此上书之善说也。"

《谏逐客书》全文如下。

> 臣闻吏议逐客，窃以为过矣。昔缪公求士，西取由余于戎，东得百里奚于宛，迎蹇叔于宋，来丕豹、公孙支于晋。此五子者，不产于秦，而缪公用之，并国二十，遂霸西戎。孝公用商鞅之法，移风易俗，民以殷盛，国以富强，百姓乐用，诸侯亲服，获楚、魏之师，举地千里，至今治强。惠王用张仪之计，拔三川之地，西并巴、蜀，北收上郡，南取汉中，包九夷，制鄢、郢，东据成皋之险，割膏腴之壤，遂散六国之从，使之西面事秦，功施到今。昭王得范雎，废穰侯，逐华阳，强公室，杜私门，蚕食诸侯，使秦成帝业。

此四君者，皆以客之功。由此观之，客何负于秦哉！向使四君却客而不内，疏士而不用，是使国无富利之实，而秦无强大之名也。

今陛下致昆山之玉，有随、和之宝，垂明月之珠，服太阿之剑，乘纤离之马，建翠凤之旗，树灵鼍之鼓。此数宝者，秦不生一焉，而陛下说之，何也？必秦国之所生然后可，则是夜光之璧不饰朝廷，犀象之器不为玩好，郑、卫之女不充后宫，而骏良駃騠不实外厩，江南金锡不为用，西蜀丹青不为采。所以饰后宫，充下陈，娱心意，说耳目者，必出于秦然后可，则是宛珠之簪、傅玑之珥、阿缟之衣、锦绣之饰不进于前，而随俗雅化佳冶窈窕赵女不立于侧也。夫击瓮叩缶，弹筝搏髀，而歌呼呜呜快耳者，真秦之声也；《郑》《卫》《桑间》《昭》《虞》《武》《象》者，异国之乐也。今弃击瓮叩缶而就《郑》《卫》，退弹筝而取《昭》《虞》，若是者何也？快意当前，适观而已矣。今取人则不然，不问可否，不论曲直，非秦者去，为客者逐。然则是所重者在乎色、乐、珠玉，而所轻者在乎人民也。此非所以跨海内、制诸侯之术也。

臣闻地广者粟多，国大者人众，兵强则士勇。是以太山不让土壤，故能成其大；河海不择细流，故能就其深；王者不却众庶，故能明其德。是以地无四方，民无异国，四时充美，鬼神降福，此五帝三王之所以无敌也。今乃弃黔首以资敌国，却宾客以业诸侯，使天下之士退而不敢西向，裹足不入秦，此所谓"藉寇兵而赍盗粮"者也。夫物不产于秦，可宝者多；士不产于秦，而愿忠者众。今逐客以资敌国，损民以益仇，内自虚而外树怨于诸侯，求国无危，不可得也。

案例 57：中国式游说

20 世纪 80 年代，财力并不雄厚的南通市政府希望建设机场，根据《南通市委原书记亲述：为建机场，敲开副国级领导家门，我们只汇报了两句话》的记载，时任南通市委书记是这样用 5 分钟说服高层而获得支持的：

1984 年，南通市就打报告，要求在南通县兴东镇建机场，总面积

112万平方米。跑民航局，跑国家计委，跑军委和东海舰队。

1989年，中共中央政治局常委宋平到海安。我向他汇报，沿海开放城市，南通无机场，外商不便来，最好要一建机场，二建高等级公路，三建铁路。他对前两条赞成，但说铁路不必要，那么大运量，你有什么东西？

当时邹家华同志（时任国务委员）兼国家计委主任。我们打听到他的住址。趁赴京开全国人代会之便拜访他。事先与我们认识的军委一将军商量，他是邹邻居，预先我们守候在将军家。晚上大约9点左右等邹的汽车进门，过几分钟，估计洗漱完毕，就去敲门，他夫人是叶剑英元帅长女。我们先自报家门（同去的记得是市人大常委会主任朱剑和市长徐燕等）。

叶大姐问："预约过吗？"

答："没有，但请放心，拜访决不超过5分钟。"

问："都那么说，来了半个小时都走不了。"

答："放心，如超点就逐客。"

这时邹已听到声音，就说让进吧。

坐下，呈上资料、请示。只汇报两句话：一是宋平同志说无机场城市怎么开放？二是日本商人说，我到上海两小时，从上海到南通六小时，南通太"难通"了。

邹说国家困难，要治理整顿，一般不上新项目。

我们说一般中总有特殊吧？经费紧张哪怕我们自筹。

他笑了，说看看吧。

这时已过了四分钟，我们立马告辞。他挽留，我们说有约在先。临别留下他父亲邹韬奋铜像影集（韬奋同志从南通进入盐城解放区。他夫人沈粹缜女士给我的信中说这是韬奋人生的重要转折。南通在文峰园立韬奋像，在南通县四安镇办了韬奋小学，市区还有韬奋印刷厂，以纪念他）。

很快，邹批了请依林等同志阅，几位领导都圈阅同意了。1990年8月，国家计委下达批准书。

12.4 传播力

智库作为独立的声音,需要将其研究翻译成决策者可理解、可依靠和易使用的语言和形式,只有这样才能为新立法或政策变化提供动力。因为"信息的力量是无用的,除非它在正确的时间以正确的形式出现在正确的人手中"(詹姆斯·麦克甘)。同时,智库作为社会公共机构,也需通过咨询报告、政策简报等来传递自己的声音,展示自身的价值观和价值,从而提高社会影响力,并通过提高社会影响力来提高决策影响力。这就要求智库高度重视并提高传播力。

当前,智库与媒体之间出现的趋势是双向靠拢:一方面,媒体具有信息优势,媒体型智库越来越多;另一方面,智库具有研究优势,提高传播力影响力的需要使之成为信息的持续发布者,即智库型媒体。正如美国智库城市研究所的莎拉·马歇尔所说,智库在制定变革理论时,必须考虑到更广泛、更强大的受众。智库沟通模型,如图12.2所示。

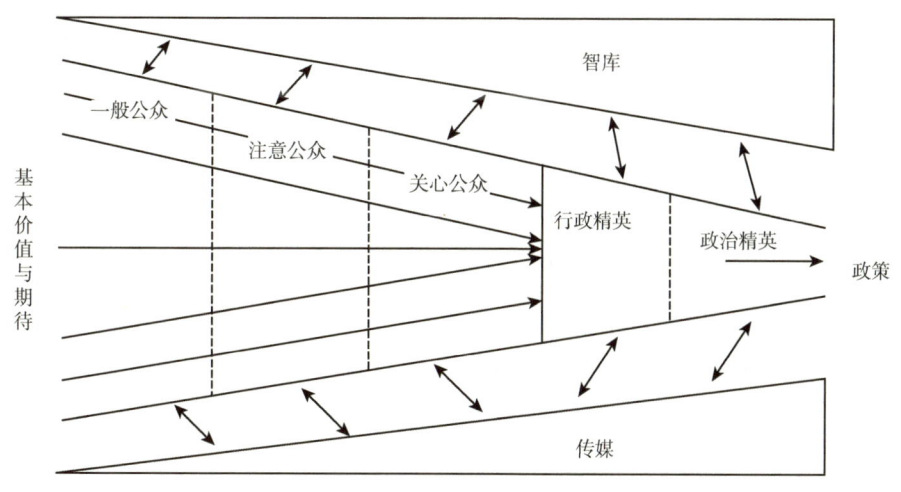

图 12.2 智库沟通模型

例如,美国国家科学院非常重视传播工作,要求研究报告写作时就要考虑影响,即 "writing with impact in mind",项目研究委员会主席同时是该项目的新闻发言人。同时，有三个部门从不同渠道推动成果传播：国会和政府间事务办公室负责向国会和政府行政部门开展成果宣传，组织参加国会听证发言等活动；新闻和公共信息办公室则联络有关媒体和在其电子期刊上对咨询报告进行报道与传播；国家科学院出版社负责印刷出版咨询报告，并在网站公布报告全文。

12.5 影响力

传统上，智库一直把重点放在产出而不是影响上。2015 年世界银行一份研究指出，1/3 的智库报告从未被下载，40%的报告被下载次数不到 100 次，而只有 13%的报告下载量超过 250 次。

现在，影响力甚至决定智库成败。互联网和社交媒体重新定义了智库的运作方式，"无影响，不智库"，智库需要成为"高影响力组织"，并展示其对公共政策的影响。

智库要制订"高影响力"计划，寻求新的方式将其想法传达给政策制定者和公众，并制定更精准的公共关系策略。积极拥抱新媒体创新，利用互联网和播客等新媒体来吸引新的受众，并通过新产品和新渠道来传播研究分析及政策建议。

智库要有超越纸质报告和 PDF（portable document format，便携式文件格式）的思考。随着纸书时代结束，智库"研究它，写它，政策制定者就会上门来"的时代已经过去，甚至 PDF 报告也几乎和印刷版一样过时了。

智库要重新设计其"产品"，以简洁有力的政策简报取代书籍、期刊和白皮书等，以满足政策制定者的时间限制以及对政策问题的快速响应需求，以获得最大的影响，但又不失质量和完整性。

智库组织变革也要跟上。越来越多的智库是包含学术机构、咨询公司、营销公司和媒体等多角色的混合型组织，智库工作人员也必须由多种人才组成，包括学者、记者、营销人员等。

案例 58：美国战略与国际问题研究中心 iDeas 实验室

2012 年，美国著名智库战略与国际问题研究中心（Center for Strategic and International Studies，CSIS）成立了 iDeas 实验室，目的是"使用最新的图形设计、视听技术和其他技术来生产能够促进创新和创造力的尖端多媒体产品，并将 CSIS 的学术成果带给更广泛的受众"。

这家内部制作公司是革命性的，因为它以可访问且吸引人的多媒体形式提供精美、权威的信息。自 2012 年到 2020 年，iDeas 实验室为 CSIS 制作了 800 多个原创视频、采访和播客。

摆脱了书籍和冗长的研究报告，CSIS 找到了与日益快节奏和数字化的世界保持相关性的方法。

案例 59：布鲁金斯学会的博客计划

美国著名智库布鲁金斯学会长期以来被视为"没有学生的大学"，其对学术但以政策为导向的研究采用有效的混合模式，强化交流和传播研究成果，以适应不断变化的政治经济环境。

除出版书籍和支持长篇报告电子版下载，布鲁金斯学会还有一个强大的博客计划，旨在帮助关键作品流通。所有的研究人员都为各自的项目撰写 500～800 字的博客文章，并鼓励他们在社交网络和媒体上保持活跃。这使专家能够快速评论新出现的问题和趋势。这些博客文章还有助于激发读者对其长篇研究报告的兴趣。

有学者认为，这个案例表明，即使是世界上最受尊敬和最成熟的智库也被迫创新以适应全球思想市场的压力，且揭示了智库预算中正在发生的再平衡——正在增加用于战略沟通的资金，以确保政策报告在正确的时间到达正确的人手中。

第 13 章
新 范 式

  哲学体系一直喜欢吸收最新兴、最前沿的科学理论,并利用这些理论来加固其基础。

——菲利普·弗兰克(《爱因斯坦传》的作者)

13.1 科技牵引思想

自科学革命以来,科技的发展和渗透有目共睹,近现代战略思想无不受到科技的影响和带动,而思想理念的认知升级又常常引发制度的变迁。

比如,蒸汽机的发明和应用,不仅是一次巨大的产业变革,同时也是一次战略思想的升级。基于蒸汽机的火车和轮船的发明,催生了近代的陆权和海权观念。有历史学者指出,正因为拿破仑忽视当时新发明的蒸汽船,没有建立先进海军舰队,无法渡过英吉利海峡,最终在滑铁卢惨败而失去了改变欧洲历史的机会。近代的制空权,完全是科技的产物,因为假如没有飞机的发明,人类只能仰望星空,就谈不上制空权、航空和航天战略。原子弹的发明则是20世纪对人类军事战略思想影响最大的事件,据说罗斯福的私人顾问萨克斯就是以拿破仑错过蒸汽轮船技术为例,说服罗斯福研制原子弹,不要成为第二个拿破仑。

AI可能是继核技术之后,对战略思想影响最大的科技因素。达利欧认为,"我们目前看到的最重要的发明,提高了所有思考的质量和数量"。计算机可以帮助人类在自身相对不擅长的方面思考(如计算机内存比人脑强得多,而且随时可以接入,计算机能以极快的速度处理更多的数据,而且不会犯情绪化的错误);同时,人类可以帮助计算机克服其固有的局限性(如计算机完全没有想象力、直觉、常识、价值判断和情感性智慧)。人类和计算机之间的这种合作将提高思考的数量和质量。有学者认为,AI是从公共行政和商业经营,到战略情报和军事作战等方方面面的自动化决策任务的终极推动者。有人预期到2040年,AI也许能够以超人类的水平参与军事演习和演练的某些方面或阶段。一旦这种能力得到证实,做出指挥决策的人类有可能将AI系统的建议视为等于或优于人类顾问的建议。

爱因斯坦的挚友、《爱因斯坦传》的作者菲利普·弗兰克说,哲学体系一直喜欢吸收最新兴、最前沿的科学理论,并利用这些理论来加固其基础。

硬咨询作为一种"科技哲学",要推动实现从科技进步到思想理论再到制度变迁的跃升,必须对重大科学思想与科技进展,如 AI、大数据等新兴技术高度重视和持续关注,包括深入研究 AI 相关战略政策,以及通过 AI 提高智库之"智"。

13.2 大数据的特征

当前 AI 技术主要是靠"算例、算法、算力"驱动,核心是算法,基础是数据,当前主流的 AI 技术都是基于对大数据的加工处理。

大数据的种类包罗万千,如地球大数据有能源、资源、环境、气候、气象等,人的行为大数据有购物、出行、学习、运动、社交等,组织行为大数据有库存、信用、经营、研发、能耗等。

根据有关学者的研究,大数据的主要特征是:不是随机样本,而是全体数据;不是精确性,而是时效性;不是因果关系,而是相关关系。

13.2.1 不是随机样本,而是全体数据

在小数据时代,由于缺乏获取全体样本的手段,人们发明了"随机调研数据"的方法。理论上,抽取样本越随机,就越能代表整体样本。但问题是获取一个随机样本代价极高,而且很费时。人口调查就是典型例子,即使一个大国都做不到每年发布一次人口调查,因为随机调研实在是太耗时耗力。但有了云计算和数据库以后,获取足够大的样本数据乃至全体数据,就变得非常容易。已经有专家意识到,大数据对国家传统的统计调查来说是一次革命,也是一次重大机遇和挑战。

13.2.2 不是精确性,而是时效性

在大数据时代,快速获得一个大概的轮廓和发展脉络,要比严格的精确性重要得多。AI 专家诺维格指出,大数据基础上的简单算法比小数据基础上的

复杂算法更加有效。数据分析的目的并非是数据分析，而是有多种决策用途，故而时效性也非常重要。

13.2.3　不是因果关系，而是相关关系

"相关性"是指两个或两个以上变量的取值之间存在某种规律性，如喜欢 A 的可能也喜欢 B 等。大数据研究不同于传统的逻辑推断研究，需要对数量巨大的数据做统计性的搜索、比较、聚类、分类等分析归纳，因此继承了统计科学的一些特点，如关注数据的相关性或关联性。

13.3　科研新范式

到 2015 年，人们在社交媒体上打的字比人类有史以来印刷书籍所包含的字还要多。

杰米·萨斯坎德（Jamie Susskind）在《算法的力量：人类如何共同生存？》中说，最重要的革命没有在哲学系发生，甚至没有发生在议会和城市广场上，而是在实验室、研究机构、科技公司和数据中心里默默上演，其中大部分都涉及数字技术领域的发展。

传奇人物詹姆斯·格雷（James Gray）是 1998 年图灵奖得主。2007 年 1 月 28 日，他驾驶帆船失踪于茫茫大海之上，就在 17 天前的 1 月 11 日，他在加利福尼亚州召开的一次学术研讨会上，发表了著名演讲《科学方法的一次革命》，首次将科学研究的范式分为四类——除了之前的实验范式、理论范式、仿真范式之外，新的信息技术促使新的范式出现——数据密集型科学发现（data-intensive scientific discovery），也被称为科研 4.0。

微软公司于 2009 年 10 月发布了《E-Science：科学研究的第四种范式》论文集，首次全面地描述了快速兴起的数据密集型科学发现。至此，公认的科研四种范式正式确立。

第一范式，即以实验为基础的科学研究模式，代表案例是伽利略比萨斜塔实验。

第二范式，即理论研究为基础的科学研究模式，代表案例是牛顿力学。

第三范式，即利用计算机对科学实验进行模拟仿真的模式，代表案例是 EDA（electronic design automation，电子设计自动化）软件。2013 年，诺贝尔化学奖授予用计算机模拟开发多尺度复杂化学系统模型的科学家卡普拉斯、莱维特和瓦谢勒，评选委员会在发表的声明中说，现在，对化学家来说，计算机是同试管一样重要的工具。计算机对真实生命的模拟已为化学领域大部分研究成果的取得立下了"汗马功劳"。

第四范式，詹姆斯·格雷认为，互联网时代，随着数据的爆炸性增长，数据密集范式理应并且已经从第三范式中分离出来，成为一种独特的科学研究范式。

13.4 智能决策

13.4.1 机器学习

预测是大数据的核心价值，过去人们的决策主要是依赖 20%的结构化数据（信息），而大数据预测则可以利用另外 80%的非结构化数据来辅助决策。

达利欧认为：卓越决策=大数据+大型 AI+大型计算。其中，大数据是基础，大型 AI（算法）是软件，大型计算（算力）是硬件。大数据科研不仅是科研的新范式，也是以预测研判为主要内容的智库研究新范式。例如，2008 年，谷歌推出了流感趋势服务。根据谷歌搜索数据，可以近乎实时地对全球的流感疫情进行估测。

2013 年，一支由微软、斯坦福大学和哥伦比亚大学研究人员组成的团队，通过分析 2009~2012 年 600 万人在谷歌、微软和雅虎搜索引擎的搜索记录，发现了药物潜在的副作用，他们甚至能够在美国食品药品监督管理局警告系统出来之前就了解到处方药的副作用，如发现帕罗西汀（抗抑郁药）和普伐他汀（降胆固醇药）同时使用会导致高血糖。

2017 年，谷歌的 AI 程序 AlphaGo 击败世界围棋冠军。

2020 年，在谷歌最新 AI 程序 AlphaFold 的帮助下，DeepMind 准确预测蛋白质的 3D 形状结构，其预测结果与使用 X 射线晶体衍射、核磁共振或冷冻电镜等实验技术解析的结构相当，这堪称革命性的科研突破。

2021 年，谷歌开发了基于神经网络的新模型 AlphaFold2，其预测蛋白质结构的准确度能达到原子水平（0.96 埃），过程仅需几分钟。有结构生物学家感叹，"我用价值一千万美元的电镜努力地解了好几年，AlphaFold2 竟然一下就算出来了"。

2022 年，"生成式 AI"被 Gartner 认为是当年的"顶级战略技术趋势"，聊天机器人 ChatGPT（Chat Generative Pre-trained Transforme）成为新的 AI 明星。ChatGPT 是由美国公司 OpenAI 开发的一个包含了 1750 亿个参数的大型自然语言处理模型（至 2023 年 4 月，最新推出的 GPT-4 版本已达 5400 亿个参数）。它基于互联网可用数据训练的文本生成深度学习模型，支持用各种语言（如中文、英文等）进行问答、文本摘要生成、翻译、代码生成和对话等。ChatGPT 就像一个能够理解自然语言的大型知识库，用户可以问它各个领域（包括生活、科学、技术、经济等）的问题，而它可以根据你的要求写出作文、小说甚至计算机程序。很多人认为这一颠覆性技术是 AI 发展的里程碑，将对多个职业甚至人类社会产生巨大影响。

在技术层面，AI 技术的核心是机器学习。比如，AlphaGo 就是完全由机器学习实现的算法，其他机器学习典型应用包括邮件系统的垃圾邮件过滤，手机里的指纹解锁、语音和图片识别，以及导航等。

机器学习实质是统计预测的一种形式，是使用现有数据归纳生成缺失信息的过程。中国科学院院士鄂维南认为，机器学习的数学本质是函数逼近、概率分布的逼近与采样，以及贝尔曼方程的求解。

13.4.2　知识图谱

知识图谱与大数据、机器学习被称为 AI 三大技术。

信息是指外部的客观事实，如水会结冰；知识是对外部客观规律的归纳和总结，如水在零摄氏度时才会结冰。

信息之间建立有效链接后，才能提炼为知识，如果说信息是满天星斗，那么知识就是星座和星系。

知识图谱的核心在于可将表述性、内容纷杂的内外部信息连接起来并提炼为更具认知价值的知识，通过从客观事实到客观规律的总结与归纳，为决策、搜索、问答等多种应用提供技术基础。

13.4.3 文本挖掘

文本挖掘是一种数据挖掘方法，是指从大量文本数据中获取有价值的信息和知识。

作为一个多学科交叉领域，文本挖掘涵盖数据挖掘技术、信息抽取、信息检索、机器学习、自然语言处理、计算语言学、统计数据分析、线性几何、概率理论等。

基于文本挖掘的网络运营主要包括管理类应用和内容类应用两类，其中管理类应用包括用户价值分析、产品定价、需求预测、产品研发和改良、客户关系管理等；内容类应用包括搜索引擎、内容推荐、信息甄别、关键内容标注等。

案例 60：文本挖掘典型应用

（1）用于消费者需求分析。根据在线平台的用户社交活动产生的文本数据，可以挖掘出不同地域空间的产品需求，更好地确定各个区域的产品库存水平，甚至可以提前规划某个区域的产品物流任务，缩短物流配送时间。分析用户对产品的偏好信息有利于理解某种产品或服务的市场潜力，便于对产品进行定价，也有助于对某种价格水平下产品的市场需求大小进行预测，从而更好地管理并控制产品的供应链及产品的库存水平。

（2）用于舆情监测。例如，很多网民会在金融论坛对上市公司的股票进行交流和探讨，这些文本内容蕴含了大量的二级市场中股民对上市公司未来表现的情感态度和投资倾向。这些情感信息可有效反映用户对证券产品的市场预期，从而影响公司股票的供需关系及相应股价的未来走势。

（3）用于产品研发和改良。社交媒体中用户经常会对产品或服务进行评价。这些评价内容也称为在线口碑。通过对在线口碑的文本进行挖掘，可获得用户对产品或服务的主观情感态度。数据分析者可以清楚地知道哪些产品的特征是用户感兴趣的、哪些产品的特征是多余的、哪些产品的特征反而对用户体验起到负面作用。基于对在线口碑的分析，产品经理可以更好地对当前产品进行综合客观的评估，可以有效地提出对产品的改进建议。一方面，可以增加消费者关注度高并有强烈需求的产品特征；另一方面，可以去除那些既消耗生产成本又不能提升消费体验的产品特征。

13.4.4 计算人文

在 1981 年召开的首届国际《红楼梦》研讨会上，美国威斯康星大学的陈炳藻发表了《从词汇上的统计论〈红楼梦〉作者的问题》一文，他首次借助计算机进行了《红楼梦》研究，轰动了国际红学界。陈炳藻从字、词出现频率入手，通过计算机统计、处理、分析，对《红楼梦》后 40 回系高鹗所作这一流行看法提出异议，认为 120 回均系曹雪芹所作。这一研究体现出词频统计分析已经成为一种特殊文学研究方法，特别是在作者鉴别和文学风格及文学流派分析上已经显示出其强大威力。

计算人文，也称人文计算（humanities computing 或 computing in the humanities）或者数字人文，是将现代信息技术融入于传统的人文研究与教学过程，作为一个新兴的跨学科领域，给传统的人文研究提供了新的研究方法和研究范式。

13.4.5 数字孪生

数字孪生（digital twin）是指在一个物理设备或系统的基础上，创造一个数字版的"克隆体"，主要包括三个部分：物理空间的实体产品、虚拟空间的虚拟产品、物理空间和虚拟空间之间的数据和信息交互接口。

美国国防部最早提出将数字孪生技术应用于航空航天飞行器的健康维护与保障中。在数字空间建立真实飞机的模型，并通过传感器实现与飞机真实状态完全同步，这样每次飞行后，根据结构现有情况和过往载荷，及时分析评估飞机是否需要维修、能否承受下次的任务载荷等。

因此，数字孪生实际是一种工程系统，可应用于决策，典型应用有阿里巴巴的"城市大脑"等，通过建立数字孪生城市，实现对城市的智能管理。

13.5 数据驱动的政策集群

云计算、数字孪生、AI 和高性能计算（high performance computing, HPC）等技术通过可视化、模拟、预测和智能化，为决策和公共部门制定政策提供了新的机会，通过收集来自政府数据库、政府与公民互动数据、公共基础设施数据，以及来自社交网络和公共互联网等的数据，提高了政策制定的可扩展性、灵活性、精准性。

为将欧洲云基础架构用于公共管理，欧盟委员会"欧洲地平线计划"支持了 5 个项目——AI4PublicPolicy、Decido、DUET、IntelComp 和 Policy Cloud，目标是将云应用于数据驱动的政策制定，提高人们对基于数据和云的数据驱动决策工具的认识，鼓励公共部门决策者采用新的数字创新技术，根据实时信息、影响预测和公民意见制定更可持续的政策。

AI4PublicPolicy 项目将交付、验证、演示和推广一个新颖的开放云平台 AI4PublicPolicy，可用于实现基于 AI 技术的自动化、可扩展、透明和以公民为中心的政策管理。

Decido 通过与 EOSC（European Open Science Cloud，欧洲开放科学云）直接合作，作为公共部门、公民科学界和欧洲云基础设施之间的中介，并通过欧洲网格基础设施提供存储容量和处理能力，使公共部门能够有效制定更好的循证政策。

DUET 利用数字孪生提供虚拟城市副本，可以理解交通、空气质量、噪声和其他城市因素之间的复杂相互关系，可对潜在变更的预期影响进行建模，帮助政府部门做出更好的城市运营循证决策和长期政策选择。

IntelComp 是基于 AI 的科技创新政策制定的高性能计算平台。

Policy Cloud 旨在利用数字化、大数据和云技术的潜力来改善政策的建模、创建和实施。

13.5.1 AI4PublicPolicy

AI4PublicPolicy 通过数字化流程再造和组织转型来推动公共政策制定的数字化转型，以确保从传统政策制定模式过渡到新兴的基于 AI 的政策制定模式。

AI4PublicPolicy 平台的核心是一个开放的虚拟政策管理环境，它与欧洲开放科学云整合，提供基于机器学习、深度学习、自然语言处理和聊天机器人等 AI 技术的全面政策制定/管理功能，支持整个政策制定生命周期，基于可互操作和可重复使用的公共政策提取、模拟、评估和优化技术，通过实现面向公民的反馈循环来制定和优化以公民为中心的政策。

AI4PublicPolicy 虚拟政策管理环境可实现的功能包括如下内容。

（1）自动化、可扩展且有效的数据驱动型政策制定。

（2）公民、企业和政策制定者的反馈、互动和优化。

（3）政策和数据集的再利用、重用和链接。

（4）为政策制定提供可信、透明和合乎伦理的 AI。

（5）公共机构转型。

13.5.2 Policy Cloud

Policy Cloud 项目是模拟政策分析的通用建模和执行环境。它使用欧洲云计划的数据分析功能，其中包含精选数据集和数据管理、操作和分析工具。Policy Cloud 项目作为欧盟数据驱动政策制定的示范，在保加利亚、意大利、西班牙等国家进行了试点，试点的政策制定主题包括农业食品、社会服务、智慧城市和反恐等，验证了四个不同领域全生命周期的政策管理。

其中，Politika 是 Policy Cloud 的工具包，它提供一系列评估政策替代方案的分析工具，构建社会动态模拟环境用于分析和设计政策。社会动态模拟在政策分析和设计中发挥着重要作用，有助于估算替代政策对社会产生的影响，特别是在没有真实世界数据的情况下。Politika 作为一个交互式模拟框架，可用于检查和比较不同的政策选择，调查模拟政策替代结果与政策目标的关系，并对照政策制定者选择的标准来推荐政策决策，提高政策设计和分析的透明度、效率和有效性。

Politika 可以用作基于 Web 的独立组件，也可以集成到 Policy Cloud 平台。Politika 用作公开 Web 客户端接口的独立版本时，政策制定者可以指定、编辑、执行或删除模拟/政策，浏览存储在系统中的模拟/政策的规范和结果，进行数据上传/下载到/从模拟中下载数据，检查原始模拟/政策结果，以及计算和可视化模拟/政策分析。Politika 用作 Policy Cloud 平台的集成组件时，政策制定者可以通过开发和执行各种分析函数来调用 Politika。这些功能可以在 Policy Cloud 平台中创建，并将 Politika 作为处理政策相关信息的各种工具链中的链接。

13.6 鲁棒决策法

鲁棒（robust）决策法是兰德公司提出的一种逆向决策支持方法，决策者面对的不再是"未来会发生什么事情"等难以回答的问题，而是转向"现在可以采取哪些措施来确保局势朝着我们期望的方向发展"。

传统上，决策者往往采用"先预测后行动"的框架，即先结合现有的依据（数据、信息等）对未来做出最佳的预测，然后据此给出最好的行动方案，典型如情景分析、概率分析、回归分析预测等；在快速变革和高度不确定的形势下，预测经常不准确，因此"先预测后行动"的传统方法并不完全可靠。

鲁棒决策法不是使用模型和数据来对未来做出最佳预测，从而规避预测的不准或者分歧，该方法通过建立模型并进行无数次计算机模拟来模拟政策计划在未来各种可能场景下的实施情况，并对运用计算机模型生成的数据库进行可视化和统计分析，帮助决策者辨别其计划实施结果优劣，进而改进并制定更加明智的计划。鲁棒决策法的工作流程如图 13.1 所示。

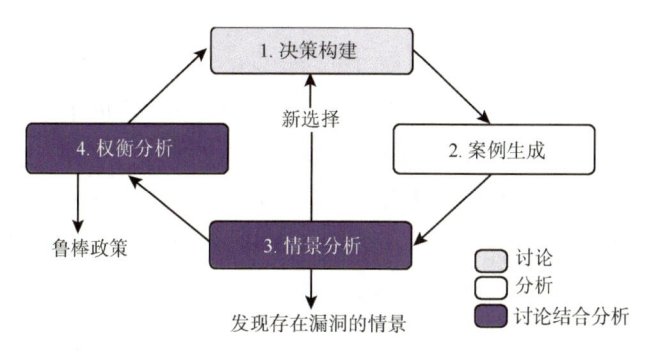

图 13.1　鲁棒决策法的工作流程

鲁棒决策法的工作流程如下所述。

（1）决策构建，即决策者界定目标、不确定性因素及可能的选择（步骤 1）。

（2）研究人员运用计算机模型生成一个庞大的数据库（步骤 2），库中包含了每个建议的政策在相应情形下的实施效果。

（3）计算机对该数据库进行可视化和统计分析，帮助决策者找出政策存在漏洞的多种情形（步骤 3），决策者可通过这些情形找到弥补漏洞的新方法（回到步骤 1），或可通过权衡分析来评估先前给出的选择是否值得采用（步骤 4）。

该流程反复运行直至决策者最终敲定一个鲁棒策略。

13.7　决策剧场

决策剧场（decision theatre）是近年来产生的用于复杂群体决策的新方法，主要用于涉及多个利益团体和决策机构的复杂决策的制定。

基于决策剧场的群体决策方法提供集实时模拟分析计算、全景式的三维视频展示和决策者互动于一体的动态决策环境，主要应用领域包括政府决策、城市规划、智慧城市建设、区域经济发展规划、应急管理等，核心技术包括多画面融合、三维立体投影、虚拟现实技术等。

国内外已有高校和研究机构建立了决策剧场环境，但目前多数仅限于真实场景的模拟和已有算法模型的展示与互动，尚没有针对决策者认知负荷（cognitive load）的创新群体决策模型与决策机制设计方面的研究。

> **案例 61：亚利桑那州立大学决策剧场**
>
> 亚利桑那州立大学的决策剧场建立于 2005 年，其核心是硬件支持下的软件系统平台、基于数据科学和决策科学相关模型和方法技术的可定制应用，以及相关具体执行框架，可提供面向不确定问题的解决方案。目前的亚利桑那州立大学的决策剧场在坦佩（Tempe）有 600 平方米的办公和会议场地，同时在华盛顿建有分部，与坦佩本部设备协同，为白宫等政府高层决策者提供医疗、教育、可持续发展、安全、国家治理等领域的数据及可视化分析、专家协同研讨等服务。

13.8 从社交媒体"挖矿"

社交媒体是第四次工业革命和移动互联网带来的重要产物之一。根据《2020 年全球数字报告》，社交媒体活跃用户达到世界人口的 51%，年增长率为 10%。社交媒体的主要功能如图 13.2 所示。

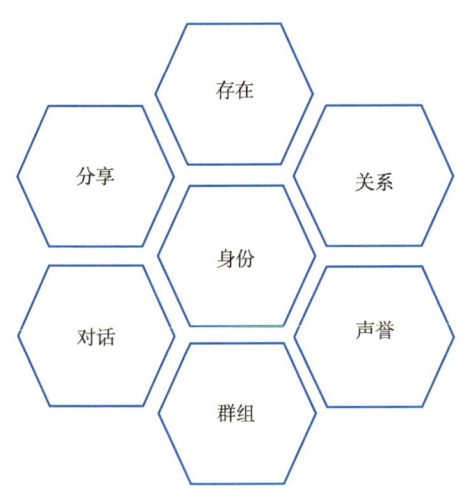

图 13.2 社交媒体的主要功能

美国宾夕法尼亚州立大学研究员乔纳森·苏波维茨（Jonathan Supovitz）认为，社交媒体支持的社交网络正在改变美国政策制定中派系政治的动态。詹姆斯·麦克甘进一步指出，社交媒体一方面可成为智库的强大传播工具，对政府和民众施加影响，并缓解社会对其脱离民众与现实的质疑，同时也为它提供了可以利用的新数据源，如通过网络爬虫和自然语言处理等工具抓取和分析全球推文信息，可以掌握网民对全球治理和其他主要趋势的情绪变化的脉搏，使智库研究更快、更准确、更广泛。因此，这是一座民众情绪的数据金矿，可供智库以最低成本跨界研究社情民意，预测各国的趋势和态度。

比如，有学者研究了某年内推特（Twitter）上所有与纳米技术相关的推文，发现55%的推文表示纳米技术未来确定，45%不确定，同时27%表示乐观，32%表示中立，41%表示悲观，这说明广大民众关于纳米技术的讨论总体上是积极的。

因此，智库要有社交媒体思维，一方面要使用社交媒体等新平台、新渠道和新形式来宣传展示，进行多媒体、交互式、立体化传播；另一方面，要战略性地把社交媒体数据作为新的证据宝藏，建立大数据分析和挖掘能力，适应决策日益增长的对快速数据信息的需求。

13.9 人类无可替代

在 AI 技术迅猛发展并日益强大的形势下，作为智慧生物的人类，在 AI 决策过程中，会不会靠边站呢？先来看两个例子。

第一个例子，亚马逊公司曾计划部署一个 AI 系统来辅助招聘，其中第一关是筛选简历。一些人认为，AI 系统的自动化简历筛选不仅能够帮助 HR （human resources，人力资源）节省很多时间，而且有望避免人为偏见和干扰，从而选出更高质量和更多样化的求职者。亚马逊希望招聘未来能在公司取得成功的员工，然而亚马逊并没有太多的女性高管，这就意味着公司没有足够多的成功女性的数据，因此，缺乏这些训练数据的 AI 系统就把很多女性求职者排除在外。不过，亚马逊管理层意识到 AI 加剧而不是解决了亚马逊现有的问题，于是果断放弃了这个 AI 系统。

第二个例子是著名的"电车问题"。如果这个电车是无人驾驶系统，那么，它是否应该转向到另一个轨道，以另一条人命的代价来避免撞死本轨道前方的四个小孩？

以上例子，本质是 AI 决策与人类决策的区别——AI 可以告诉人类"是否"，但决策还有"应该"的问题。牛津大学教授希瑟·罗芙（Heather Roff）指出，我们不能谈论道德 AI，因为所有 AI 都是基于经验观察的，我们不能从"是"中得到"应该"。"应该性"的问题需要人类从道德、伦理、环境等方面来综合抉择，正如科技虽然重要，但也只是决策者综合考量的一个方面而已，即决策者既需要考虑物理、事理，也需要通盘考虑伦理、心理等因素。

即使仅从技术角度，戈德法布（Goldfarb）和林赛（Lindsay）认为，人机协同的决策模型可分解为数据、判断、预测和行动等四个部分，基于机器学习的 AI 技术可使预测变得更高效、更便宜，这反过来会使数据和人类判断部分更有价值。而且，机器学习本身也离不开人类判断。比如，机器学习算法分为三类：在"监督学习"中，人类告诉机器要预测什么；在"无监督学习"中，需要判断分类什么以及如何处理这些分类；在"强化学习"中，需要预先指定奖励函数作为感知世界状态的数字分数，以使机器能够最大化目标。因此，每种情况都需要人工判断，从开始设定决策目标，到中间过程进行权衡以及最后评估结果，都离不开人类介入和主观能动性发挥。

再以不确定性最大的战争为例。戈德法布和林赛进一步指出，"战略中充满了复杂而有争议的政治和道德判断。什么值得为之奋斗或妥协？什么时候应该拥抱或放弃盟友？什么时候黄油比枪还值钱？为了什么样的国家利益，男人和女人应该被激励去杀戮和死亡？杀手什么时候应该表现出克制？这些问题的答案受到意识形态、心理学和国内政治等许多因素的影响，但并非来自机器"。因此，军事上 AI 的应用增强了人类的重要性，正如克劳塞维茨所说，穿越战场上的"迷雾"和组织中的"摩擦"需要指挥官的"天才"。

由此我们更好理解美国国防部提出的 AI 战略：美国武装部队中的男女军

人仍然是我们持久的力量源泉，我们将使用支持 AI 的信息、工具和系统来增强而不是取代军人。

推而广之到决策咨询领域，AI 有其适用的场合——当具备高质量的数据和清晰的判断条件时，AI 具有无与伦比的效能。但正如 AI 机器人 ChatGPT 指出的，人类的判断力、创造力和专业知识是 AI 难以取代的，即无论 AI 如何强大，人的创造性作用的发挥、战略专家的判断都是决策时不可或缺的重要一环。

第 14 章
从科普开始

如果你不能向一个六岁的孩子解释，你自己也不明白。

——爱因斯坦

14.1 科学引领公众

《寂静的春天》是美国海洋生物学家、科普作家蕾切尔·卡森 1962 年出版的科普读物,被认为是环保主义的基石,在世界科普史上具有里程碑式的影响。

1939 年,瑞士化学家保罗·赫尔曼·穆勒发现,化工产品 DDT(dichloro diphenyl trichloroethane,双对氯苯基三氯乙烷)能够有效灭虫,包括杀灭传播斑疹伤寒和疟疾的蚊子,保罗·赫尔曼·穆勒因此获得 1948 年的诺贝尔生理学或医学奖。这种杀虫剂于 1942 年输出美国,迅速投入大规模生产,并在世界各地得到了广泛应用。当时,美国农业部、化工行业和一些科学家支持将 DDT 广泛用于农业,包括棉花、花生和大豆作物,以获得更高的产量。

《寂静的春天》以寓言式的开头,描绘了一个美丽村庄的突变,讲述了人类滥用 DDT 等杀虫剂给生态环境带来的严重危害——DDT 在杀死吉普赛蛾的同时也杀死了鱼、螃蟹和鸟类,DDT 用于消灭火蚁但杀死的却是牛、雉鸡。为此,卡森向公众发出呼吁,希望人们关注生态环境,共同制止使用有毒化学品的喷药计划。

1962 年 6 月 16 日,《寂静的春天》开始在《纽约客》连载,很快在全美引起轰动。由于该书的影响,到 1962 年底,共有 40 多个提案在美国各州通过立法以限制杀虫剂的使用,随后 DDT 和其他几种剧毒杀虫剂被从生产和使用名单中清除,1972 年美国禁止使用 DDT。《寂静的春天》还引发了全球对环境问题的关注,各种环境保护组织纷纷成立,推动联合国于 1972 年 6 月在斯德哥尔摩召开了人类环境会议,并由各国签署了《人类环境宣言》,开始了世界范围的环境保护事业。

当然,由于损害了化工行业等方面的既得利益,这本书的出版最初也引发了一些争议甚至非议,还有科学家认为卡森的结论不严谨甚至片面,但触发社会公众对环境问题的关注却是卡森无可争议的贡献。1992 年,在卡森逝世后的第 28 年,《寂静的春天》被推选为世界上最具影响力的图书之一,被誉为"世界环境保护运动的里程碑"。

在我国古代，重视农桑的封建帝王和地方官也注意向农民推广传播农业技术。南宋绍兴三年（公元 1133 年），楼璹（shú）任临安府于潜县令。他格外留意农事，命人作耕织二图。其中，耕图从"浸种"到"入仓"共有 21 个画面，织图从"浴蚕"到"剪帛"共有 24 幅，详尽记录了农作生产过程，且每个画面都配有一首八句五言诗。被誉为国宝的清《雍正耕织图》，现藏于故宫紫禁城武英殿，该图册包含耕图 23 幅、织图 23 幅，由皇家宫廷画师所画，通过一幅幅农业生产劳动的画面，真实反映了当时耕织生产的全过程和农业技术的运用。

新中国成立后，国家高度重视新兴科技的普及工作。例如，原子弹的发明给世界带来巨大震撼，20 世纪 50 年代，根据周恩来指示，中国科学院成立了以吴有训副院长为首的"原子能知识普及讲座委员会"，钱三强等 20 多位科学家组成宣讲团，宣传原子能和平利用的知识，在此基础上出版了《原子能通俗讲话》等发行量巨大的科普书籍，成为知名科学家组团开展科普的典型案例。

14.2 从科普开始

国内的科学普及，国外称之为公众理解科学（public understanding of science）或科学传播（science communication），指的是向非专业的观众传播科学的活动。这里的科学，主要是指 STEM 等自然科学领域，而"非专家的观众"也包括本领域之外的其他科学家以及社会公众等。

PCST（public communication of science and technology，科学技术公共传播）认为，科学传播是有组织的、有明确目的的行动，其目的是使受众产生一定的个人反应，包括意识、理解、兴趣、享受、意见形成等。有瑞典学者认为，公众对科学的态度是由不同的叙述塑造的。因此，科学传播者必须展示其工作与社会的相关性，超越呈现的事实和证据，使科学引人入胜，创造科学家与公众之间的情感联系。

如果说咨询是科技成果从知识界到权力层的转移，那么科普就是科技成果从知识界到社会和公众的转移，二者都需要一定的转化和翻译，跨越思维和术语的鸿沟，为受众提供信息和证据。

因此，对于青年科学家来说，进行科普或许是锻炼智库思维与能力的好方法，所谓"心中极明，而后口中可断"。一个简单的例子——如果你的科普能让老奶奶或者 6 岁的孩子听懂，那么大概率也能把决策者说服。

案例 62：《赤脚医生手册》

赤脚医生是 20 世纪 60 年代至 70 年代我国农村中没有纳入国家编制的非正式医生，是半农半医乡村医生的特定称谓。1968 年 9 月，当时中国最具有政治影响力的《红旗》杂志发表了一篇题为《从"赤脚医生"的成长看医学教育革命的方向》的文章，随后《人民日报》《文汇报》等各大报刊纷纷转载，"赤脚医生"由此闻名全国。

根据当时报道，中国有 102 万乡村医生，其中近 70%的人员为初、高中毕业，近 10%的人员为小学毕业。赤脚医生通常来自两个方面，一是医学世家，二是初、高中毕业生中略懂医术病理者，其中有一些是上山下乡的知识青年。为了使这部分人迅速掌握现代医疗基本知识，1970 年，上海中医学院等编写了《赤脚医生手册》，《赤脚医生手册》一经出版立刻成为风靡全国的畅销书，各地的赤脚医生几乎人手一册。

这本科普图书不按传统的知识逻辑，先讲解剖学、生理学、生化学、药理学等，而是以问题为中心，采用图文并茂的形式，从常见的咳嗽、呕吐到复杂的心脑血管疾病和癌症，从灭蚊、灭蝇的防病知识到核武器、生化武器的防护，从针灸、草药到常用西药，清晰明了、简单易行、务求实效，全国累计发行量达数百万册，成为医学科普教育成功的案例。

《赤脚医生手册》还被翻译成 50 多种文字在全世界发行。

14.3　科学传播的模型与范式

广义的科学传播包括科学咨询、技术转移、科学普及等类型，科学传播的模型，如图 14.1 所示。

图 14.1 科学传播的模型

科学咨询的对象是国家或组织，技术转移的对象是产业界，包括行业企业等，科学普及的对象是社会公众，如公民、学生等。

在学术界内部的科学传播主要是学术交流、同行评议活动等，对象包括同行与非同行，同行又包括大同行与小同行。

到目前为止，共有三种科学传播模型或者范式：赤字模型、对话模型和参与模型。

赤字模式认为公众不理解科学，是因为他们缺乏相关信息或知识，为此，需要科学家向公众转移知识来消除这种知识差距或者信息赤字。赤字模式下的科普形式主要是传统的科普文章和科普报告等。

对话模式认为，专家和公众可以通过平等对话和讨论，表达他们的观点、价值观、经验和担忧。

参与模式以对话模式为基础，让公众参与和协助科学工作，包括确定研究问题和解释结果等基本任务。该模式与对话模式的区别是，对话模式侧重于对知识影响的讨论，而参与模式侧重于专家和公众之间的知识共同生产，参与模式提高了公众对科学的认知和道德信任，并增强了科学过程的民主合法性。

案例 63：TED 演讲

TED 即技术（technology）、娱乐（entertainment）和设计（design）的首字母缩写，发起人理查德·索·乌曼认为 TED 共同塑造了我们的世界，并于 1984 年在美国创办了同名的非营利组织（https://www.ted.com），致力于传播好的思想和创意，以 TED 大会和简短有力的演讲（18 分钟或更短）为主要活动形式。成为 TED 演讲者需要有非凡的经历，如威廉·杰斐逊·克林顿、比尔·盖茨等社会名流都曾担任过演讲嘉宾，而成为 TED 大会的现场观众需要购买价格高达 7500 美元的门票。目前，TED 演讲超过 100 种语言并几乎涵盖了所有主题，演讲视频可以在网上免费收看。

14.4 科学传播科学

科学是一种事实，科学写作在大类上属于非虚构写作。日本非虚构作家柳田邦男在《观察事实的眼睛》中说，非虚构作品的精髓在于"叙述事实"。这句话巧妙地表达了形成非虚构作品的两个条件：第一个条件是必须发掘应该叙述的"事实"，第二个条件是必须对"事实"以引起读者共鸣的形式进行"叙述"。这就是以科学的方式传播科学，具体要注意以下方面。

14.4.1 了解你的受众

你的听众是谁？他们的知识水平和兴趣如何？了解他们知道什么、不知道什么、还想知道什么，将有助于你确定演讲内容，并保持观众的参与度。

14.4.2 确定传播目标

科普是一种交流，你希望观众看完或者听完你的科普作品后理解或记住什么关键信息，并以此作为框架来构建你的演讲。

14.4.3 从最重要的信息开始

即先说结论，再说论点、事实、数据等，这与论文的写作顺序相反，是结构式的表达方式。

14.4.4 避免使用行话

除非跟同行交流，行话是沟通交流之间的"墙"，必须把行话和术语翻译成通俗易懂的语言，用更简单的解释或类比来代替。

14.4.5 保持相关性

论述的影响力取决于 3R——连接性（relatability）、可及性（reach）和重复性（repetition），其中连接性是第一位的。要寻找科普报告与受众的关联点，强调的是关联而不是内容，要让听众有代入感。

当然，与枯燥的学术、政策等相比，某些课题更加有连接性，如八卦、宗教和种族，因为它们很容易理解，任何人都可以发表见解。

14.4.6 提供视觉效果

一张图片胜过 1000 个单词！使用 PPT、视频、音频、动画、道具等混合媒体可使观众更容易理解和记忆。

14.4.7 只讲三点

把你的想法或内容提炼成三个要点，通常少于三个太单薄，超过三个难记住。在讲述一个简洁、有趣的故事同时传达实质内容是一门艺术。

14.4.8 谈谈科学过程

听众需要确定性，而科学答案通常是有条件的，介绍科学过程可以弥合不信任，激发没有科学背景的人的好奇心。

14.4.9 关注更大的影响

你的工作是一个更大问题的一部分，把你的内容摆在大局中介绍，也就是提高站位，关注更大的影响，可以帮助听众理解为什么你的工作很重要。

14.4.10 练习电梯游说

在乘坐电梯的时间里，练习用一个足够短的重点陈述，快速有效地传达你的工作的价值。

14.5 以故事为载体

故事作为一种叙事结构，其基本定义是"一件事发生是另一件事的结果"。诗人穆里尔·鲁凯泽（Muriel Rukeyser）说，宇宙是由故事组成的，而不是原子。无论科普文章、科普报告还是科普视频，以故事为载体都是引人入胜的有效方式。

生物学的研究认为，当人们听到或读到一个故事时，大脑中就会产生化学反应。如果大脑受到的信息是一则引人入胜的故事，激素多巴胺就会在大脑中释放，这种化学物质冲过人的神经通路时会给人带来幸福感甚至欣快感，从而帮助人们记住故事里的人和事。因此，故事可以影响和帮助人类记忆，激励人们采取行动并建立共同理解。

越来越多的研究表明，科学传播可以通过讲故事来实现许多目标：从激发人们对科学的兴趣到提高人们对科学的认识，从帮助人们理解复杂的科学概念到激发人们的同理心和共鸣，从对科学及其社会影响进行更批判性的思考到说服人们改变态度或行为，讲故事都是有力的工具。

典型的"三幕式"叙事结构包括：开始时设置情境，中间设置冲突，结尾处设置解决方案，从而形成因果结构的叙事弧线。

这里特别强调开头的重要性。无论你的文章内容有多大价值，都需要一个引人注目的开头来吸引读者，否则他们永远不会读到你文章的中间或结尾部

硬咨询：要点与案例

分。你的文章开头就是一个"兔子洞"，读者通过这个"兔子洞"跳出现实，进入你的叙事世界。

案例64：亡命之计

1942年11月28日，一根火柴点燃了波士顿剧院区附近椰子林夜总会角落里一棵假电光棕榈树的纸质叶子，引发了美国历史上最严重的火灾之一。火星溅到天花板的装饰织物上，然后四处蔓延，几分钟内就吞没了这个地方。当天晚上，夜总会里挤满了狂欢者。夜总会为数不多的出口门要么被锁上，要么被堵住，数百人被困在里面。救援人员不得不破门而入。那些有生命迹象的人主要被送往两所医院——麻省总医院（Massachusetts General Hospital）和波士顿城市医院（Boston City Hospital）。

在波士顿城市医院，医生和护士为烧伤的患者进行了标准治疗。然而，在麻省总医院，一名打破传统的外科医生——奥利弗·科普（Oliver Cope），决定对患者进行一项实验。当时还是一名只有四年外科住院医师经验的弗朗西斯·丹尼尔斯·穆尔（Francis Daniels Moore），是患者被送来时急诊室里仅有的两名医生之一，这一次的经历和实验改变了他的人生轨迹。因为他们的成功尝试，现代医学从此被改变。

案例65：体重标准的影响

1998年，美国国家心肺血液研究所召集的一个委员会改变了"体重超标"的定义，2900万名美国人入睡时感觉良好，但一觉醒来才知道，政府现在告诉他们需要甩掉6～12磅[1]才能达到健康体重。

1. 初稿

联邦政府计划改变健康体重的定义，这项有争议的举措将使数百万美国人被分类为体重超标人群。

根据新的指南，估计现在被认为体重正常的2900万名美国人将被定

---

[1] 1磅≈0.4536千克。

义为体重超标，并建议尽一切可能防止体重进一步增长。那些经历过健康影响，如高血压、高胆固醇或糖尿病的人，将被鼓励减少体重6~12磅，以使他们恢复到更安全的体重水平。

2. 修改稿

奥运金牌滑雪运动员皮卡伯·斯特里特和巴尔的摩金莺队（Baltimore Orioles）第三垒手卡尔·瑞普肯有何共同之处？

根据新的联邦准则，他们都体重超标。

那么，他们和其他突然被归为体重超标的数以百万计的成年人如何处理他们多出的体重呢？像斯特里特和瑞普肯这样的运动员可能是特殊情况，但其他人怎么办呢？

14.6 科普短视频

移动互联网时代的科普内容创作，必须更短、更快。这里的科普短视频时长在1.5~3分钟，如何创作呢？《科学写作手册》介绍了一个案例。

《新英格兰医学杂志》上发表了一项研究，指出在阻止心脏病发作的过程中，价格较便宜的链激酶比另一种抗凝剂阿替普酶更有效。以此为背景，可以想象它的传播脉络。

首先，由新闻节目主持人进行概述，介绍记者。接下来，记者（也就是你）对某个画面进行讲述。画面呢？几乎始终都是患者。毕竟这是一个故事，你要尽量吸引一个手持遥控器并可能在眨眼之间就切换频道的观众看下去。要想从研究结果入手是不可能的——人们需要一个关于治疗的背景。从一幅血管的图片开始谈论研究结果可能会很枯燥，而且可能令人困惑，所以你必须找到一名患者来说明这一点。通常，可以通过联系当地医院或参与研究的医生来实现这一点。

其次，在镜头前采访患者。理想的情况是，患者还在医院里，刚从心脏病发作中幸存下来，所以他的感受是及时、新鲜的。不太理想的情况在患者的家中拍摄。尽量拍摄一些患者正在做的有趣的事情，以避免可怕的"步行镜头"（患者毫无来由地在客厅里走来走去）。虽然有时候制片人会和这些人边走边聊，但总还是需要坐下来访谈，这时通常需要一个安静的场所和额外的灯光。

节目的另一个关键要素是专家访谈，专家最好是参与研究的作者。有时，医学杂志或公关公司会发布对作者进行采访的视频新闻通稿，其中会包括研究实验室的图片或其他相关的"幕后花絮"（如药片被放置在药瓶中的画面）。对于没有资源可以进行采访和拍摄照片的制片人来说，这些视频新闻通稿是非常有用的，前提是你要记住，它确实是你能想象得到的最积极有效的信息。有时，这些视频新闻通稿试图制造假新闻，这时候你应该忽略它。根据新闻机构的规则，你可以使用这些图片或采访，只要你能保持编辑平衡。你可能还想和当地的医生谈谈，通常医生会正在给你访谈的患者看病。为了在你的脚本中介绍医生，你需要医生做一些事情，或者准备更多的行走镜头。

对于本身具有争议的研究，你需要找到一位持不同意见的研究者。对于这些研究人员，你最多只能使用两个10秒的声音片段。到你讲述患者的故事时，需要有10~20秒患者的声音；解释研究结果时，可以利用研究人员来添加内容；待片子完成时，你的时间已经够了。

最后，你需要一些额外的幕后花絮，譬如链激酶、阿替普酶、急诊室以及一些血凝块的图片，其中一些可从视频新闻通稿或美国心脏协会等机构免费获取。创造性地使用图形（无论是来自组织的还是由电视平面设计师设计的），可以用一张能总结主要结果的图表和一个溶栓药物如何工作的动画图表。有了这些，一个两分钟的电视作品就生动起来了。

在撰写脚本时，你需要配合画面，不是去描述它们，而是将它们作为脚本的支撑材料。比如，在谈论有多少人可以使用这些药物时，你可以播放一些急诊室的镜头。这些图像可能并不美，但你需要一些这样的东西作为补充。你必须保持屏幕上一直有图像。

参考文献

布隆代尔 W E. 2006. 《华尔街日报》是如何讲故事的. 徐扬，译. 北京：华夏出版社.

布卢姆 D，克努森 M，赫尼格 R M. 2021. 科学写作指南. 李红林，刘曙辉，译. 北京：科学出版社.

大前研一. 2007. 企业参谋. 裴立杰，译. 北京：中信出版社.

大前研一. 2010. 思考的技术：思考力决定竞争力. 2 版. 刘锦秀，谢育容，译. 北京：中信出版社.

大前研一，斋藤显一. 2010. 问题解决力：成为最善于解决问题的优秀员工. 李颖秋，译. 北京：中华工商联合出版社.

丁贤俊. 2011. 洋务运动史话. 北京：社会科学文献出版社.

多姆霍夫 W. 2009. 谁统治美国：权力政治和社会变迁. 吕鹏，闻翔，译. 南京：译林出版社.

韩淑芳. 2018. 口述：书记、市长与城市. 北京：中国文史出版社.

克劳塞维茨 C. 2014. 战争论. 孙志新，译. 北京：北京联合出版公司.

兰小欢. 2021. 置身事内：中国政府与经济发展. 上海：上海人民出版社.

李强彬，傅妙婵. 2020. 证据驱动型政策制定：西方的论争与回应[J]. 行政科学论坛，（2）：19-26.

李伟. 2011. 关于政策咨询研究工作的思考. 管理世界，（1）：2-5.

李伟. 2014-04-22. 探索中国特色新型智库发展之路. 人民日报（9）.

铃木崇弘. 2018. 何谓智库：我的智库生涯. 潘郁红，译. 北京：社会科学文献出版社.

马建堂. 2020-02-03. 如何提高决策咨询能力和本领，中国经济时报（1）.

毛泽东. 1991. 毛泽东选集：第 1 卷. 北京：人民出版社：110.

米尔斯海默 J J，沃尔特 S M. 2009. 以色列游说集团与美国对外政策. 王传兴，译.

上海：上海人民出版社.

内田和成. 2022. 波士顿咨询工作法：精准发现问题. 萧秋梅，译. 北京：中国友谊出版公司.

钮先钟. 2003. 战略研究. 桂林：广西师范大学出版社.

潘教峰，等. 2019. 智库 DIIS 理论方法. 北京：科学出版社.

沈传亮. 2018. 改革开放以来中国共产党决策科学化演进与展望. 中共中央党校学报，22（2）：23-32.

宋健. 1986. 全国软科学研究工作座谈会开幕词. 中国软科学，（2）：10-13.

宋健. 1995. 繁荣决策科学 发展咨询产业：在全国软科学工作会议上的讲话. 中国软科学，（2）：5-12.

田涛，吴春波. 2017. 下一个倒下的会不会是华为. 北京：中信出版社.

王鑫，张慧琴，孙昌璞. 2021. 从智库研究到智库科学. 中国科学院院刊，36（7）：797-806.

吴敬琏. 2003. 比较. 北京：中信出版社.

萧浩辉. 1995. 决策科学辞典. 北京：人民出版社.

徐匡迪. 2016. 徐匡迪院士访谈 中国智库的历史、现状与未来展望. 中国科学院院刊，31（8）：901-908.

叶茂中. 2019. 冲突. 2 版. 北京：机械工业出版社.

殷瑞钰，李伯聪，汪应洛，等. 2017. 工程方法论. 北京：高等教育出版社.

张志强. 2020. 世界百年未有之大变局与智库使命和智库建设. 智库理论与实践，5（4）：1-12.

中国科学院. 2013. 中国科学家思想录：第 1 辑. 北京：科学出版社.

中国科学院. 2013. 中国科学家思想录：第 2 辑. 北京：科学出版社.

中国科学院. 2013. 中国科学家思想录：第 3 辑. 北京：科学出版社.

中国科学院. 2013. 中国科学家思想录：第 4 辑. 北京：科学出版社.

中国科学院. 2013. 中国科学家思想录：第 5 辑. 北京：科学出版社.

中国科学院. 2013. 中国科学家思想录：第 6 辑. 北京：科学出版社.

中国科学院. 2013. 中国科学家思想录：第 7 辑. 北京：科学出版社.

中国科学院. 2013. 中国科学家思想录：第 8 辑. 北京：科学出版社.
中国科学院. 2016. 中国科学家思想录：第 9 辑. 北京：科学出版社.
中国科学院. 2016. 中国科学家思想录：第 10 辑. 北京：科学出版社.
中国科学院. 2017. 中国科学家思想录：第 11 辑. 北京：科学出版社.
中国科学院. 2017. 中国科学家思想录：第 12 辑. 北京：科学出版社.
中国科学院. 2017. 中国科学家思想录：第 13 辑. 北京：科学出版社.
中国科学院. 2017. 中国科学家思想录：第 14 辑. 北京：科学出版社.
中国科学院. 2017. 中国科学家思想录：第 15 辑. 北京：科学出版社.
中国科学院. 2017. 中国科学家思想录：第 16 辑. 北京：科学出版社.
中国科学院. 2017. 中国科学家思想录：第 17 辑. 北京：科学出版社.
中国科学院. 2017. 中国科学家思想录：第 18 辑. 北京：科学出版社.
中国科学院. 2019. 关于中国国土开发与可持续发展的报告. 北京：科学出版社.
中国科学院科技战略咨询研究院，中国科学院学部科学普及与教育研究支撑中心. 2020. 中国科技热点评述 2019. 北京：科学出版社.
中国中共文献研究会. 2009. 毛泽东箴言. 北京：人民出版社.

Burns T W，O'Connor D J，Stocklmayer S M.2003. Science communication：a contemporary definition. Public Understanding of Science，12（2）：183-202.

Donnelly C A，Boyd I，Campbell P，et al.2018. Four principles to make evidence synthesis more useful for policy. Nature，558（7710）：361-364.

Farmer R.2010. How to influence government policy with your research：tips from practicing political scientists in government. PS：Political Science & Politics，43（4）：717-719.

Gluckman P.2014. Policy：the art of science advice to government. Nature，507（7491）：163-165.

Goldfarb A，Lindsay J R.2022. Prediction and judgment：why artificial intelligence increases the importance of humans in war. International Security，46（3）：7-50.

Jordan A A，Taylor W J，Meese M J.et al. 1981. American National Security：Policy and Process. Baltimore：The Johns Hopkins University Press.

King A.2016. Science, politics and policymaking. EMBO Reports, 17(11): 1510-1512.

MacIntyre S.2001. Using evidence to inform health policy: case study. BMJ Clinical Research, 322(7280): 222-225.

Scholarly Commons. TTCSP global go to think tank index reports. [2023-05-11]. https://repository.upenn.edu/think_tanks/.

Topp L, Mair D, Smillie L, et al.2018. Knowledge management for policy impact: the case of the European Commission's Joint Research Centre. Palgrave Communications, 4: 87.

Whitty C J M.2015. What makes an academic paper useful for health policy?. BMC Medicine, 13(1): 1-5.

Yeo S K. 2015. Public Engagement with and Communication of Science in a Web 2.0 Media Environment. Washington: American Association for the Advancement of Science.

附　　录

附录1　关于政策咨询研究工作的思考[①]

国务院发展研究中心（以下简称发展中心）作为国务院机构序列的直属事业单位，其根本职能是对涉及国民经济、社会发展全局性、综合性、战略性、长期性及前瞻性的重大问题进行政策研究和决策咨询。发展中心机构层次和职能属性的定位，决定了对其咨询研究工作质量、水平、作用的高要求。否则，"盛名之下，其实难副"，徒有虚名，当之有愧。要能实现这种高要求的工作目标，涉及队伍建设、人才培养、素质提高、财务支持、科研课题管理等诸多方面，本文仅从实际工作感受的几个侧面作些探讨。

一、要摆正"三者之间的关系"

基于发展中心的职能定位，毋庸置疑，国家相关政策的咨询研究是其根本职责。但是，我们做政策咨询研究，绝不是孤立的，不能就政策研究政策，而要与学术理论研究、经济社会实践研究紧密结合起来。三者之间的关系应是有机的统一体，相互支撑，而不是互相排斥。任何事关国民经济社会发展正确、有效的政策，都必然是基于其所处的经济体制，因循经济社会发展的客观规律而制定的，并将在实施实践中予以检验。人们总是力求最大限度地把握所制定政策与经济体制、客观规律等相关要素的一致性，以求得动机与效果的统一。这一求得"一致性"的过程，实质上是人们的认知和理论、实践相统一的过程，是实践—理论—实践反复循环不断修正、完善的过程。理论的指导、实践的检验都是不可或缺的。毛泽东同志在《实践论》中曾指出"实践若不以革命理论为指南，就会变成盲目的实践"。而脱离实践的理论，也只能是空洞的、无对

[①]李伟. 2011. 关于政策咨询研究工作的思考. 管理世界, (1): 2-5.

象的理论，是海市蜃楼、空中楼阁。试想：如果缺乏扎实深厚的相关领域的学术理论基础，缺乏对市场经济体制下经济社会实际运行状况的深刻了解和把握，要想提出关系国民经济、社会发展的真正高质量、高水平、作用大的政策建议，这可能吗？

宋朝理学大家朱熹曾有脍炙人口的诗作《观书有感》："半亩方塘一鉴开，天光云影共徘徊；问渠那得清如许，为有源头活水来"。此诗的寓意不难理解，但朱熹作此诗的技巧与诗意结合之巧妙，堪称一绝。四句未见"书"一字，然却以《观书有感》为题，言读书获益之得，此意此工颇值得玩味。其中所蕴含的道理，同样适用于政策咨询研究工作。要想不断推出高质量、高水平的政策咨询建议，就要能够使"知识、学术理论、实践"的"活水"源源不断地流入政策研究工作者的大脑之"渠"，我们在努力完成各项政策咨询研究任务的同时，就必须要创造条件不断提高政策研究工作者的相关学术理论水平，夯实政策研究的理论基础，增强他们在经济社会相关领域的知名度和影响力；也要调整好时间、精力、力量，进行必不可少的经济、社会调研，理清有关政策在实际执行过程中的正负作用因素和利弊得失，为制定及完善政策提供咨询依据。要尽力避免成年累月地只埋头于完成任务式的工作方法，因为这种工作方法的勤恳精神诚然可嘉，但于长远不利。"活水"不济，"渠"何得"清如许"？当然，政策研究的根本职责这一点是不容动摇的，应是以政策研究为主，与学术理论研究、经济社会实践研究等有机、紧密结合，积极探讨这三者结合的有效机制和最佳结合点。

二、努力培养、提高三种能力

（一）能够先于大多数人发现重大问题的能力

事物的存在和发展过程中，其本质的东西无不通过某些或多或少的现象以体现。而其本质的东西往往预示着事物的发展趋势。政策咨询研究工作，十分重要的一点就在于对事物发展的预见性或前瞻性。毛泽东同志曾指出："所谓预见，不是指某种东西已经大量地普遍地在世界上出现了，在眼前出现了，这时才预见；而常常是要求看得更远，就是说在地平线上刚冒出来一点的时候，刚露出一点头的时候，还是小量的不普遍的时候，就能看见，就能看到它的将来的普遍意义。"（《毛泽东文集》第 3 卷第 395 页）战国时期宋玉的《风赋》中曾有"风起于青萍之末"之言，是古人对人们认识事物有先见之明能力的经典之喻。能否见微知著、见机于先、窥斑见豹、一叶知秋，先于众人感觉、发现经济社会发展过程中的倾向性、趋势性的重大问题，是高级智囊机构、人物与一般智囊机构、人物的根本区别所在。这种能力的高低，一方面在于知识和经验的积累深浅，更重要的在于对政治、经济、社会发展认知的敏感性和洞察力。

20 世纪 90 年代初期，我国经济社会发展过程中发生了一件当时可称之为有"轰动性"的事情，至今回顾，颇有意义。1992 年初，邓小平同志具有重大现实意义和深远历史意义的南巡讲话发表，顿时在中国大地掀起了新时期改革开放和发展的浪潮。当年 3 月 25 日人代会期间，国务院副总理朱镕基同志以深刻学习、领会邓小平同志南巡讲话为主题，在上海市人大代表团作了发言。发言的主要内容是，全面、正确理解和贯彻小平同志南巡讲话及"发展是硬道理"的论断，强调加快发展主要应是加快改革开放的速度、加快经济结构调整的速度、加快提高企业经济效益的速度、加快科技进步的速度。这实际上是对已经出现的有些地方未能全面、正确把握小平同志南巡讲话精神，盲目追求工业产值、GDP 增长速度的现象及蔓延趋势予以提醒、告诫。

由于代表团讨论是开放的，日后在社会上、尤其是在香港媒体可以说是掀起了轩然大波，甚至有的香港媒体公然说这一讲话是和"南巡讲话"唱反调。然而，这一讲话得到了邓小平同志的充分肯定，并很快以中央文件形式下发。只是极其遗憾的是，这一具有见微知著、先见之明的讲话精神，即使发了"红头"中央文件，也并未真正引起全国的高度重视，片面追求发展速度的趋势未能改变。其结果，1993 年 6 月，党中央、国务院不得不实施以治理经济过热为主要内容的宏观调控。回顾这一段历史，只是想证明，1993 年我国出现宏观经济过热这样的重大事件，其实早在一年多前已有"先兆"显现，并能为能

- 243 -

人所预感和认知。这，确实值得我们政策研究工作者深思。

（二）能够抓住和把握事物本质及内在规律的能力

事物发展过程中，不同阶段矛盾的性质不尽相同，主要矛盾和次要矛盾、矛盾的主要方面和次要方面、矛盾的表现形式、现象和本质、表面和实质，等等，万象交织，错综复杂。当今时代，是信息"爆炸"时代，认识事物，可以说是"雾里看花"，真假难辨。能够透过这种真假交织、错综复杂的现象看清事物的本质，准确把握事物的内在规律，无疑，这是对高层次政策咨询研究人员所应具备能力的要求，而这种能力又应该是与高层次研究机构之名相适应的。同样的信息、资料、数据，不同的人得出的结论未必相同，有时可能会大相径庭，尤其是对经济问题的认识，甚至可能截然相反。这其中的差别有多方面的因素，但根本在于是否能掌握和运用正确的认识论与方法论，毛泽东同志曾经讲过的16个字，应是指导我们正确认识事物、运用研究方法的真谛。即："去粗取精，去伪存真；由此及彼，由表及里"。毛泽东同志早年所著《中国社会各阶级的分析》、《湖南农民运动考察报告》，当是我们从事政策咨询研究工作者所要学习、借鉴的经典之作。

（三）能够提出科学可行且能为领导认可、采纳建议的能力

政策咨询类的建议，其最终关键点要落脚在可行、可操作上。任何所谓正确、有效、完美的政策，都要经过实践的可行、可操作来检验，概莫能外。因此，要想提出好的政策性建议，要想制定好的政策，必须要在提出、制定的过程中，充分论证其可行性及可操作性。好的政策建议，不仅要有理论性阐述和分析，甚至有时要有学术研究论据的支持，但更重要的是要和现实实际状况紧密结合。分析要以现实客观存在的问题为基础，要在现实体制、人员素质、管理水平等条件下论证其是否可行、可操作，要充分估量在现实条件下，政策执行过程中的"摩擦系数"，是否能达到预期的效果。真正睿智并有决断力的领导，在高度重视政策设计本身科学性的同时，往往更为关注其在经济社会实践

中的可行性、可操作性。只有理论和实际紧密结合、在实践中具备可操作性的政策，才是科学合理的、有实际价值的政策。为什么现实中不少政策、规定要"三令五申"、"八令十申"，即使如此，其效果也未必理想，在其诸多原因中，这些政策、规定在现实中是否具备可操作性很值得我们反思。

当然，建议最终能否为领导所认可、采纳，有多方面的因素，并不完全在提建议方；极而言之，也不排除一个上好的政策建议，可能因有的领导认知能力、决断魄力欠缺等原因而未被采纳。但是，作为提建议方，不能不充分考虑能为领导认可、采纳的最大可能性。这种考虑，既不是要放弃原则，更不是要投领导所好，而是要追求物有所值与物能所用的统一。毕竟，一个不能为领导所认可、采纳的建议，只能是事倍功半，甚至是徒劳无益。

另外，事物发展过程中与其他事物的相关性很强，政策研究更是如此。因此，所提政策建议要充分考虑政策涉及方面的相关性，不能只囿于一个行业、单一领域，而要放在全局中来分析研究，放在事物发展阶段的大环境中掂量，这样得出的结论，才能摆脱局限性、片面性，才更可能具有可行性、可操作性。

三、正确认识事物发展规律，切忌欲速不达

好的政策建议应该也必须体现实事求是的精神，这一精神的基本点就是遵循事物发展的客观规律。从认识论角度说，要注意正确认识和把握事物运动的"三个过程"。

一是事物运动本身是一个由低级阶段向高级阶段发展，最后走向消亡或转化为另一种事物的过程。这一过程既是事物内外部因素、各种矛盾不断作用变化的过程，同时，也是一个必然的时间过程，或者说是事物的本质随着时间的推移而逐渐显现、变化的过程。人们不应该也不可能超越事物发展的阶段，以主观意愿行事来达到预期目的，否则将事与愿违。正如我国现在正处在社会主义初级阶段，如超越此阶段，超越实际人、财、物等客观条件允许，想把未来的事在今天办完，则必然会受到客观规律的无情惩罚。

二是人们对事物本质和规律的认识也必然有一个过程。这一过程，同样既

是时间的过程，也是人们的实践过程，更是认识不断深化的过程。人们对事物发展认知的正确与否、深浅之别，往往会受到条件、能力、主观意愿等多方面因素的制约，主观判断与客观实际不同程度上的背离，是寻常而见的。要到达认识和掌握真理的彼岸，往往要经过多次修正和反复，可以说是一个改正错误、经受挫折、不断完善的过程。因此，一般说来，政策性建议的提出要力求避免主观武断，具体提法及论述，要避免过誉之词，避免以偏概全，对政策的有利之述，要留有余地。

三是任何矛盾的解决都有一个条件逐步具备的过程。俗语曰"瓜熟蒂落"、"水到渠成"，就是"条件具备论"。《三国演义》中的"万事俱备，只欠东风"，正是"条件缺失"的典型案例，如果没有诸葛亮借得东风，何来千古军事杰作"火烧赤壁"（暂且肯定此历史事件的真实性）？因此，政策性建议必须充分考虑政策实施的所需"条件"是否具备。我们强调政策实施的可行性、可操作性，其实质就在于强调预期达到理想效果的条件是否具备。鸡蛋要变成鸡子，光有鸡蛋不行，还必须有温度，这是众所周知的浅显之理。但如果把这鸡蛋变鸡子的道理用在政策在现实社会实施的复杂环境中，就不是这么简单了。你还必须防止动物偷吃、小孩拿走、天灾人祸、覆巢之忧……，只有在假定没有其他危害条件的情况下，鸡蛋和温度相加才能变成鸡子。所以，政策实现目标的设定，不可脱离实际，不能只考虑政策实施的有利条件，也要充分考虑业已存在的、且尚在变化中的影响政策实施的不利条件，否则，脱离实际，超越现实条件，必将欲速则不达。现实中，这类动机与效果、政策设计目标与实际执行效果相差甚远的事例不在少数，其根本原因在于对政策实施的不利条件和可能变化的新情况估计不足。这一点无论是对于政策制定者还是政策建议者来说，不应仅仅看作是认知能力、执政水平的问题，更重要的是是否真正对人民、对国家高度负责精神的体现。对一个十几亿人的大国来说，政策之差失，往往"差之毫厘，失之千里"，后患难以估量。

四、坚持实事求是的精神，敢于说真话

实事求是，是毛泽东同志对历史唯物主义和辩证唯物主义的简明概括，也是毛泽东同志一贯倡导的中国共产党要始终坚持的思想路线。在延安时期，毛泽东同志曾以"实事求是"为中央党校题了校训。邓小平同志说过："实事求是是马克思主义的精髓。"（《邓小平文选》第三卷第382页）毛泽东同志在整风文献《改造我们的学习》中对实事求是曾作这样的解释："'实事'就是客观存在的一切事物，'是'就是客观事物的内在联系，即规律性，'求'就是我们去研究。"陈云同志对如何理解和做到实事求是，有深入的研究并有切身的体会："在延安的时候，我曾仔细研究过毛主席起草的文件、电报。当我全部读了毛主席起草的文件、电报之后，感到里面贯穿着一个指导思想，就是实事求是。那么，怎样才能做到实事求是？当时我的体会就是十五个字：不唯上、不唯书、只唯实，交换、比较、反复。"（《陈云文选》第3卷第371页）领袖们对实事求是的深刻理解和精辟阐述，对我们政策咨询研究工作者来说，既是指导我们做好咨询研究工作的认识论和方法论，也是我们必须始终坚持的一个原则。

我们做政策咨询研究工作，能够遵循实事求是的认识论和方法论，正确认识和把握了事物的本质及规律以至找到了解决问题的办法，是十分重要和可贵的，是能提出高质量、高水平政策咨询建议的前提。但是，从现实社会实际工作过程来说，这还不够。或者说，做到了这一点，从正确认识某一事物的发展过程及其规律角度讲，是可以划上"句号"了；但作为政策咨询研究工作者的责任并没有真正完成，更重要的是能够使你的政策建议为决策者所见所知。当然，这在正常工作环境条件下是不成为问题的，然而，现实并非经常如此。在政策研究的过程中，或者在政策建议形成以后，很可能会处于一种复杂的环境条件里，你的意见及建议，或与大多数人相左，或与某些权威专家相抵，或与以前的"红头文件"不一致，更麻烦的可能是与决定你升迁得失的直接领导或决策者意图相悖，在如此抑或更甚的环境、压力下，还能否坚持实事求是，能否做到如陈云同志所说"不唯上、不唯书、只唯实"，敢于讲真话，勇于坚持

真理，这是衡量政策咨询研究工作者党性强不强、是否具有真正对国家、人民利益负责精神的重要标志。

毛泽东同志在20世纪30年代大革命处于低潮时期，根据马克思主义基本原理，实事求是地深入分析中国国情，以勇于坚持真理的革命大无畏精神，不怕撤职，不怕开除党籍，提出并开辟了一条不同于苏联模式，"农村包围城市"的中国武装夺取政权的正确路线，这是中国共产党人坚持实事求是，勇于坚持真理的伟大典范。我们现在从事的政策咨询研究工作，虽然没有上面所及如此重大的意义，也不至于面临毛泽东同志当时所处的险境；但作为共产党人，作为国家高层次政策研究机构的工作者，我们所从事的工作直接关系国家和人民的重大利益，十分需要发扬实事求是的精神，要坚持"不唯上、不唯书、只唯实"，敢于讲真话，勇于坚持真理，要以真正对党和人民的高度责任感，做出我们应有的贡献。退而言之，即使只是要成为一个真正有为的经济学家、社会学家、科学家，也应该具备勇于坚持真理的精神。我国的马寅初老先生做到了，15世纪波兰的天文学家哥白尼做到了，16世纪被教会活活烧死的意大利天文学家、哲学家、思想家布鲁诺做到了，难道我们不应该为坚持真理知难而行吗？

五、写《调研报告》和《择要》要注意的几个方面

《调研报告》和《择要》是发展中心上呈政策咨询建议的主要载体，写好这两类文稿，不断提高其质量和水平，非常重要。借此，从几个具体方面谈点看法。

（一）务求简洁明了，切忌冗长拖沓

国务院领导都很忙，不可能有很多时间看长篇大论。政策性建议性质的《报告》，尤其是《择要》，篇幅能短尽量短，字数能少尽量少。邓小平同志曾经指出："毛主席不开长会，文章短而精，讲话也很精炼。周总理四届人大的报告，毛主席指定我负责起草，要求不得超过五千字，我完成了任务。五千字，不是也很管用吗？我建议抓一下这个问题。"（《邓小平文选》第三卷第382页）全国人大的《政府工作报告》尚且能如此，何况我们的政策建议呢？过去有"老

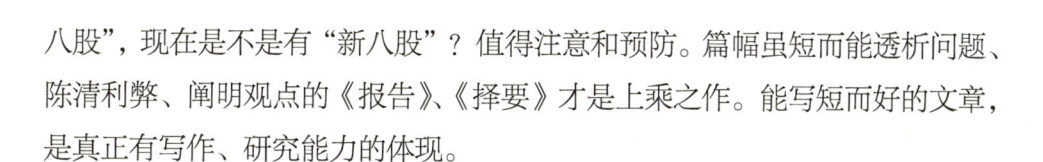

八股",现在是不是有"新八股"?值得注意和预防。篇幅虽短而能透析问题、陈清利弊、阐明观点的《报告》、《择要》才是上乘之作。能写短而好的文章,是真正有写作、研究能力的体现。

(二)务求通俗易懂,避免学究晦涩

写文章,一定要看他要发挥什么作用,是写给什么人看,这直接关系效果的好差。政策性建议,不是学术理论研究,不是考古寻证,是提供给高层领导的咨询参考意见,所以,在保持其政策性、专业性特色的前提下,应尽量少用繁琐、难懂的学术词语,尽量少用结构复杂的数字公式(当然,不是绝对不用)。而要努力寻求和增强把复杂问题简单化、把学术理论通俗化、把政策建议明了化的表述方法和能力。

(三)务求利弊清晰,避免含糊不清

政策性建议,说到底是提供给领导政策选择的参考意见。而政策选择,核心点是权衡利弊。古人曾言:两弊相衡取其轻,两利相权取其重。这可以说是政策选择的根本所在。因此,一定要把握好政策建议类《报告》、《择要》的精髓,其关键在于把所提政策建议与其他不同政策的利弊分析透彻,既要观点鲜明,又要有足够强的说服力。要能说服别人,首先要真正能说服自己,自己尚且拿不准、利弊含混、没有足够把握的政策建议,千万不要仓促成篇,贸然上呈。

附录 2　如何提高决策咨询能力和本领[1]

党的十九届四中全会提出:"把提高治理能力作为新时代干部队伍建设的重大任务。通过加强思想淬炼、政治历练、实践锻炼、专业训练,推动广大干部严格按照制度履行职责、行使权力、开展工作,提高推进'五位一体'总体布局和'四个全面'战略布局等各项工作的能力和水平。"这是新时代干部队伍建设和人才培养的根本遵循。

高端智库作为现代国家治理体系的重要组成部分,综合研判和战略谋划能力是其核心能力,也是治理能力的基础构成之一。国务院发展研究中心是党领导下的高端智库,不断提高综合研判和战略谋划能力、进一步为中央决策提供高质量咨询服务是我们的职责使命。如何围绕提高治理能力加强四个"练",切实提高综合研判和战略谋划能力,不仅是我们履行好职责使命、提高决策咨询能力的内在要求,也关系着推进国家治理体系和治理能力现代化的全局。

下面,我结合学习党的十九届四中全会《关于坚持和完善中国特色社会主义制度推进国家治理体系和治理能力现代化若干重大问题的决定》(以下简称《决定》)的体会,就深入学习贯彻习近平新时代中国特色社会主义思想和十九届四中全会精神,不断提高决策咨询能力和本领,谈几点认识和想法。

一是增强使命意识,坚守中心定位。围绕国民经济、社会发展和改革开放中的全局性、战略性、前瞻性、长期性以及热点难点问题,为党中央、国务院提供政策建议和咨询服务,是国务院发展研究中心的职能定位。立足于为中央决策提供高质量咨询服务,是我们提高综合研判和战略谋划能力的基本前提。提高决策咨询能力,提高综合研判和战略谋划能力,都必须牢记使命、坚守定

---

[1] 马建堂. 2020-02-03. 如何提高决策咨询能力和本领,中国经济时报(1).

位，这就要求要处理好学术研究和决策咨询研究的关系。国务院发展研究中心不是一般意义上的大学或研究机构，决策咨询研究工作是我们的基本定位。必须切实突出主责主业，集中力量为中央提供数量越来越多、质量越来越高的决策咨询报告。在此前提下，出版重要著作、发表精彩论文才能多多益善。否则，撰写的论文再多、出版的书籍再畅销，也没有完成核心职责。同时要"用心"。中心是党中央、国务院的决策咨询机构，这是何等光荣的职业！只有牢牢记住这一光荣使命，才会用心去考虑问题，用心去研究政策，用心去查找自己的短板，用心去发现面对这一崇高使命自身的能力不足，才有可能时时刻刻不忘提高能力、增强本领。如果对职责使命不在乎、无所谓，怎么能够提高综合研判和战略谋划能力？只有心到了，时时刻刻想着要完成使命，才有可能想到如何去提高综合研判能力，如何去提高战略谋划能力。只要用心，牢记使命，能力不够可以提高，本领不强可以学习，业务不熟可以锻炼，决策咨询工作就一定会开拓新的局面。

二是提升专业素质，夯实能力基础。有的时候，我们为中央提供决策咨询的意愿可能是强烈的，但是能力跟不上，也是不行的，没有相应的能力是写不出高质量咨询报告、提不出精准的政策建议的。所以，提升专业素质、夯实能力基础，是为中央提供高质量决策咨询报告的重要条件。

如何才能提高能力、进而为中央提供高质量研究报告呢？首先，要加强需求研判能力。必须紧紧围绕党中央、国务院的重大需求，急领导之所急，想领导之所想，围绕需求开展决策咨询。其次，要夯实专业基础。专业素养不够，提出高质量报告是不可能的。例如，宏观经济分析中统计指标众多，如果没有较强的宏观经济理论素养，就无法准确理解这些指标，特别是当经济运行处在转折点，国民经济先行指标和滞后指标就可能出现不一致，这可能蕴含着国民经济出现转折性变化。如果宏观经济理论素养不够，知识基础没有打好，就不知道这些数据怎么看。

做好决策咨询工作，专业素养至关重要。有好的决策咨询专业素养，未必能写出好报告，但是没有好的专业素养，一定写不出好报告。当然，专业素养也存在"专"和"博"的关系，既需要专才，也需要通才。在社会科学领域里，每个领域的"大家"都是通才，在很多方面都是非常优秀的，只有站得高，才能看得宽、看得远。就像挖沟一样，要想挖得深，敞口一定得大。我们一定要注重专业素质培养，专业能力提升。

三是培养世界眼光，强化战略思维。当前，中国已经日益走近世界舞台的中央，世界上任何经济波动、国际政治格局变化，都深刻影响中国。同时，中国的一些重大变化，也深深影响着世界。中国任何一个重大经济问题都有世界经济背景。要想做一名合格的决策咨询工作者，就得培养世界眼光，强化战略思维。

现在我们遇到的很多问题，有的是发达国家已经历过的，他们的一些对策对我们是很有借鉴和启发意义的。例如，我在原国家经贸委工作期间研究过剩产能调整问题，曾专程赴日本调研煤炭工业调整情况。日本煤炭工业最盛时曾达到 5000 万吨产能，主要集中在北海道。20 世纪 70 年代初，由于国际石油价格总体来说比较便宜，加上日本煤炭储存条件较差，煤炭行业没有任何竞争力。如何调整煤炭工业，实现优胜劣汰、转移安置？日本的一个重要政策是，每进口 1 吨原油收 900 多日元的特殊基金，然后利用这部分资金培训工人转岗，发展替代产业。我对这个对策印象深刻。20 世纪末，我也曾赴德国鲁尔煤钢基地调研传统产业调整问题，他们的做法同样非常有启发性。因此，在经济全球化的今天，研究越来越融入世界的中国经济社会问题，就必须有世界眼光，必须有战略思维，这样才能看得更准，视野才更宽阔，提出来的研究报告价值才会更大。

四是深入调查研究，把握国情世情。在中心各部门、各单位报送的调查研究报告和择要中，总体而言，农村研究部的一些报告对政策把握得比较好。这是因为，农村部一代又一代研究人非常重视深入基层调查研究。现在即使有了大数据，仍要深入实际、深入农村、深入农户了解情况，才能获得比较真实的情况。习近平总书记在全国党校工作会议上曾经讲过，党校老师、行政学院老师存在"三个倒挂"现象，就是没当过领导的在给领导干部讲领导艺术、没出过国的在给经常出国的人讲国外经验、没经历复杂环境考验的在帮助每天同各类矛盾打交道的人出主意解难题。这种现象在我们中心也是存在的。很多同志

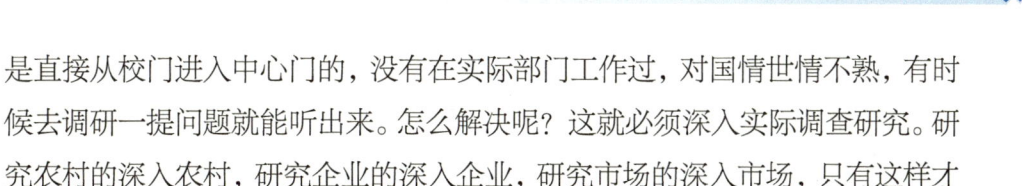

是直接从校门进入中心门的,没有在实际部门工作过,对国情世情不熟,有时候去调研一提问题就能听出来。怎么解决呢?这就必须深入实际调查研究。研究农村的深入农村,研究企业的深入企业,研究市场的深入市场,只有这样才能使调查报告真正符合实际,解决问题的思路经得起实践检验。每个同志,特别是年轻同志一定要经常下去,多下去走走,多跑企业,多跑农村,多了解国情世情。

五是熟知政策脉络,紧紧围绕大局。中心的主责主业是政策研究,因此必须熟知政策脉络,熟悉前因后果,熟悉一项改革举措的来龙去脉,只有这样才能紧紧围绕大局。中央很多政策都是有前因、有继承关系的。研究中国的粮食问题、玉米政策问题,首先得了解过去最低收购价制度,得了解临时收储政策。研究改善营商环境,就要了解2013年以来简政放权改革的历程。熟知政策脉络,知道政策的今天还不够,还要知道政策的昨天、前天,只有这样,才能推断政策的明天。

熟知政策脉络,围绕大局需求导向,就要急中央领导之所急,更要急中央领导之特急,想中央领导之所想,更要想领导之特想。领导同志思考的事情很多,要抓住哪些是重大的、关系全局的重大问题,就是我们经常说的全局性、战略性、前瞻性、长期性问题。

六是及早谋划考虑,提前统筹布置。我经常说,研究工作要"早"一点,也说过"一早遮百丑"。2019年,中央领导对中心研究报告作出重要批示的,或者我们自己出题目,或者中央领导交办的,无不是提前统筹、考虑在前的。例如,最近有关同志撰写了关于及早与相关国家开展自贸协定谈判准备工作的研究报告,得到了中央的高度重视。我们提早研究中央领导同志关心的重大事情,中央领导自然就会重视。

再如,发展中国家地位问题已成为中美博弈战略焦点问题,又是关系到我们国家重要定位的一件大事。十九大报告强调,我国仍处于并将长期处于社会主义初级阶段的基本国情没有变,我国是世界最大发展中国家的国情地位没有变。同时,也要看到,我国经济实力在不断提高,在坚持国情地位不变的前提下,怎么能够统筹谋划?怎样战略思考?围绕这个问题的国际政治斗争、国家博弈，是中央领导同志在思考的重大问题，我们就要深入分析利弊得失，分析发展中国家地位变化，分析在坚持发展中国家地位的同时，哪些待遇是可以有得有失调整的，我们要得到什么，要交换什么，必须事先周密谋划好。

七是正确使用数据，认真修改题目。一份有分量的研究报告不可能没有数据，有数据就一定要正确使用数据，包括数据口径、指标含义等。例如，最近有一个报告讲世界 500 强企业中与我国有经贸往来的美国企业对华态度，行文里写到 56%的企业认为什么，57%的企业认为什么，我逐个加上了"样本企业"的字样。因为，样本企业就那么几十户，不是对所有企业的调查问卷，所以一定要明确口径、明确标准。还有，到底是环比还是同比，一定要让别人搞清楚，让看的人搞明白，等等。

再如，我们呈送研究报告的标题，务必要花费心思认真拟定。标题太重要了！有些同志写的标题大部分都很中性，"关于某某问题的建议与对策""关于某某问题的趋势与对策"，等等，这种标题不是很好。有的时候，领导同志看报告，未必有时间看全文，很可能只看报告标题。所以，标题一定要把文章最核心的内容提炼出来，让领导同志愿意看下去。举个例子，我在原国家行政学院工作的时候，有一篇报告是反映医疗器械创新研发出来以后，审评关、社保关、定价关"三关"过不去，投入不了使用。后来，我改了一个题目，叫"为何创新不驱动？"就得到了领导同志的关注。同志们写报告一定要在标题上下功夫，要醒目鲜明，要有意蕴，要能够引起领导同志的注意。

以上，结合学习党的十九届四中全会《决定》有关内容，就如何增强四个"练"谈了七个方面的看法，和同志们共勉。期望中心的同志们能够切实加强思想淬炼、政治历练、实践锻炼、专业训练，不断强化综合研判和战略谋划能力，努力提高决策咨询能力和本领，进一步贯彻落实好习近平总书记对中心的重要指示批示要求，为推进国家治理体系和治理能力现代化作出应有的贡献。

（本文根据 2019 年 12 月 3 日马建堂同志在国务院发展研究中心局处级干部学习贯彻党的十九届四中全会精神座谈会上的讲话整理。）

附录 3　欧美国家科技相关政府部门、机构和国际组织网站

1. 美国国家航空航天局（https://www.nasa.gov）
2. 美国国立卫生研究院（https://www.nih.gov）
3. 美国国家标准与技术研究院（https://www.nist.gov）
4. 美国能源部（https://www.energy.gov）
5. 美国商务部（https://www.commerce.gov）
6. 美国联邦储备委员会（https://www.federalreserve.gov）
7. 美国专利商标局（https://www.uspto.gov）
8. 美国国家科学基金会（https://www.nsf.gov）
9. 美国艺术与科学院（https://www.amacad.org）
10. 美国国家科学院（http://www.nasonline.org）
11. 美国科学促进会（https://www.science.org）
12. 欧洲航天局（https://www.esa.int）
13. 英国皇家学会（https://royalsociety.org）
14. 德国马普学会（https://www.mpg.de）
15. 德国弗朗霍夫协会（https://www.fraunhofer.de）
16. 加拿大皇家科学院（https://rsc-src.ca）
17. 世界粮食计划署（https://zh.wfp.org）
18. 国际能源机构（https://www.iea.org/）
19. 联合国粮食及农业组织（www.fao.org）
20. 世界银行（https://www.worldbank.org）
21. 世界贸易组织（https://www.wto.org）

22. 世界卫生组织（https://www.who.int）
23. 世界知识产权组织（https://www.wipo.int）
24. 经济合作与发展组织（https://www.oecd.org）
25. 国际货币基金组织（http://www.imf.org）
26. 各国统计局

附录 4 科技相关领域代表性智库及网址

（数据参考美国宾夕法尼亚大学《全球智库报告 2020》）

附表 4.1 科技政策

序号	英文名	中文名	国别	网址
1	Max Planck Institutes	马普研究所	德国	https://www.mpg.de
2	Samuel Neaman Institute for Advanced Studies in Science and Technology（SNI）	塞缪尔·尼曼研究所	以色列	https://www.neaman.org.il
3	Institute for Future Engineering（IFENG）	日本未来工学研究所	日本	www.ifeng.or.jp
4	RAND Corporation	兰德公司	美国	https://www.rand.org
5	Science and Technology Policy Institute（STEPI）	科学技术政策研究院	韩国	https://www.stepi.re.kr
6	Center for Development Research（ZEF）	发展研究中心	德国	https://www.zef.de
7	Science Policy Research Unit（SPRU）	科学政策研究组	英国	http://www.sussex.ac.uk/spru
8	Lisbon Council for Economic Competitiveness and Social Renewal	里斯本经济竞争力和社会复兴理事会	比利时	https://lisboncouncil.net
9	African Technology Policy Studies Network（ATPS）	非洲技术政策研究网络	肯尼亚	https://atpsnet.org
10	Centre for Studies in Science Policy（CSSP）	尼赫鲁大学科学政策学中心	印度	https://jnu.ac.in/sss/cssp
11	Institute for Basic Research（IBR）	基础研究所	美国	http://www.i-b-r.org

续表

序号	英文名	中文名	国别	网址
12	Centre for International Governance Innovation（CIGI）	国际治理创新中心	加拿大	http://cigionline.org
13	Consortium for Science, Policy, and Outcomes（CSPO）	科学、政策与成果联盟	美国	https://cspo.org
14	Council for Scientific and Industrial Research（CSIR）	科学与产业研究理事会	南非	https://www.csir.co.za
15	Information and Communication Technologies for Development（ICT4D）	信息和通信技术促进发展	英国	
16	Center for Security and Emerging Technology	新兴技术与安全中心	美国	https://cset.georgetown.edu
17	Technology, Entertainment, Design（TED）	技术、娱乐与设计	美国	https://www.ted.com
18	Institute for Science and International Security（ISIS）	科学与国际安全研究所	美国	https://isis-online.org
19	Energy and Resources Institute（TERI）	能源资源研究所	印度	https://www.teriin.org
20	Belfer Center for Science and International Affairs	贝尔弗科学与国际事务中心	美国	https://www.belfercenter.org

附表 4.2 教育政策

序号	英文名	中文名	国别	网址
1	Urban Institute	城市研究所	美国	https://www.urban.org
2	Brookings Institution	布鲁金斯学会	美国	http://www.brookings.edu/
3	RAND Corporation	兰德公司	美国	https://www.rand.org/
4	Center for Education Policy, SRI International	SRI 国际教育政策中心	美国	https://www.sri.com
5	Institute of Education（IOE）	教育学院	英国	https://instituteofeducation.ie
6	Center for Education Policy Research（CEPR）	哈佛大学教育政策研究中心	美国	https://cepr.harvard.edu

续表

序号	英文名	中文名	国别	网址
7	Center for Social and Economic Strategies（CESES）	社会和经济战略中心	捷克	https://ceses.cuni.cz/CESE-SENG-1.html
8	Center for American Progress（CAP）	美国进步中心	美国	https://www.american-progress.org/
9	Center for Education Policy Analysis（CEPA）	斯坦福大学教育政策分析中心	美国	https://cepa.stanford.edu
10	Center for Educational Policy Analysis（CEPA）	匈牙利教育政策分析中心	匈牙利	https://ofi.oh.gov.hu/en/centre-educational-policy-analysis

附表 4.3 能源资源政策

序号	英文名	中文名	国别	网址
1	Oxford Institute for Energy Studies（OIES）	牛津能源研究所	英国	https://www.oxfordenergy.org
2	Institute of Energy Economics, Japan（IEEJ）	日本能源经济研究所	日本	https://eneken.ieej.or.jp
3	Korea Energy Economics Institute（KEEI）	韩国能源经济研究所	韩国	https://www.keei.re.kr
4	Center for Science of Environment, Resources and Energy	庆应义塾大学环境与能源科学中心	日本	https://www.st.keio.ac.jp
5	Resources for the Future（RFF）	未来资源	美国	https://www.rff.org
6	Center for Energy and Environmental Policy Research（CEEPR）	麻省理工学院能源与环境政策研究中心	美国	http://catalog.mit.edu/mit/research/center-energy-environmental-policy-research
7	Energy Policy Research Group（EPRG）	能源政策研究小组	英国	https://www.eprg.group.cam.ac.uk
8	Center for Strategic and International Studies（CSIS）	战略与国际研究中心	美国	http://csis.org
9	RAND Corporation	兰德公司	美国	https://www.rand.org
10	Center on Environment, Energy and Resource Policy（CEERP）	环境、能源与资源政策研究中心	中国	

- 259 -

附表 4.4　环境政策

序号	英文名	中文名	国别	网址
1	Ecologic Institute	生态研究所	德国	https://www.ecologic.eu
2	Stockholm Environment Institute（SEI）	斯德哥尔摩环境研究所	瑞典	https://www.sei.org
3	Potsdam Institute for Climate Impact Research（PIK）	波茨坦气候影响研究所	德国	https://www.pik-potsdam.de
4	Resources for the Future（RFF）	未来资源	美国	https://www.rff.org
5	Center for Climate and Energy Solutions（C2ES）	气候与能源解决方案中心	美国	https://www.c2es.org
6	Worldwatch Institute（WRI）	世界观察研究所	美国	https://www.commondreams.org/organization/worldwatch-institute
7	Third Generation Environmentalism E3G	第三代环保主义	英国	https://www.e3g.org
8	World Resources Institute（WRI）	世界资源研究所	美国	https://www.wri.org
9	Wuppertal Institute for Climate, Environment and Energy	伍珀塔尔气候环境能源研究所	德国	https://wupperinst.org
10	Copenhagen Consensus Center（CCC）	哥本哈根共识中心	丹麦	https://www.copenhagenconsensus.com

附表 4.5　国防与国家安全

序号	英文名	中文名	国别	网址
1	RAND Corporation	兰德公司	美国	https://www.rand.org
2	Royal United Services Institute（RUSI）	皇家联合军种防务与安全研究所	英国	https://rusi.org
3	Brookings Institution	布鲁金斯学会	美国	http://www.brookings.edu
4	International Institute for Strategic Studies（IISS）	国际战略研究所	英国	https://www.iiss.org
5	Belfer Center for Science and International Affairs	贝尔弗科学与国际事务中心	美国	https://www.belfercenter.org
6	European Union Institute for Security Studies（EUISS）	欧盟安全研究所	法国	https://www.iss.europa.eu

续表

序号	英文名	中文名	国别	网址
7	Carnegie Endowment for International Peace	卡内基国际和平研究院	美国	http://carnegieendowment.org
8	Atlantic Council	大西洋理事会	美国	https://www.atlanticcouncil.org
9	National Institute for Defense Studies（NIDS）	国家防卫研究所	日本	www.nids.mod.go.jp
10	Center for a New American Security（CNAS）	新美国安全中心	美国	https://www.cnas.org

附表 4.6　食品安全

序号	英文名	中文名	国别	网址
1	Agricultural Research for Development	法国农业发展研究	法国	https://www.cirad.fr
2	Bill & Melinda Gates Foundation	比尔和梅琳达·盖茨基金会	美国	https://www.gatesfoundation.org
3	Agropolis International	法国食物博物馆	法国	https://www.agropolis.org
4	World Food Programme	世界粮食计划署	意大利	https://www.wfp.org
5	International Food Policy Research Institute（IFPRI）	国际粮食政策研究所	美国	https://www.ifpri.org
6	Agroscope	瑞士联邦农业科学院	瑞士	https://www.agroscope.admin.ch
7	Center for Food Security and the Environment	粮食安全与环境中心	美国	https://fse.fsi.stanford.edu
8	Food and Agriculture Administration of the United Nations	联合国粮食及农业组织	意大利	https://www.fao.org
9	Action Against Hunger	消除饥饿行动	西班牙	https://www.actionagainsthunger.org
10	World Resources Institute	世界资源研究所	美国	https://www.wri.org

附表 4.7　水安全

序号	英文名	中文名	国别	网址
1	Australian Rivers Institute, Griffith University	澳大利亚河流研究所，格里菲斯大学	澳大利亚	https://www.griffith.edu.au
2	Center for Water-Energy Efficiency, UC Davis	加利福尼亚大学戴维斯分校水能源效率中心	美国	https：//cwee.ucdavis.edu
3	China Institute of Water Resources and Hydropower Research（IWHR）	中国水利水电科学研究院	中国	http://www.iwhr.com
4	Stockholm International Water Institute（SIWI）	斯德哥尔摩国际水研究所	瑞典	https://siwi.org
5	John Hopkins Water Institute	约翰霍普金斯大学水研究所	美国	https://publichealth.jhu.edu
6	Africa Water Issues Research Unit	非洲水问题研究组	南非	
7	Cabot Institute, University of Bristol, houses Bristol's Water Initiative	卡博特环境研究所	英国	https://www.bristol.ac.uk/cabot
8	Centre for Ecological Research and Forestry Applications（CREAF）	生态和林业应用研究中心	西班牙	https://www.creaf.cat
9	Center for Water Economics, Environment and Policy, Crawford School, Australian National University	水经济学、环境与政策中心	澳大利亚	https://acde.crawford.anu.edu.au
10	Environmental Change Institute	牛津大学环境变化研究所	英国	www.eci.ox.ac.uk

附表 4.8　国际经济政策

序号	英文名	中文名	国别	网址
1	Bruegel	布鲁盖尔研究所	比利时	https://www.bruegel.org
2	Brookings Institution	布鲁金斯学会	美国	https://www.brookings.edu

续表

序号	英文名	中文名	国别	网址
3	Vienna Institute for International Economic Studies（WIIW）	维也纳国际经济研究所	奥地利	https://www.wiiw.ac.at
4	Korea Institute for International Economic Policy（KIEP）	韩国国际经济政策研究所	韩国	https://www.kiep.go.kr
5	Institute of Developing Economies，Japan External Trade Organization（IDEJETRO）	亚洲经济研究所	日本	https://www.ide.go.jp
6	Adam Smith Institute（ASI）	亚当·斯密研究所	英国	https://www.adamsmith.org
7	National Bureau of Economic Research（NBER）	国家经济研究局	美国	https://www.nber.org
8	RAND Corporation	兰德公司	美国	https://www.rand.org
9	Economic Research Institute for ASEAN and East Asia（ERIA）	东盟和东亚经济研究所	印度尼西亚	https://www.eria.org
10	Korean Development Institute（KDI）	韩国开发研究院	韩国	https://www.kdi.re.kr

附表 4.9　国际发展政策

序号	英文名	中文名	国别	网址
1	Institute of Development Studies（IDS）	发展研究所	英国	https://www.ids.ac.uk
2	Brookings Institution	布鲁金斯学会	美国	http://www.brookings.edu
3	German Development Institute（DIE）	德国发展研究所	德国	https://www.die-gdi.de
4	Wilson Center，FKA Woodrow Wilson International Center for Scholars	威尔逊中心	美国	https://www.wilsoncenter.org
5	Chatham House	查塔姆研究所	英国	https://www.chathamhouse.org
6	Asian Development Bank Institute（ADBI）	亚洲开发银行	日本	https://www.adb.org

续表

序号	英文名	中文名	国别	网址
7	Center for Strategic and International Studies（CSIS）	战略与国际研究中心	美国	https://www.csis.org
8	Danish Institute for International Studies（DIIS）	丹麦国际问题研究所	丹麦	https://www.devex.com
9	Center for International Development（CID）	哈佛大学国际发展中心	美国	https://www.hks.harvard.edu/centers/cid
10	Fundação Getúlio Vargas（FGV）	巴西瓦加斯基金会	巴西	https://portal.fgv.br

附表 4.10 全球卫生政策

序号	英文名	中文名	国别	网址
1	Bloomberg School of Public Health Research Centers（JHSPH）	约翰·霍普金斯大学布隆博格公共卫生学院	美国	https://publichealth.jhu.edu/researchbsph
2	Center for Strategic and International Studies（CSIS）	战略与国际研究中心	美国	https:// www.csis.org
3	Health and Global Policy Institute（HGPI）	卫生与全球政策研究所	日本	https://hgpi.org
4	Brookings Institution	布鲁金斯学会	美国	https://www.brookings.edu
5	Chatham House, Centre on Global Health Security	查塔姆研究所，全球卫生安全中心	英国	https://www.chathamhouse.org
6	Fraser Institute	弗雷泽研究所	加拿大	https://www.fraserinstitute.org
7	RAND Corporation	兰德公司	美国	https://www.rand.org
8	Center for Health Policy and Management	卫生政策与管理中心	爱尔兰	https://www.tcd.ie/medicine/health_policy_management/
9	Kaiser Permanente Institute for Health Policy（KPIHP）	凯撒健康计划和医疗集团卫生政策研究所	美国	https://www.kpihp.org/snapshot
10	Canadian Centre for Health Economics	加拿大卫生经济中心	加拿大	https://www.canadiancentreforhealtheconomics.ca

案 例 索 引

案例 1：不可能三角

案例 2：中南海需要怎样的科学叙事？

案例 3：领导人的见微知著

案例 4：IPCC 报告"冰川门"事件

案例 5：不能作为解决方案的就不是结论

案例 6：华为也是一家硬咨询公司？

案例 7：国情报告引导观念转变

案例 8：美国 PCAST 报告《如何确保美国在半导体领域长期领导地位》

案例 9：戴森公司创始人的咨询报告

案例 10："张北的风点亮北京的灯"背后的故事

案例 11："休克疗法"让俄罗斯经济休克

案例 12：古巴导弹危机对苏美两国国家利益的影响分析

案例 13：中咨公司的故事

案例 14：关于"疯牛病"的咨询

案例 15：徐匡迪的回忆

案例 16：技术成熟度曲线

案例 17：我国 863 计划的由来

案例 18：爱因斯坦建言罗斯福研制核武器

案例 19：新西兰近海的日本渔船事件

案例 20：毛泽东谈调查的技术

案例 21：智库是决策的"侦察机"

案例 22：关于城市化的理论

案例 23：德勤公司的文明进阶模型

案例 24：大前研一谈咨询调研

案例 25：中美贸易战对中美两国影响的测算

案例 26：国际器件与系统路线图

案例 27：特高压工程的影响分析

案例 28：杭州湾跨海大桥对钱塘涌潮的影响分析

案例 29：结果不等于结论

案例 30：清王朝设立天文算学馆之争

案例 31：多归纳，少演绎

案例 32：《论持久战》对抗战的分析

案例 33：大周期与投资

案例 34：基于波特五力模型的国产医用内窥镜前景分析

案例 35：SARS 病原体之争

案例 36：波士顿咨询公司的日本案例

案例 37：规定为何要"三令五申"？

案例 38：关于率先建成生命科学领域世界人才中心和创新高地的建议

案例 39：任正非讲述的故事

案例 40：大前研一谈咨询建议

案例 41：《关于中国社会养老保障体系的基本构想》

案例 42：一个文学家的失意

案例 43："公文包原则"和"机场原则"

案例 44：智库报告标题有讲究

案例 45：标题的广告语思维

案例 46：《稳增长 惠民生 推动健康产业高质量发展》

案例 47：《大象与电子围栏》政策简报分析

案例 48：第二次鸦片战争后清政府新国策

案例 49：我国应该尽快开展 EUVL 的研究

案例 50：英国应对福岛核事故的紧急咨询

案例索引

案例 51：《把握契机，当机立断，加快我国信息化进程》

案例 52：汤加火山喷发对我国的影响研判及政策建议

案例 53：我国医改的持续深入推进

案例 54：罗斯福总统 15 分钟的重大决定

案例 55：大前研一谈报告沟通

案例 56：李斯《谏逐客书》

案例 57：中国式游说

案例 58：美国战略与国际问题研究中心 iDeas 实验室

案例 59：布鲁金斯学会的博客计划

案例 60：文本挖掘典型应用

案例 61：亚利桑那州立大学决策剧场

案例 62：《赤脚医生手册》

案例 63：TED 演讲

案例 64：亡命之计

案例 65：体重标准的影响